前　言

　　体育产业是随着社会的不断进步与体育的不断发展而逐渐产生的一种新兴产业，它是一种相对独立的经济领域。体育产业的发展与一个国家的经济存在很大关联，在西方的很多发达国家，体育产业已经发展成其支柱产业。如今，体育产业不仅在国民经济发展中起着越来越重要的作用，而且在人们日常生活中的作用也日益突出。

　　我国的体育产业在改革开放之后开始崛起，到如今已经形成了一定的规模，但是与西方很多发达国家相比还存在着不小的差距，体育产业的整个体系也亟须完善。例如，我国体育产业的结构很不合理，其运营方式也非常落后；与此同时，当前我国体育产业的发展也缺乏足够的科学指导与理论支持，有关体育产业结构的研究成果还不够丰富，这就导致很难实现我国体育产业的健康发展。

　　竞赛表演业既是体育产业的核心产业门类，也是体育产业各业态中最具引领和带动作用的产业类别。竞赛表演业发展水平的提高是体育产业综合实力的重要标志，也是体育强国建设对我国体育产业发展提出的必然要求。竞赛表演业是以运动竞技和运动表演为主要形式向社会提供服务型产品的组织与活动的集合。具体而言，竞赛表演业的经济活动主要涉及赛事策划与组织（含职业联赛）、运动员经纪、赛事无形资产开发与销售，以及其他经济活动等。其中，赛事策划与组织是竞赛表演业的核心经济活动，也是竞赛表演业区别于其他产业的主要标志。竞赛表演业的其他经济活动均是围绕赛事策划与组织派生而来的，也可以称为衍生的经济活动。专业化的赛事运作企业、赛事经纪公司、体育广告公司、职业体育俱乐部、专业运动队、体育场馆管理中心、各类体育协会、运动项目管理中心等机构是竞赛表演业的核心部门。

　　我国竞赛表演业尚属于"幼稚产业"，未来我国竞赛表演业应向以下发展趋势倾斜：竞赛表演业的全球化、赛事活动的社会化、赛事运作的规范化。体育强国建设中，我国竞赛表演业的政策目标主要包括：弥补竞赛表演业市场失灵、优化竞赛表演业产业结构、提升竞赛表演业全球竞争力。当前我国竞赛表演业的政策宏观指导性较强，但未充分考虑我国竞赛表演业发展的区域差异，缺乏可操作性；立法层次与政策效力较低，国务院层面的政策及立法内容较少；政策内容存在滞后性，无法适应我国竞赛表演业的发展。

为了解决我国竞赛表演业存在的市场失灵的问题，政府应注重资助模式的创新、赛事承办权与转播权的立法、赛事资源配置与产品交易平台的建立。在资助模式上应从政策层面鼓励各级政府设立体育产业引导资金；应通过行政立法等手段进一步解决赛事承办权与电视转播权的垄断问题；要分步骤地建立我国及省市层面的赛事资源与产品交易的平台。为了有效提升我国竞赛表演业的全球竞争力，应通过政策引导，促进竞赛表演业与其他产业的互动与融合。特别是注重竞赛表演业与体育相关产业、文化产业及旅游业的共同发展；应通过制定"幼稚产业"保护扶植规划、研究并设计税收优惠政策等措施，实施积极的竞赛表演业扶植政策。

本书在体育强国建设背景下对我国体育竞赛表演业的发展机理进行了研究。本书主要从体育产业的发展出发，分析了大型体育表演的发展与诞生，进而对我国体育竞赛表演业进行理论分析与政策述评，研究了我国体育竞赛表演业发展的影响因素与我国竞技体育优势项目的创新驱动，进而指出我国体育竞赛表演业的发展机理。

在本书的创作过程中，参考和借鉴了国内外学者的有关研究成果，在此表示衷心感谢。由于时间、精力有限，书中难免有不足之处，诚挚地希望读者提供宝贵的意见和建议。

湖北经济学院学术专著出版基金资助

教育部社科司规划课题：基于大数据的体育竞赛表演业主体行为与生态链演化研究

体育强国建设背景下我国体育竞赛表演业的发展策略研究

崔高原　著

九州出版社
JIUZHOUPRESS

图书在版编目（CIP）数据

体育强国建设背景下我国体育竞赛表演业的发展策略
研究 / 崔高原著. -- 北京 : 九州出版社, 2020.12
　　ISBN 978-7-5108-9959-1

　　Ⅰ. ①体… Ⅱ. ①崔… Ⅲ. ①体育表演－体育产业－
产业发展－研究－中国 Ⅳ. ①G812

中国版本图书馆CIP数据核字(2020)第239779号

体育强国建设背景下我国体育竞赛表演业的发展策略研究

作　　者	崔高原　著
出版发行	九州出版社
地　　址	北京市西城区阜外大街甲35号（100037）
发行电话	(010)68992190/3/5/6
网　　址	www. jiuzhoupress.com
电子信箱	jiuzhou@jiuzhoupress.com
印　　刷	定州启航印刷有限公司
开　　本	710毫米×1000毫米　　16开
印　　张	15.25
字　　数	270千字
版　　次	2020年12月第1版
印　　次	2020年12月第1次印刷
书　　号	ISBN 978-7-5108-9959-1
定　　价	69.00元

目　录

第一章　体育产业的发展及其理论分析

第一节　体育产业的起源与发展

体育产业的发展是一个体育运动逐渐走向商业化、职业化，并与其他行业不断融合的过程。当前我国的体育产业正处于蓬勃发展之中，通过分析体育产业的产生与发展历程，能够从中寻找出体育产业发展的一般规律与主要特点，从而为我国体育产业的发展提供借鉴。

一、体育产业的兴起

在体育产业形成之前，首先是体育运动作为一种产品被纳入了商品经济之中，并且发展成一种经营项目。这是一个体育商业化、业余体育职业化的过程，历史上最早出现并完成这一过程的国家是英国与美国。

大多数学者认为，体育作为一项产业最早起源于英国。在16世纪和17世纪，英国的户外运动在民间已经非常盛行，一些贵族与资本家会雇用一些表演者进行表演，并给予他们相应的报酬，与此同时，还通过组织体育比赛来获得门票方面的收益。在这样的发展形势下，这些民间体育在贵族支持与商业赞助的情况下得到了很好的发展。由于利益的驱使，以体育为职业的群体不断发展壮大起来，社会上的体育比赛也日趋商业化。1750年，英国贵族资助成立的赛马俱乐部按照所有权与经营权分离原则进行经营，开创了现代体育俱乐部的法人治理结构和与之配套的规章制度及运行机制。这种经营模式迅速在板球、拳击等其他运动项目中得到了广泛的推广与应用。

这一时期，商业利润逐渐成为体育活动组织者的重要目标，形成了国家与国际的比赛体系，体育明星也应运而生，与体育相关的报道不断增加。体育比赛在社会中产生的影响不断增大，甚至可以使举办重大比赛的整个城市为之停止运转，体育的社会影响力与对相关产业的带动作用在此时已经显现。

英国工业革命完成于19世纪30年代，英国的体育产业尤其是职业体育已经逐渐演变为一个系统。体育组织、比赛规则、经营机制等都朝着专业化的方向不断发展，进入现代资本运作时期，传统意义上的职业体育俱乐部成立。职业俱乐部制也成为后来欧洲职业体育的主导模式。

体育产业最早在英国产生与发展是有着非常深刻的历史原因的，具体是由英国当时的经济、社会及文化条件所造成的。

首先，资产阶级革命使英国建立起了资本主义制度，为商品经济在英国的发展创造了良好的社会条件。体育的商业化正是商品经济迅速发展的结果，市场的交易规则、经营模式及组织结构等方面都能够方便地应用于体育运动的具体经营之中，只要有运动项目能够获得相应的利益，那么它就能够吸引资本与人才的加入。

其次，体育产业的产生基本与英国工业革命发生在同一历史时期。机器大工业使各行业的产值实现了飞速增长，经济条件的不断改善为英国人提供了追求运动与娱乐需要的可能，这就为英国体育产业的发展奠定了坚实的物质基础。

再次，英国是世界上首先完成城市化的国家。城市化的实现使居民的工作与生活方式发生了很大变化，人们人身自由的扩大与对非劳动时间的支配能力为体育产业的发展提供了相应的前提条件。

最后，足球、拳击、橄榄球等户外运动是当时英国贵族与资本家的时尚追求。这种运动需求在一定程度上促进了体育产业的形成与发展，带动了一些专门为体育运动提供服务的企业与个体的发展，并共同促进了运动俱乐部的出现。

17世纪和18世纪是英国向全球不断进行殖民扩张的时代，英国的文化习俗及经济制度等也同时在世界各地传播开来，其中的北美殖民地在实现独立之后仍然继承了英国的体育文化。从19世纪初开始，美国人就借鉴英国的经验创建了商业化的体育俱乐部。英国俱乐部制的成功在很大程度上源于早期贵族无私的经济赞助，如果没有这项资金，单一的俱乐部很难通过自身的力量实现生存与发展的目的。而美国正好缺乏像英国社会那样的贵族阶层，注重实效的美国资本家并不会无偿将自己的资金花费在没有利润的体育运动上，美国人也从而放弃了单一的俱乐部模式，转而创立了职业体育的联盟体制。1871年，美国一些职业棒球队联合成立了全美棒球协会，凡是给尖子队员支付薪金的棒球俱乐部都可以加入该协会。1876年，有"棒球沙皇"之誉的威廉·赫尔伯特接管了全美棒球协会，并且将全美棒球协会改为全美棒球联盟，之后又制定了联盟的各项规则，并有计划、有步骤地对美国棒球联赛的市场进行开发，开始联盟的垄断经营。棒球职业联盟的成功运作使得这种体制很快在篮球、美式橄榄球、冰球等其他运动项目中广泛推广，并逐渐发展成美国体育产业的主导模式。

职业体育联盟制使得联盟在全美境内对该运动项目的经营形成了垄断优势。联盟能够从中获得高额利润与回报，加入联盟的各俱乐部（运动队）也能够得到非常丰厚的经济收益，强大的营利能力使得美国体育产业在此后取得了非常巨大的经济成就。

在如今的体育产业中，大众体育也是非常重要的一个组成部分。但是在17—19世纪，由于受到当时社会经济发展水平的限制，体育健身娱乐的消费规模非常有限，并且没有形成一个完整的产业体系。直到20世纪中叶，欧美在二次大战之后经济重新崛起时，体育健身娱乐消费才真正实现了平民化、普遍化与生活化，大众体育在此时才最终有了相应的产业地位。经过几十年的发展，后发的体育健身娱乐业已在产业规模与产值方面超过了先发的竞赛表演业，并且发展为体育的一项主导产业。

总体来讲，体育产业的产生主要包括两条基本线索：一是体育逐渐实现商业化与职业化的过程，二是职业俱乐部制与联盟制两大运作模式的形成过程。英国与美国可以被称为是体育产业的两大发源地，除了因为现代体育产业中主要的运动项目诞生于这两个国家之外，更为重要的是，体育运动在这两个国家首次实现了创造财富与独立发展的目标，这也成为国民经济中不可忽视的组成部分。与此同时，其创立的职业俱乐部制与联盟制成为之后各国体育产业发展的两大基本模式，这对于世界体育产业的发展产生了非常深远的影响。

二、体育产业的发展

（一）国外体育产业的发展

在20世纪50年代之前，虽然西方发达国家的体育产业已经起步，但是由于经济、社会条件等方面的限制，尤其是体育还没有实现大众化，加之频繁的战争的影响，世界体育产业的发展规模非常有限，并没有在国民经济中表现出重要作用。

第二次世界大战结束之后，社会主义国家开始实行计划经济，体育作为一项事业并未形成一种产业。而在市场经济国家中，随着战后重建工作的逐渐展开，这些国家的经济逐渐恢复并超过了战前的水平，人们的生活有了很大程度的改善，体育市场的需求也在不断增长，体育的经济功能得到了有效开发，体育产业得到了很好的发展。尤其是在 20 世纪 90 年代之后，市场经济被世界各国普遍接受，许多国家面临产业结构的调整与转换。具有较强产业带动能力与就业吸纳能力的体育产业逐渐受到了西方主要发达国家的关注，体育产业也在全球范围内得到迅速发展。总体来看，今天的体育产业发展主要表现出以下几个方面的特征。

第一，体育产业在国民经济中的地位日益突出。20 世纪 90 年代末，美国体育产业产值占到 GDP 的 2% 以上，在各行业中排第六位；英国体育产业产值占 GDP 的 1.56%，直接提供了近 50 万个就业机会；德国体育产业产值占 GDP 的 1.25%，法国为 1.09%，意大利为 1.06%，西班牙为 1.68%。这些数据表明体育产业已经成为各发达国家经济中的重要组成部分，也为经济的发展提供了新的增长点。

第二，体育产业全球化的发展趋势。在体育用品业，耐克、阿迪达斯等运动用品公司已发展成为大规模的跨国公司，占据了全世界运动服装市场很大的份额；在竞赛表演业，欧洲五大足球联赛、美国的 NBA 都已将全球作为它们的市场，不仅球迷遍布世界，而且还到许多国家开展赛事推广活动。随着体育产业的不断发展，奥运会也不再仅仅是体育的盛会，也同时成为各行各业跨国公司抢占市场的平台。

第三，体育产业与资本市场的联系越来越密切。一方面，体育产业从资本市场募集的资金越来越多，不仅体育产品制造企业上市，一些俱乐部也采用股份制；另一方面，金融机构开始广泛渗透到体育产业。

除了上述特征之外，每个国家的体育产业都具有自己的发展特色，下面就对一些西方国家的体育产业发展概况进行具体分析。

1. 英国的体育产业

英国是体育产业的发源地，发展至今英国已经建立起了相当完善的体育产业体系。

从发展的历史来看，体育产业在 1987 年所提供的就业岗位达 37.6 万个，就业人数相当于整个英国化工与人造纤维工业的就业人数，超过了煤炭、农业、汽车零件制造业的就业人数。1990年，英国体育产业增加值为89亿英镑，居英国国民经济各行业的第五位，同时直接提供了近50万个就业机会。因此，在20世纪90年代，英国体育产业增加值增加了70%，超过了汽车制造业与烟草工业的产值。1995年，体育产业产值占GDP的1.56%，年均增长率为6%。2000年，英国体育产业增加值为152亿英镑，占英国当年GDP的1.8%；体育产业的就业人口为45万，占英国就业人口的1.6%。体育产业增加值的增长速度超过了全国GDP的增长速度。

从产业结构方面来看，英国体育产业中最突出的是体育赞助、体育博彩及职业体育产业。1996年，英国体育赞助总额为160亿美元，赞助所得收入为7.92亿美元，占世界体育赞助市场的4.8%。1995年，英国体育彩票发行总收入达27亿英镑。2001年，英国足球超级联赛总收入首次突破15亿英镑。而英国天空电视台和独立电视台为购买英超的三年电视转播权就支付了16亿英镑。此外，以足球、赛车、赛马、网球、高尔夫为代表，英国的职业体育在全球范围内都处于领先地位。

2. 法国的体育产业

1995年，法国体育产业产值占GDP的1.09%。根据法国青年与体育部1998年的统计显示，法国有各类体育俱乐部17万个，正式注册的会员有1250万人，体育人口占总人口的73.9%，职业运动员约4000名。

从产业结构来看，法国的体育产业以健身娱乐业、体育用品业、体育彩票业及体育赞助业最为发达。由于法国的体育人口占总人口的2/3以上，因此该国有着相当高的大众体育消费水平。1993年，法国居民用于购买体育用品的总支出接近300亿法郎，平均每个法国人购买体育用品的消费支出超过500法郎。法国人在体育用品上的消费额只占个人体育消费总额的38%，他们用于获得体育健身娱乐服务的消费支出占总支出的62%，约409亿法郎。根据相关数据统计，在1980—1990年10年之间，法国国家体育基金会的资金有70%来自体育彩票发行，高达50亿法郎；1994年，体育彩票给法国体育发展提供了7.3亿法郎的经费支持，占法国预算外体育经费的86%。在体育赞助方面，1996年，法国体育赞助的总金额达6.3亿美元，占世界体育赞助总额的38%。此外，法国甲级足球联赛、环法自行车赛、法国网球公开赛等职业体育赛事也在体育产业中占据着非常重要的地位。

3. 德国的体育产业

德国的体育产业非常发达。从产业结构方面来看，体育用品业、体育健身娱乐业、职业体育产业及体育赞助业在德国体育产业中占据着非常重要的位置。

阿迪达斯是德国体育用品业的标志，也是世界上最大的运动品牌之一。按照德国体育用品商贸协会的有关数据，2008年，德国体育用品行业的销售额达到71亿欧元。体育健身业方面，根据科隆体院教授克里斯多夫·布劳耶博士所做的德国2005年及2006年体育发展报告显示：德国奥林匹克体育联合会共管辖91000个体育运动协会，这些协会有2750万个注册成员，约占德国总人口的32%，是德国注册成员最多的协会，也是世界上最大的体育运动组织。这些无偿的服务在经济上创造了约85亿欧元的价值，提供带薪工作岗位达24万，有2400个体育运动协会提供培训中心，在健康领域体育协会所占的市场份额估计达20%。德国足球产业的发展非常繁荣，像多特蒙德这样的德甲俱乐部每年的营业额约为1亿欧元。2006年，在德国举行的世界杯更是为德国带来了非常巨大的收益：100万外国球迷的涌入，带来了近30亿美元的直接收入；电视转播费用13亿美元；门票销售收入10亿美元；21家世界杯赞助商直接贡献近30亿美元。除此之外，体育用品业、建筑业、餐饮业、传媒业、零售业都从世界杯中获得了一定的经济回报。这些行业的收入超过150亿美元，而其中有超过60%属于德国人。更为重要的是，德国世界杯为德国增加了近10万个新的就业岗位，这意味着承办世界杯的每座城市的居民每人增加了300美元的收入。

此外，德国的赛车与网球都在世界竞技体育中占有着非常重要的位置，德国的体育赞助业也非常发达，西门子、大众都是世界体育市场的重要赞助商。

4. 意大利的体育产业

意大利的体育产业结构相当完善，其中最重要的部分是职业体育产业，而在职业体育中足球产业又是最重要的部分。

早在20世纪80年代末，意大利的足球产业产值就已经高达182.5亿美元，这在意大利的国民经济各部门中名列前茅。意大利足球甲级联赛有着相当规范的联赛制度，同时也有着非常激烈的竞争，管理体系也非常完善，这不仅吸引了世界上很多优秀足球运动员的加盟，同时也通过门票、电视转播权等方式获得了高额的利润回报。在职业足球的带动下，意大利与足球运动相关的其他商业活动也非常活跃，如足球彩票、体育赞助等。意大利每年的足球彩票发行量高达 20 多亿美元，其中政府财政收入的 1.5% 就直接来自足球彩票收入。如今，意大利竞技体育的发展已完全不需要政府投资。

（二）国内体育产业的发展

1. 我国体育产业的产生与发展

从中华人民共和国成立到 1978 年党的十一届三中全会召开期间，我国体育产业的运行、发展与壮大都处在计划经济体制当中。在这一时期，我国的体育事业发展遇到了很多挫折与考验，尤其是在"文化大革命"期间，我国的体育事业发展甚至出现了停滞与倒退的局面。不过从整体来看，我国体育事业的发展仍然是向前进步的。客观来讲，高度集中的计划经济体制在这一时期我国体育事业的发展过程中发挥出了非常重要的作用，这些作用主要体现在以下三个方面。

（1）政府通过强有力行政手段的运用，使有限的人力、物力、财力能够集中进行计划、动员与调配，这样有助于取得更加良好的宏观效益，从而为我国体育事业的发展奠定基础。其中，具体措施主要包括：对一大批体育场馆的兴建和改造；在符合计划经济的条件下建立相应的体育体制，并进行完善；培养体育专业人才，组建高素质的体育工作者队伍等。

（2）通过采用行政手段对学校体育和群众体育进行推广与普及，彻底改变我国是体育弱国的形象。

（3）在有限的时间内，通过依靠"举国体制"使我国部分竞技体育运动项目水平得到快速提高，这为我国国际声誉的提高，以及与外国开展和平外交做出了非常重要的贡献。

随着我国体育事业的持续发展及我国社会经济条件的不断改善，到了 20 世纪 70 年代末和 80 年代初，我国体育事业发展模式存在的固有缺陷在计划经济体制下愈发明显，如国家统得过多，管得过死；对商品化经营和市场机制进行排斥；不堪重负的国家财政；用人制度的"铁饭碗"和分配中的平均主义等，这些都是导致我国体育事业的发展缺乏活力的因素。

在此时期，我国体育事业生存与发展的外部环境也发生了很大改变。党的十一届三中全会提出要坚持以经济建设为中心，并对经济体制进行相应的改革，这使得我国社会拉开了经济体制改革的序幕，这种经济体制改革以市场为取向，并且涉及社会生活各个层面的改革。在这一时期虽然存在着一系列提法和争议，如"计划与市场双重覆盖""计划为主，市场为辅"等，但是已经对将商品和市场排斥在外的传统观念彻底打破，对于商品和市场应发挥的作用，每个行业都在各自领域进行了重新审视。在这种社会背景下，通过对体育事业发展模式在计划经济体制中所显现出弊端的深刻反思，我国体育产业也逐渐开始了自身实践。

2. 我国体育产业发展经历的三个阶段

在1992年召开的全国体育工作会议（中山会议）上，对发展体育产业的思想进行了明确。事实上，在十一届三中全会之后，我国体育产业的发展实践就已经开始了。从十一届三中全会发展至今，我国体育产业的发展大致可划分为以下三个阶段。

（1）1978年底—1992年初的萌芽阶段。

在"文化大革命"结束之后，我国处在向何处去的重大历史关头。邓小平同志在十一届三中全会前夕发表的《解放思想，实事求是，团结一致向前看》的重要讲话，开辟了新时期的新道路。十一届三中全会将党的工作重心转移到建设社会主义现代化中来，并果断停止使用"以阶级斗争为纲"的错误口号，从此我国的经济开始进入快速发展的轨道。同其他事业一样，我国的体育事业也得到了很大的发展，并取得了举世瞩目的成绩。与此同时，由国家包办体育，单纯依靠国家拨款的格局开始被打破，并积极探索体育资金筹措的新路子，以此来更好地解决和缓解日益突出的体育事业发展资金不足的矛盾。在这一时期，主要围绕两个方面对发展体育产业进行初步探索，具体如下。

①对体育系统中有条件的事业单位，鼓励它们扩大自身的服务范围，同时开展多种经营方式，积极地增收节支，同时要求体育场馆"以体为主，多种经营"，从事业型逐渐转变为经营型。与此同时，各个省市都对一部分非经营性资产进行了不同程度的转变，使其变为经营性资产，并先后成立了一些体育经营实体。

②对社会中的资金进行积极吸引，同时采取联办或者赞助的形式，使一部分优秀的运动队与企业实现联办，对体育赛事活动和举办高水平运动队进行资助。

可以说，以上两种实践都获得了非常明显的效果，在一定程度上体育事业发展资金不足的矛盾得到了缓解，同时也出现了一些典型先例，如上海虹口体育场等，这也为体育进一步的深化改革和体育产业的大力发展积累了经验。

（2）1992—1997年的起步阶段。

邓小平同志在1992年的南方谈话及党的十四大标志着该发展阶段的开始。随着我国社会主义市场经济体制目标的确立，我国体育事业发展的社会经济环境发生了非常大的变化。体育战线通过加大改革的力度，来建立能够适应我国社会主义市场经济体制，与现代体育运动发展规律相符的、依托于社会并受国家调控的、充满活力与生机的体育体制和运行机制。1992年，中山会议由原国家体委召开，在会议中将体育产业问题作为体育深化改革的重要内容纳入议事日程之中；《关于培育体育市场，加快体育产业化进程的意见》于1993年在召开的全国体委主任会议上得以颁布，在该意见中对体育事业的基本思路（即面向市场、走向市场、以产业化为方向）予以明确；1994年召开的体育经济问题研讨会和1995年全国体委主任会议，都把发展体育产业作为主题；1995年，国家体委下发了《体育产业发展纲要》；1996年，全国人民代表大会第八届四次会议通过的《国民经济和社会发展"九五"计划和2010年远景目标纲要》一文中进一步明确了体育要走"社会化、产业化的道路"。

在确立体育产业化和社会化方向之后，我国体育产业的发展工作也逐步从之前注重微观层面（即侧重于经营创收）上升到宏观层面（即与转换体制和转换机制相结合）；体育产业发展的指导思想也开始从以往的"多种经营，以副养体"转变为"以体为主，全面发展"；而体育产业的发展重点也逐步从经营创收转变为推动我国体育事业产业化发展。在本阶段，随着我国全民健身计划的全面实施和运动项目管理体制的改革，我国体育产业的发展工作也开始致力于对体育的经济功能和商业价值的挖掘，对体育系统内部和社会各方面的力量进行引导，对体育市场进行大力开拓，对体育消费进行积极引导，并且已经取得了良好的经济效益和社会效益，初步形成了新的经济增长点。此外，还加强了体育经济立法，并加大了对体育系统国有资产进行经营管理的力度，同时还争取国家对体育实施一些优惠经济政策等，这都使得我国的体育产业开始步入较快的起飞阶段。

（3）1997年之后的全面发展阶段。

1997年，我国召开了中国共产党第十五次代表大会，确立了行动纲领，旨在在21世纪建设具有中国特色的社会主义事业。这一行动纲领对我国社会主义现代化事业发展的客观规律进行了深刻阐述，对全党和全国各族人民的共同愿望进行了集中反映。我国的体育产业在十五大精神的鼓舞之下开始进入全面发展阶段。我国的体育体制从职业足球的兴起中找到了一条发展思路。我国的体育行政部门从国外越来越多的职业体育运作模式，尤其是奥运会成功的商业化运作模式，以及国际体育产业所具有的良好的发展空间方面，对体育所能创造的经济效益有了更为深刻的认识，同时还认识到体育能够成为国民经济新的增长点。为此，国家社会科学基金将此作为研究课题，对体育产业能否成为国民经济增长点进行了专门研究。在这之后，很多相关省市也开展了关于本省体育产业问题的研究。

长期以来，我国体育产业的发展是沿着两条道路展开的：一是体育事业转型；二是市场相关主体的不断介入。在体育事业转型过程中，职业体育是先导。根据相关专家的科学估算，1999 年，我国体育产业市场的规模将近 800 亿元，约占我国国民生产总值的 1%；包括体育彩票在内的体育系统经营收入超过 50 亿元，在整个体育系统经费来源总额中占 60% 以上。作为上游产业，体育产业具有非常广的关联面，它作为国民经济新的增长点的趋势表现得越来越明显。

体育产业处于全面发展阶段，体育产业由体育部门走向社会，走向经济建设的主战场是本阶段的重要标志。作为国民经济的新的增长点，体育产业得到了政府和社会的高度重视。

第二节　体育产业的内容与分类

一、体育产业的内容

体育产业能够很好地满足人们对于体育多样化的需求，所有生产性组织与经营性组织的集合，是包括体育生产制造业、体育用品销售业、体育设施业、体育服务业等在内的综合产业。具体来讲，体育产业的内容主要包括体育本体产业、体育相关产业、体育延伸产业和体育边缘产业。

体育本体产业指的是根据体育自身特性而进行生产、服务的部门，这是一种产业部门群。

体育相关产业指的是以体育为资源和手段进行生产、服务的部门，是一种产业链。

体育延伸产业指的是在体育产业周围形成的综合性的行业网络，各个行业之间并不存在性质方面的联系，只是存在形式方面的关联，如体育彩票、体育保险等，是一种行业网络。

体育边缘产业指的是为了使体育本体产业的效益得到更好的发挥所提供的综合服务的部门，如为体育活动提供的餐饮、住宿等，这也是体育本体产业的重要组成部分。

二、体育产业的分类

（一）国外体育专家对体育产业的分类

国外的有关学者对于体育产业分类的观点主要集中在以下三个方面，包括三种模式。

1. 皮兹模式

该模式是由学者皮兹首先于 1994 年提出的，这种模式将体育产业划分为体育表演、体育生产、体育推广三个亚类。

2. 米克模式

该模式首先是由米克于 1997 年提出的，这种模式将体育产业划分为体育娱乐、体育产品、体育支持性组织三个部分。

3. 苏珊模式

该模式是由苏珊于 2001 年提出的，这一模式将体育产业划分为体育生产与体育支持两大类，其中体育支持类还可以扩展为政府内相关的体育机构、各级种类的体育协会、体育管理公司、体育媒体、体育用品的制造和销售、体育设施的建设与运营等六个种类。

总体来看，国外体育专家与学者对于体育产业的分类主要是建立在当代西方社会经济条件下体育产业的生存与运作方式的基础上的。在西方国家，体育产业有着较长的发展历史，体育产业被普遍认知为向市场提供体育娱乐产品的行业。基于这种情况，国外的体育学者与专家基本上是按照体育娱乐产品的生产、营销、组织管理的业务流程对体育产业进行分类的，他们对于体育产业的分类基本上是同一种思路，即按照体育娱乐产品的生产与管理流程划分。在此前提下，体育产业系统主要分为体育生产子系统、体育营销子系统和体育支持保障子系统三个部分。

还有一种分类标准是根据体育产业链上下游的关系进行分类的，根据这种标准可以把体育产业具体划分为上游产业、中游产业及下游产业三种类型。其中，上游产业指的是体育产业的原产业，主要反映体育产业的原生态，包括健身娱乐业与竞赛表演业；中游产业是指间接为健身娱乐业和竞赛表演业服务的支持性产业，包括体育器材、体育服装、体育鞋帽、体育媒体、体育中介、体育培训、体育场馆运营、体育保健康复等；下游产业是指间接为上游和中游产业服务的相关产业，缺少下游产业并不会影响原产业的生存和运作，包括体育食品、体育饮料、体育旅游、体育建筑、体育博彩、体育房地产等。

根据体育产业链上下游关系的划分方式非常符合体育产业发展的特点，它主要阐明了体育产业是以体育活动为原点的生产、经营及开发的产业链，对体育产业与一般产业之间的关系进行了阐述，同时也突出了体育产业自身的特点。

如今，体育产业的发展与进步的速度是非常快的。例如，群众体育中的体育活动由于组织方式的变化产生了健身娱乐业；竞技体育中的体育活动因竞赛组织的商业化与职业化的发展而出现了竞赛表演业。围绕这两个主业，经过不断变革与发展又产生了一系列衍生性的产业。在新时期，我国体育产业发展的过程中，应该把群众体育与竞技体育的发展作为行业发展工作的重点，这主要是由于这两个主业是整个体育产业发展的源头，只有首先保证上游产业的良好发展才能使中游与下游产业得到更好的发展。

（二）国内体育专家对体育产业的分类

国家体育总局颁发的《体育产业发展纲要》（以下简称《纲要》），将体育产业主要划分为体育主体产业、体育相关产业和体办产业，这种划分方式是国内关于体育产业最权威的一种划分方法。

1. 体育主体产业

体育主体产业指的是由体育部门管理、能发挥体育自身价值和功能的、提供体育服务为主的体育产业经营活动。体育主体产业主要包括竞技体育产业、体育教育科技产业、群众体育产业、体育彩票和体育赞助等。

2. 体育相关产业

体育相关产业是指与体育有关的其他产业的生产和经营活动，如体育场地、体育器材、体育服装、体育食品、体育饮料、体育广告和传媒经营与管理等。

3. 体办产业

体办产业是指体育部门为创收和补助体育事业的发展而开展的体育主体产业以外的生产经营活动。

《纲要》对体育产业的划分主要是依据体育商品不同的性质而对体育产业

进行的分类。这一划分标准将体育产业分为体育服务业和体育配套业两大类。其中，体育服务业又可以分为竞赛表演、健身娱乐、体育媒体、体育旅游、体育培训、体育博彩、体育中介、体育康复保健等；体育配套业可以分为体育器材、体育服装、体育鞋帽、体育食品、体育饮料、体育建筑等。

《纲要》对于体育产业的分类既有一定的优点，也存在一定的不足之处。其中，优点主要体现在两个方面：一方面，突出了体育产业的概念与分类；另一方面，这种划分方式非常便于实际操作，对于体育市场的培育与发展非常有帮助。不足之处主要表现在，这种分类是站在部门管理的角度上对体育产业进行的划分，在此标准下，第一类和第三类产业是体育部门管辖范围的，第二类则不属于体育部门的管辖范围。以此来看，《纲要》对体育产业的分类也存在一定的待商榷之处。

第三节　体育产业结构的构成分析

一、体育产业结构的概念与特征

（一）体育产业结构的概念

体育产业结构问题是运用产业经济学中产业结构理论来分析体育产业中的结构问题。体育产业结构关注的是某个行业内的部门结构，但是由于我国体育产业起步比较晚，因此体育产业理论的发展相对滞后。当前，国内学者对于体育产业结构的认识仍存在很大分歧，其主要的代表性观点如下。

第一，丛湖平根据体育产业的不同属性对体育产业结构进行分类，将体育产业结构分为体育本体产业（包括竞技体育观赏业、运动训练服务业、体育健身娱乐业、体育科技信息服务业和职业体育业）和体育载体产业（包括体育服装业、体育器械仪器制造业、体育饮品业、体育旅游业、体育彩票业和体育传媒及广告业）。体育产业的主体部分属于第三产业，而整个体育产业属于"复合产业"。

第二，张中江、田祖国认为，体育产业结构是指各个体育产业部门之间及其内部的相互关系与比例关系。研究体育产业结构就是研究体育产业各部门之间的不同排列顺序、比重配置、联系方式及各要素之间的相互影响等。

第三，杨铁黎根据产业结构的划分标准认为，体育产业结构是指体育资源在体育部门之间配置的构成和相关性，并将体育产业划分为体育本体产业、体育相关产业、体育延伸产业和体育边缘产业四个部分。

体育本体产业就是以体育自身特性从事生产或服务的部门，它是产业的部门，即使用价值相近的产品生产、服务部门的集合，如体育健身娱乐业、体育培训业、竞赛表演业等，这部分基本上都是无形的非实体产品。

体育相关产业即为体育本体产业的发展提供生产要素的物质生产部门。在分类上不属于体育产业，但是与体育产业存在着非常密切的联系，为体育本体产业的生产创造条件。这是一种产业链，是有递进关系横向构造的产品生产、服务部门的组合。如体育用品、器材设备、体育服装、鞋帽等，这部分基本是有形的实体产品。

体育延伸产业即在体育产业周围形成的综合网络，各个部门没有性质方面的联系，但是存在形式上的联系，如体育彩票、体育保险、体育金融、体育旅游等。它们是一种行业网络，即若干产业链的纵横交错和前后延伸，该部分基本是无形产品。

体育边缘产业即为了更好地发挥体育本体产业的效益而提供综合服务的部门。例如，为了更好地实现体育本体产业的目的而开展的一些附属服务设施和项目等，也应属于体育相关产业的部分，如为了观众更好地享受竞技体育的竞赛或表演而提供的饮食、住宿、纪念品、球星卡等。

第四，徐本力根据三次产业划分法的原则与体育产业的划分对体育事业发展的积极作用，将发展体育事业有关的产业分为"体育本体产业""体育相关产业"和"体育外延产业"三类，并从体育产业在物理属性、体育属性、隶属和经营管理关系、三次产业结构属性、基本结构属性及在第三产业中的层次定位等六个方面为这种产业进行了基本属性的定位。"体育本体产业"是从狭义的角度上确定的真正意义的体育产业，它以发挥体育自身功能与非实物性为其主要特点，以提高体育科学文化水平和居民体育素质为主要目的，主要包括体育健身业、体育科技文化开发业、体育竞赛表演业、体育场所租赁、体育康复保健业、体育信息咨询业等六个体育本体产业部门。"相关体育产业"指的是划不到第三产业第三层次的那部分由体育事业牵动的与体育密切相关的具有体育性质的产业，既可以是第三产业，也可以是第二产业，主要分为体育类的第二产业，包括体育建筑业与体育用品业等，以及体育类的第三产业，主要包括体育广告业、体育金融业中的体育彩票及体育赞助、体育旅游业、体育竞猜业、体育信息宣传传媒业等。"体育外延产业"指的是以上两类产业以外的由体育部门或以体育部门为主经营、管理的非体育性质产业。

第五，曹克强将体育产业部门划分为体育服务产品生产部门和体育物质产品生产部门。体育服务产品生产部门包括体育竞赛表演业、体育健身娱乐业、体育培训业、体育场地服务业、体育经纪业；体育物质产品部门包括体育用品制造业、体育信息传播业、体育广告业、体育金融保险业和体育建筑业。

第六，林玲、彭连清认为，体育产业结构是指体育产业内各生产部门之间的技术经济联系和数量比例关系，它不仅反映了各体育用品、体育服务生产部门之间在生产技术上相互依赖、相互制约的关系，也反映了各类经济资源在各部门的配置情况和体育产业总产值在各部门的分布情况。体育产业结构研究大体上应属于产业结构研究第三层次的内容，但由于体育产业是第二、三产业交叉渗透的复合产业，因而体育产业结构的研究内容又不仅仅限于第三层次。

这里所讨论的体育产业结构指的是体育产业的内部结构，即体育产业各组成部分的构成比例及相互关系。其构成主要包括两大部分：一是体育的本体产业部分，即体育服务业，包括体育健身娱乐业、竞赛表演业、体育培训业、中介服务业、体育场馆服务业等；另一部分则是与体育产业相关联的体育关联产业，主要包括体育用品业、体育建筑业、体育金融保险业等。

（二）体育产业结构的特征

体育产业结构有着自身的特征，具体表现为联系性与变化性两个方面的显著特征。

1. 体育产业结构的联系性

体育产业的各部门在体育产业中的地位和相互关系可以通过产业关联进行衡量。

根据产业经济学的产业关联理论，产业关联可以分为前向关联和后向关联。其中，前向关联就是通过供给联系与其他部门产业发生关联，表现为一个部门生产的产品提供给其他一个或几个部门生产其产品时使用，即为其他部门提供中间产品。后向关联是通过需求联系与其他部门发生关联，表现为一个部门的产品的生产需要其他一个或多个部门的产品，即要从其他部门获得中间产品。根据这一理论，我们可以对体育产业各组成部分进行相应的划分。可以发现，体育关联产业恰好正是处于这种产业关联的上游和下游。例如，体育场馆业与体育用品业等，为体育本体产业的发展提供了必要的物质条件，它们都是体育健身娱乐业、竞赛表演业的前向关联产业，而体育信息业、体育广告业等则要依托体育本体产业的发展，通过对体育本体产业产品的再加工来获得发展，它们则是健身娱乐业和竞赛表演业的后向关联产业。研究表明，体育产业中需求关联程度大、投入关联大的产业部门包括体育健身娱乐业、体育用品制造业和体育竞赛表演业；需求关联大而投入关联小的部门主要是体育场地服务业和体育培训业；需求关联小而投入关联大的部门主要包括体育信息传播业和体育经纪业。体育建筑业、体育商业服务业和体育金融保险业不论是需求关联性还是投入关联性都非常小。

由上述内容可知，体育产业各部门在体育产业中的地位和作用是不同的。具有较强关联性的产业部门能够通过前向关联和后向关联同时带动和影响其他产业部门的发展，这些产业部门可以发展为体育产业的主导产业部门。而需求关联大、投入关联小的产业部门对于提高体育产业的整体发展水平起到了基础性的作用，它们常常是体育本体产业发展的瓶颈，对于这些产业部门需要加大投入，从而解除其在自身发展方面所形成的制约。对于其他两种类型的产业部门，其技术与资金大多来源于其他行业，与体育部门基本上不存在从属关系，那么就应该充分利用市场机制促进其发展与完善。

2. 体育产业结构的变化性

体育产业内部结构之间也存在着相应的变化性特征。体育作为一种社会文化活动，源于人们的日常生活。最初是人们在生活中的闲暇时间及宗教或节日仪式上的游戏与娱乐方式，也是人类生产及生存技巧的交流和表演方式。随着社会的不断发展，尤其是在近代工业文明出现之后，自由竞争与法律规范逐渐成为时代的精神，以竞技体育为主的现代体育迅速发展起来。竞技体育鼓励人们在规则范围内进行自由平等的竞争，这是当时时代精神的反映，也正是在这种崇尚自由竞争的市场经济的土壤里，体育活动开始出现商业化的迹象，并最终产生了现代体育产业。早期的体育产业主要是为大众体育、竞技体育提供体育用品，如1811年美国出现了最早的一家体育用品公司——泰勒公司。与此同时，还有一些职业竞技体育开始商业化运作，如1869年美国出现了第一个职业运动队——辛辛那提红长袜队。总体来讲，早期的体育产业是以提供实物产品为主的，体育服务产品的比例非常有限，产业软化率（服务产品与实物产品之比）很低，产业领域也非常狭窄。

　　在人类社会进入追求生活质量阶段之后，人们的收入水平不断提高，闲暇时间也在不断增多，需求层次升级，体育产业开始实现长足发展。从西方发达国家的情况来看，该阶段大致始于 20 世纪六七十年代。在这一阶段，健身娱乐业、竞赛表演业迅猛发展，并且由此衍生出体育经纪业、体育传媒业、体育旅游业等产业部门。在这一阶段，体育产业的领域大大拓宽，产品的种类更为丰富，产业关联度明显提高。

　　由此可见，在体育产业的动态发展过程中，产业领域不断拓宽，其内部结构也在不断调整，在整个体育产业及其相关产业中，体育服务业各部门的地位不断上升，而体育用品的地位则相对下降。这就是体育产业内部结构变动的基本规律。

二、体育产业结构的构成分析

　　一般来讲，体育产业结构具体是由行业结构、产品结构、就业结构及消费结构构成的，本节具体对体育产业结构的构成进行分析。

（一）行业结构

　　产业的行业结构指的是国民经济中产业内部各生产行业之间，在社会再生产过程中相互联系、相互制约的比例关系与有机结合体。体育产业的行业结构就是按照体育产品各自的生产、流通、交换、分配使用的过程中所形成的劳动形式与价值实现方式的不同而确定有机结合体。体育产业的行业结构是体育产业结构的有机组成部分，能够对体育产业的结构有一定程度的反应，即体育产品与相应服务在不同体育行业之间相互联系的流转过程与比例关系。行业结构的形成建立在社会分工与协作的基础上，因此体育产业的行业结构就是体育生产和服务的社会化、专业化、协作化相互作用和发展的结果。具体来讲，根据不同的划分依据可以将行业结构的构成进行不同的划分。

　　1. 按体育产品形成过程中的不同劳动形式与价值实现方式划分

　　体育产业内部的行业结构可以分为两大门类：第一个门类为体育服务业，其体育产品为非实物产品，包括健身娱乐业、体育场地服务业、竞赛表演业等；第二个门类为体育用品业，其体育产品主要是实物产品，包括体育用品制造业、体育用品销售业等。

　　在当前阶段，我国体育产业虽然得到了很大的发展，但是由于起点比较低，因此总体的发展水平仍然不高，总体水平和人均水平与西方体育产业发达国家相比还存在着不小的差距。但是，我国经济发达地区与西方发达国家相比，其体育产业的差距正在不断缩小。

我国体育产业发展水平在不同地区也存在着很大的差异，其中西部地区的体育产业明显落后于东部地区。例如，浙江、辽宁以体育用品为主，而四川、安徽则以体育服务业为主，并且以体育健身娱乐业占主导地位。

2. 从体育本质的角度划分

体育产业的行业结构还可以分为职业体育产业、健康体育产业两大类。它们包含了前面所有体育产业的不同行业，是体育产业发展过程中最为有利的支撑。

职业体育产业是以职业体育俱乐部为主要经营形式的体育产业，通过向体育消费者（观众或者听众）提供以娱乐为主的体育产品（体育竞技活动）来获得相应报酬的一种经营活动。在职业体育中，运动员自身已经成为一种物化了的体育产品，已经完全被商品化，运动员自身的价值可以通过经济形式体现出来，而竞技水平是决定运动员自身价值的一个主要因素。对于职业俱乐部来讲，其经济报酬的获得主要是通过门票收入、转播费、体育广告费等形式，如欧洲的职业足球联赛就是非常成功的例子。在当前阶段，我国职业体育产业的状况可以说是喜忧参半。一方面，早在 1994—1999 年的几年中，我国正式公布的职业体育俱乐部总数（含准职业体育俱乐部）就已经达到美国职业俱乐部总数的 47%。实际上，我国以职业体育俱乐部为代表的职业体育产业虽然数量众多，但是在质量方面却不尽如人意，很多都是在政府的扶植下勉强发展。

健康体育产业是在社会经济进入高速发展的大环境下，以健康与体育有机结合形成的一种体育产业。作为健康体育产业的支撑，健康体育早已经进入了人们的日常生活中，并且发展成为其中不可缺少的组成部分。健康体育的活动范围非常广泛，不仅包含锻炼身体、增强体质的目的，同时还包含休闲娱乐、陶冶情操的目的。我国的健康体育与竞技体育一样都经历了国家主导下的健康体育事业向社会健康体育福利的过渡，通过事业、福利、与产业发展并存的磨合，最终走向产业化的发展道路。如今，健康体育已经发展成为我国体育产业的一个重要支撑点。随着科学技术及社会经济、物质基础的不断发展，尤其是国际政治经济形式的不断变化，健康体育作为一种国家健康体育发展事业的政府行为将逐渐淡化，并且最终将会被社会健康体育福利事业完全代替，进入社会健康福利事业和健康体育产业同步协调发展的新时期。我国的健康体育产业已经形成了不可动摇的产业地位，同时还拥有相应的健康体育消费群体。

（二）产品结构

产品结构是体育产业内部结构中最基础、最广泛的层次。由于体育产品本身是各种经济资源的凝结形态，其结构的变化最终可以集中反映出体育产业的现时状况。从本质上来讲，体育产业的结构变动与转换是体育产品结构要素的变化，也就是体育产品的种类、规模、质量等结构变动的结果，因此体育产品结构的合理性是整个体育产业结构变化与发展趋势的出发点与重要突破口。

根据产品的物质形态来划分，体育产品结构包括有形结构与无形结构两种类型。其中，有形产品结构主要表现为体育产品的物化形式，如体育用品制造业、体育建筑业等提供的有形体育产品；无形产品结构主要表现为体育劳务形态，如体育竞赛表演业、体育培训业等提供的无形体育产品。

我国当下有形的体育产品基本上可以满足市场的需求，其中一些产品还出现了供大于求的情况。例如，我国的体育服装产品在近些年实现了很大的发展，同时还打造出诸如李宁、安踏等名牌产品。除了这些专业运动服装生产厂家之外，很多其他的大型服装厂家也生产运动服装，这就使得我国市场上体育服装产品的产出出现了一定程度的过剩。

对于无形体育产品，即体育劳务，具体也可以划分为两类：一类是参与性的体育劳务产品，另一类是观赏性的体育劳务产品，下面就对其中的无形体育产品进行具体分析。

无形体育产品中的参与性体育劳务产品的生产者是体育场地服务业、体育健身娱乐业、体育康复保健业等。由于国家对体育各部门的管理各有侧重，对于这些部门的投入并不多，同时也没有太多的优惠发展政策，这就造成了参与性体育劳务产品产出较少，没有形成大的规模。在当前发展阶段，我国参与性体育劳务产品不能很好地满足市场的客观需求，其中以体育场地服务业最为突出。众所周知，体育场地设施是开展体育活动的物质基础。对于体育产业来说，它直接影响着人们的体育参与及体育消费。从近二十年我国体育场地的新建情况来看，新建的各种体育场地的总量相对于总的人口来说还是比较少的，并不能很好地满足人们对于体育场地的需求。与此同时，这些新建的体育场地功能较为单一，很多场地都不能适应各种新兴体育项目的开展。由此可见，我国的体育场地服务业存在着严重的供不应求的局面。正是由于我国当前这种参与性体育产品结构的不合理，才造成了我国相当一部分的体育锻炼者不能在正规的体育运动训练场地进行体育锻炼，他们所进行的锻炼活动大多缺乏科学性。

与国内的发展情况相比，国外普通民众大多可以到大众体育俱乐部进行正规的体育锻炼，这也暴露出我国具有如此大的健身市场却缺乏基本的体育消费产品。无形体育产品中的另一类是观赏性体育劳务产品，其最大的生产者是体育竞赛表演业。这里又可以划分为两类，即国际比赛表演业与国内比赛表演业。我国的国际重大比赛表演业如今已经初具规模，早在二十多年前中央电视台就已经开始对意大利足球甲级联赛进行转播，发展至今已经扩大到世界五大足球联赛等国际各大体育赛事的转播，涉及领域更加广泛。与此同时，我国的各大城市陆续开始申办世界性的重大体育赛事，这不仅有助于提升赛事举办地的国际知名度，同时还有利于把它们建设成为现代化的国际性大城市，而且这些赛事同样是重要的商机，通过挖掘商机能够对当地有关的经济消费带来巨大的经济效益。当前国外的比赛表演业发展得非常迅速，而国内的比赛表演业的发展情况则相对不容乐观。国内举行的各种体育比赛，包括篮球、排球、足球等实行俱乐部制后举办的全国联赛，但是由于各种因素的制约与不足，这些联赛往往人气不足，使得运动员在竞赛中生产出的体育产品并没有被充分消费。由于体育劳务无法被保存，体育竞赛表演过程中没有被消费的剩余体育产品即被浪费掉，经济效益也非常低下。国际比赛表演业与国内比赛表演业所存在的巨大差异值得我国体育工作者去深思。

（三）就业结构

就业结构是由劳动力结构与产业结构两个方面要素相结合所组成的一个可比性要素。

纵观世界各国经济发展的历史可以发现，劳动力这种资源与资本存在着很多共通之处：劳动力进入到哪个产业，哪个产业就会得到一定程度的加强，同时也得到了自身发展的条件；如果不具备充足的劳动力，那么该产业就得不到很好的发展。但是，劳动力本身义具有很强的可塑性，不仅存在着质与量的区别，同时还有结构层次方面的不同之处，同等数量不同质量的劳动力对产业所产生的影响存在很大的不同。世界不同国家体育产业发展的不同状况也表明，劳动力的流向与结构的变化对于体育产业结构的调整与变化趋势起着很大的制约作用。

体育产业的就业结构与我国劳动力结构的特点之间存在着密切的联系。总的来看，我国劳动力结构的特点表现为供给量过大，就业率高，但是经济效率相对较低，并且素质不高。劳动力素质低必然会对生产效率的提高造成很大的制约，从而会对我国整个就业结构产生很大影响。当前我国所实行的社会主义制度使就业人口在总的劳动供给人口中所占比例非常高，这必然会导致传统产业中劳动力相对过剩，而像体育产业这种新兴产业劳动力的供给相对不足。

随着体育产业对我国社会经济发展的贡献越来越大，我国从事体育产业的人员数量也在持续增加。而在发达国家，体育产业是服务业的重要组成部分，该产业能够为社会提供更多的就业机会。例如，悉尼奥运会在开幕之前就已经给当地提供了 15 万个就业机会，而美国体育产业早在 1995 年就为本国提供了 230 万个直接就业的机会。由此可见，体育产业对国民经济的贡献是非常巨大的，体育产业的持续发展符合我国经济与社会发展的客观需求。

我国体育产业的就业结构可以根据其行业结构划分为两大门类：一类是体育服务业人员，包括从事健身休闲业、体育场馆服务业等行业的人员；另一类是体育用品业人员，包括体育用品制造业、体育用品销售业等行业的人员。目前，我国的体育产业还属于劳动密集型产业，特别是其中的体育用品制造业就业人数占据了相当大的比例，随着我国体育服务业的不断发展，必然会对增加社会就业产生很好的推动作用。近些年来，我国的体育用品制造业实现了很好的发展，虽然大部分属于来料加工，但其工艺与质量水平已经有了很大程度的提升。

我国的体育产业的就业结构也存在很大的地区性差异。当前我国体育产业的就业结构与整个国家的就业结构是相适应的，主要集中于制造业，而不同地区的体育产业的就业结构存在着很大差距，这是由于我国体育产业地区发展不平衡的因素，各地区体育产业的就业结构与该地区体育产业的行业结构相符合。

（四）消费结构

在商品经济条件下，体育产业的消费结构是通过反映市场供求结构运行的价格结构表现出来的。消费结构是包含需求结构和供给结构、收入结构和价格结构的相互制约、相互联系的结构。从根本上来讲，实现体育资源的合理配置，从而实现体育产业结构的合理化，这样才能更好地保证体育经济的持续增长。要想实现这一目标，首先应该使体育产品（有形产品与无形产品）的生产在结构方面应该满足社会对于体育的客观需求，从而满足整个体育消费结构的要求，如果不能很好地结合大众的消费需求，那么体育生产也就失去了意义。

体育消费结构对于整个体育经济的增长和体育产业结构的成长起着最终的决定作用。体育消费结构指的是社会生产的最终结果（一般用国民收入指标）的使用构成，它是社会经济活动的基本反映。

体育消费按其存在形式可以具体划分为物质性消费与劳务消费两种形式。体育物质性消费即体育实物消费，指的是人们在体育活动中对于体育器械、服装等方面的花费。体育劳务消费则是指人们在体育观赏、健身娱乐等方面的服务性花费。根据国家体育总局 2014 年全民健身活动状况调查（由体科所调查统计）显示，与 2007 年相比，2014 年我国城乡居民有 33.9%(含青少年儿童)经常参加体育锻炼，比 2007 年增加了 5.7 个百分点，从事的体育锻炼项目以 "健身走" 和 "跑步" 为主。体育锻炼健身人群的增多也带动了体育消费。2014 年 20 岁以上人群中有 39.9% 的人有过体育消费，人均 926 元，比 2007年的消费人数比例增长 67.7%，人均体育消费水平增长 52.0%。但从体育消费结构上看，中国城乡居民还处于一个相对低端的层次，即购买运动服装的人数比例高，为 93.9%，至于支付锻炼的场租和聘请教练以及观看体育比赛的支出都很低，分别是 8.6% 和 6.6%，消费结构没有明显改变。

与西方发达国家的体育消费结构相比较，我国目前还存在着很大差距，需要加快与国际体育消费市场的接轨。

第四节　我国体育产业结构的演进与发展分析

一、体育产业结构演进的组织机制

一般情况下，体育产业结构演进的机制有着自己独特的特点，主要分为两种形式，即自组织机制和他组织机制。

（一）自组织机制

在体育产业发展的过程中，体育产业结构的演进是一个循序渐进的动态过程，在生产力不断发展和各种先进技术的推动下，体育产业结构逐步由低级转向高级、内部各要素不断协调发展，进而形成一个庞大而复杂的整体。下面主要研究与探讨一下体育产业结构演进的自组织机制。

1. 前提条件：开放性

体育产业作为一个大型系统，其内部结构非常复杂。一般来说，这一内部结构主要由八类多层级组成，这几个部分相互联系、相互影响、相互制约，形成了一定的关联效应。其中任何一个部门的发展都会对其他部门产生一定的影响。体育产业内部各组成部门之间的技术经济联系是经常性的，产业结构间的关联正是在经济联系的基础上形成的，实质上各部门之间的关联就是体育产业结构的自组织。

在体育产业发展的过程中，体育生产部门将各类体育产品和服务推向市场，从而满足体育消费者的各种需求，这就是体育生产的最终目的。体育生产最终目标的实现少不了对各种生产要素的依赖，而这些生产要素都需要在市场上购买。体育产品在生产的过程中，除了注意自身因素之外，还需要从外界环境中及时获取可靠的信息，从而保证体育产品生产的顺利性。在体育生产的过程中，体育生产部门还必须具备一定的物质资源与信息，这是体育产业结构实现自组织演进的重要基础。

2. 直接诱因：远离平衡态

一般来说，体育产业整个系统具有一定的不平衡性特征，体育产业内部各要素之间存在着千差万别，每个要素都有自己独特的地位与作用。除此之外，体育产业系统中的子产业发展也呈现出不平衡的特性，相对于体育用品业来说，体育产业的核心产业，如体育竞赛表演业、体育健身娱乐业等发展比较缓慢，这是正常现象。随着现代科学技术的快速发展，大量的先进生产工具应用于体育用品制造业中，新兴的体育产品大量涌现，极大地促进了新的产业结构的形成与发展。总体来说，体育产业各要素之间的发展是非平衡性的，存在一定的差异，这是体育产业结构发展的必然趋势。

3. 内在依据：非线性作用

总体而言，体育产业是一个多层级的庞大的体系，在这一体系中，体育产业内部的各要素之间相互作用、相互影响，呈现出非线性发展的趋势，体育产业内部各要素间的技术联系是其存在非线性作用的内在原因。具体来说，技术因素通过发挥以下功能来促进体育产业形成非线性作用。

第一，现代科学技术的快速发展提高了社会生产力，从而促进了新的产业分工的形成。

第二，现代科学技术的发展提高了劳动生产力，劳动生产力的提高在很大程度上促进了劳动力的转移，使得体育产业结构也得到了相应的变动与发展。

第三，现代科学技术的发展能在很大程度上起到重要的刺激作用，促使人们的需求结构发生变化，在这样的形势下，体育产业结构受需求结构变化的影响，也就会发生相应的变动。

第四，现代科学技术的快速发展在带给新兴产业活力的同时，也加速了原有产业的改造与发展，促进体育产业中的生产结构的逐步优化与升级。

第五，现代科学技术的快速发展能在很大程度上提高一个国家的国际竞争力，并推动国家对外贸易的发展，进而直接导致体育产业结构发生较大的变化。

在体育产业结构不断演进与发展的过程中，体育产业结构之所以能够得到快速发展，并呈现出复杂性的特点，其主要内在原因就是非线性作用，同时这也是体育产业结构自组织演化的终极目标与动力。

4.触发器：涨落

在一段时间里，体育产业结构能保持一定的稳定性，其内部各要素之间的关系也相对稳定。但从局部来看，体育产业内部的波动则是经常性的，不时地发生各种变化。例如，在体育产业内部各部门之间，各种产业要素不断流动，促使体育产业产值发生一定的波动。如果体育产业产值的涨落只是一种发展状态，而且不会影响体育产业结构的稳定时，这种状态就是体育产业结构演变与发展的微涨落。

需要注意的是，微涨落不会打破原先的体育产业结构。但是，有些涨落会在一定的条件下促使原有的产业结构发生一定的改变，这种改变我们称之为巨涨落。一般来说，当出现巨涨落时，之前的体育产业结构模式会发生较大的变化，新的产业结构模式也会相应出现。

通常情况下，只有当体育产业结构失去了原有的稳定性，并建立了新的结构后，才算是体育产业结构的一次演进与发展。涨落在体育产业结构演进与发展的过程中发挥着非常重要的作用。

（二）他组织机制

在体育产业发展的过程中，体育产业结构的演进与发展是一个控制的过程。在他组织角度下，国家采取必要的措施与手段对体育产业结构进行合理的调整，从而实现结构和组织的合理优化。在体育产业结构演进与发展的过程中，只有通过政府的宏观调控才能更好地实现体育产业结构演进的他组织机制。

在政府的宏观调控下，体育产业结构不断得到演进与发展。国家政府部门通过运用各种经济手段、产业政策等来实现体育产业资源的合理配置，对体育产业结构进行必要的调整与优化，从而促进体育产业的健康发展。

总体而言，在体育产业结构演进与发展的过程中，政府的宏观调控作用主要体现在以下几个方面。

第一，政府采取一定的措施和手段，制定体育产业发展的目标、重点和规模等，把握体育产业结构演进与发展的趋势，为体育产业的发展指明道路。

第二，政府通过运用各种经济手段和产业政策，鼓励与保护相关体育产业的发展，有时为了保证政策的顺利实施，还采取强制措施规范体育产业的发展，这为体育产业结构的优化与升级提供了可靠的保障。

第三，政府通过运用各种产业政策，在很大程度上促进了现代竞争的微观基础的形成，这对体育产业市场供需关系产生了良好的协调作用，从而为体育产业结构的演进与发展奠定了良好的基础。

第四，政府通过发挥公益功能的自身，为体育产业的发展营造了一个健康的社会环境，从而促使体育产业结构优化升级的目标得以顺利实现。

二、我国体育产业结构演进的阶段划分

体育产业结构不是一成不变的，而是处于不断变化发展中的。对体育产业结构演进阶段的研究能找出其中的客观规律，从而更好地采取针对性措施与手段促进体育产业的发展。

（一）体育产业结构演进的阶段

从长远来看，体育产业结构是不断演进与变化着的，即从低级阶段向高级阶段演进。在从低级阶段向高级阶段演进的过程中，体育产业一般都会经历以下几个阶段。

1. 体育产业结构合理化阶段

体育产业结构合理化是指通过一定的结构调整，增强体育产业内部各部门的协调能力和合作能力。在体育产业发展的过程中，要想促进体育产业结构的优化发展，首先要结合体育产业的发展实际对失衡的产业结构进行合理化调

整。需要调整的方面主要包括：体育产业各部门的协调问题、体育产业的供给与需求问题、体育产业结构的效应问题等。总体来说，体育产业结构是否合理主要取决于体育产业释放的整体能效是否大于各部门能效之和。如果体育产业各部门间的协作能力越好，就越能释放出强大的效能，体育产业结构也就越合理。因此，在这一阶段中，首先要做的就是消除体育产业内部结构中的各种不平衡现象，释放体育产业的效能。

2. 体育产业结构高度化阶段

体育产业结构的高度化是指国民经济发展重心由第一产业向第二产业和第三产业逐步演进、劳动密集型产业向资本密集型产业逐步演进、初级产品的制造向高附加值产品制造逐步演进与发展。因此，体育产业结构高度化指的是体育产业结构的重心由劳动密集型部门向体育服务业演进。从总体上来说，判断体育产业结构是否步入高度化阶段的一个重要标志就是看是否拥有与本阶段体育产业相适应的主导产业和支柱产业。

3. 体育产业结构优化阶段

可以说，体育产业结构优化是体育产业结构演进的最终方向，也是体育产业发展的较高阶段。总体而言，体育产业结构优化是体育产业高度化发展的动态过程，在这个过程中，体育产业结构逐步优化和升级，达到最佳状态。

综上所述，以上体育产业结构演进的三个阶段之间是互相影响和互相联系的。其中，体育产业结构的合理化是前提；体育产业结构的高度化是必经阶段；体育产业结构的优化是最终目标。

大量研究与事实表明，体育产业结构的优化调整主要包括三个方面的内容。第一个方面是政府的干预。政府通过制定各种有利于体育产业结构调整的政策来干预体育产业的供给和需求结构，促进体育产业的合理化发展。第二个方面是市场的自我调节，充分发挥市场的自我调节作用，从而实现资源的优化配置。第三个方面是发挥企业的主体地位，依据当前的发展实际调整企业的行为。这三个方面密切合作，共同发挥效用，能够有效地促进体育产业结构的优化升级。

综上所述，随着社会经济的不断发展，体育产业结构逐渐由低级阶段向高级阶段演进。体育产业结构在演进与发展的过程中通过与环境资源的交换，产生了一系列的动态变化，整个体育产业规模不断扩大，向更高层次发展。在体育产业结构由低级向高级阶段发展的过程中，体育产业结构逐步达到合理化状态，从而发生质的飞跃，促使体育产业以较快的速度增长，这就是体育产业结构演进与发展的基本规律。在体育产业结构演进与发展的过程中，体育产业中各部门不断分化，规模不断扩大，资源配置效率不断提高，这些都是体育产业由低级阶段向高级阶段演变的重要标志。总之，体育产业结构的这种演变规律为体育产业结构的优化升级提供了良好的路径。

（二）体育产业结构演进的趋势

1. 软　化

随着现代社会的不断发展，体育产业结构也逐渐呈现出软化的趋势。在早期阶段，体育产业主要以提供实物产品为主，相对而言，体育服务产品所占的比例很小，产业软化率非常低。随着社会经济的逐步发展，人们物质生活水平的不断提高，人们的需求层次逐步升级，体育产业开始得到快速发展。在体育产业发展的这一阶段中，体育本体产业获得了迅速发展，并带动了体育其他相关产业的发展，如体育经纪业、体育传媒业、体育广告业、体育彩票业等。在这样的形势下，体育用品制造业的地位不断下降，体育服务业的地位不断上升，这是体育产业结构优化升级的表现之一。

2. 合理化

在体育产业发展的过程中，体育产业结构的合理化是体育产业向更高阶段发展的重要标志。在资源既定的条件下，体育产业内部各要素之间能实现资源的最优配置，产生良好的经济效益，从而获得快速发展。总体而言，体育产业结构演进的合理化主要体现在三个方面：一是各种体育资源在部门间得到合理的配置；二是体育产业能够根据需求结构的变动状态调整资源配置；三是体育产业发展的各类体育产品的总供给与总需求实现动态平衡。

3. 高度化

体育产业结构的高度化发展也是体育产业结构演进的一个重要趋势。在现代社会背景下，现代科学技术的快速发展推动了大量高新技术产业的发展，成为引领体育产业结构高度化发展的重要力量。在现代社会条件下，技术密集型和知识密集型产业得到迅速发展，体育科技成为体育产业结构升级的核心技术，体育产业结构逐步迈向高度化发展阶段。

4. 高效化

在新的时代背景下，体育产业结构开始向着高效化的方向发展，对此，体育产业结构开始做出相应调整，体育产业的经济效益也逐步显现出来。从总体上来说，体育产业结构的高效化是体育产业内部各要素之间合理利用各种资源，从而实现经济效益和社会效益的最大化，二者缺一不可。总之，体育产业结构在演进过程中所做出的合理调整能产生较高的结构效益，从而推动体育产业的进一步发展。

5.区域结构协调化

体育产业结构演进过程中的区域结构协调化是指地区层次的产业结构实现合理化、高效化和高度化，不同地区的体育资源有自身的特色，通过地区间资源的沟通与利用，能使体育资源得到充分利用，从而满足体育产业结构调整与发展的要求，进而实现体育产业的科学化发展。

三、我国体育产业结构的现状与存在问题分析

当前，虽然我国的体育产业获得快速发展，积累了一定的经验，总体而言，在很多方面还存在着一定的缺陷，其中体育产业结构还不健全和不够完善就是一个重要的方面。下面重点分析我国体育产业结构的现状及存在的各种问题。

（一）我国体育产业结构的现状

1.所有制结构

（1）我国体育产业呈现出多种所有制并存，非公有制经济占主体的格局。与我国国情相符的是，我国的体育产业建立在单一国有资本结构基础之上，公有制经济占主体地位。近些年来，随着体育全球化和经济一体化的发展，体育产业也出现了多种所有制并存的局面，国家、集体、个体企业等多种主体逐步进入体育产业领域，成为推动体育产业发展的重要力量。

（2）外商和港澳台投资比重较大。在现代社会发展的背景下，经济一体化、经济全球化的趋势逐渐加强，境外资本及港澳台资本介入我国体育产业领域，这些企业成为推动我国体育产业发展的重要力量。

2.行业机构

（1）体育培训业和体育中介是当前最具发展潜力的行业。近些年来，我国体育产业的发展上升到一个新的台阶，体育产业中的各个行业都有着不错的增长速度，其中体育中介业和体育培训业的增长速度最快，成为整个体育产业中最具发展潜力的行业。

（2）体育用品业是当前发展潜力最大的行业。与发达国家相比，我国的体

育产业发展还处于一个低级阶段。在最初的阶段，体育产业的发展都是从体育用品业的出现开始的。目前，体育用品业在我国体育产业中也占据着非常大的比重，虽然近年来我国体育服务业得到了迅速发展，体育用品业的发展势头有所减缓，但总体而言，体育用品业仍然是我国体育产业中所占比重最大、发展潜力最大的行业。

3. 组织结构

（1）体育产业组织结构关系水平低。依据产业发展的基本规律，产业生产的规模越大，生产效率就越高，社会化的程度也就越高，该产业组织的内部构成有机性就越强，组织越严密，组织之间的联系和制约就越复杂。

受我国传统观念和意识的影响，我国现行的体育管理体制依然存在着官办不分、政事不分及政企不分的现象，这在一定程度上制约了我国体育产业结构的优化与升级。目前，总体来看，我国体育产业各门类行业协会都是在政府体育部门的指导或授权下开展各种工作的，缺乏自主权，不能根据自身的具体实际开展各种活动。在这样的形势下，虽然有一部分体育企业得到了一定的发展，但是大多数企业并未得到良好的投资回报率，难以形成规模效应。

总之，目前我国的体育产业组织结构关系水平还处于一个低级阶段，组织结构比较松散，严重影响着体育组织的生产效率与结构效率，迫切需要进一步的改革与发展。

（2）体育产业组织与产业外组织的结构关系。发展到现在，在发达国家，体育产业已成为其国民经济体系中的重点产业。体育产业内涵丰富，产业内部各种组织互动关系比较频繁，对各个行业的发展都能起到重要的联动作用。就目前我国体育产业而言，我国体育产业的发展还存在诸多问题，如发展基础不牢靠、可持续发展能力不强、欠缺有力的发展政策等，这些都需要我国政府相关部门采取必要的手段和措施加以解决，以建立和形成一个良好的发展模式。

4. 区域结构

（1）呈现出显著的东、中、西部梯度发展格局。目前，我国体育产业呈现出显著的东部、中部、西部梯度发展的格局。从总体上来看，我国各区域体育产业还处于一个低级发展阶段，区域间体育产业部门的合作还不够密切，难以产生有效的化学反应。

（2）呈现出明显的城乡发展差序格局。目前，我国的体育产业在区域结构上呈现出明显的城乡发展差异。城市体育市场与农村体育市场的发展差距较大，在经济落后的农村地区，体育产业尚处于萌芽阶段，规模很小，这极大地制约着我国体育产业的发展。

5.层次结构

（1）各层次比例严重失调。一般来说，在我国体育产业体系中，体育产业的核心层主要包括体育组织管理活动、体育场馆管理活动、体育健身休闲活动；外围层主要包括体育中介活动和其他体育活动；体育相关产业层主要包括体育用品、服装鞋帽制造与销售，以及体育建筑活动。发展到现在，我国体育产业各层次虽然在量上有所增加，但质量参差不齐，比例失调。

（2）各层次之间关联性效应不明显，无法形成完整的体育产业链。目前来看，在我国整个体育产业结构体系中，体育产业核心层的后向关联最大，其发展在很大程度上决定了体育产业外围层与体育产业相关产业层的进一步发展；而体育产业外围层与体育产业相关产业层的前向关联最大，为体育产业核心层提供了重要的物质基础和保障。截至目前，我国体育产业结构仍然处于一个低级发展阶段，其发展主要依赖于下游产业的体育相关产业层，体育产业的发展没有形成一个完整的产业链，各部门之间的联动关系比较弱，需要今后着重发展。

6.市场结构

在产业发展的初期，大量资本涌入其中，大多数小企业共存，形成了一定的市场结构；发展到一定阶段，进而形成以中小企业为主的市场格局；到了成熟阶段，则形成了以大企业为主、中小企业并存的垄断竞争格局；再到衰退阶段，是少量大企业的寡头竞争市场结构。近些年来，我国社会经济得到了快速发展，社会稳定，得益于此，我国体育产业中的各个行业也得到了快速发展，一些体育行业获得了比以往更加宽松的发展环境与充分的市场竞争，已经进入了行业市场结构的成熟阶段。另外一些体育产业或行业，受自身条件的限制则没有得到迅速发展而停滞不前，这说明我国体育产业的发展还很不均衡，体育产业结构很不完善，需要大力发展。

7.产品结构

目前，与发达国家相比，我国的体育产业处于落后的局面，总体来看，我国的体育产业产品结构技术水平不高，产品附加价值不高，产品的结构效应也难以起到有效的作用。一个良好的体育产品结构对体育产业相关行业与部门的发展起到重要的推动作用，这也正是促使体育产业能成为许多经济发达国家国民经济体系中的支柱产业的重要原因。以体育赛事产品为例，其生产技术经济联系的直接相关要素有体育场馆、运动器材、体育经纪公司、参赛运动员及现场观众等；其衍生产品主要包括赛事冠名、场地广告、赛事转播、门票等有形与无形产品，涉及的范围非常广泛。可以说，一个良好的体育产品结构能起到良好的联动作用，对体育产业的长远发展是非常有利的。

目前来看，我国体育产业的核心产业供给不足，存在着结构不合理与结构效应水平低的现象，这严重制约和影响着我国体育产业的健康发展。

（二）我国体育产业结构存在的问题分析

1. 我国体育外部产值对 GDP 贡献小

与国外发达国家相比，我国体育产业总产值还处于一个比较低的水平，在整个国民经济中所占比例较小，对国民经济的推动作用还很小，严重落后于发达国家。这也从另一个方面说明了我国体育产业有着较大的提升与发展空间，发展潜力巨大，我国体育产业相关部门应该加强体育产业结构的优化升级，促进我国体育产业的大发展。

2. 体育本体产业发展相对缓慢

在整个体育产业发展的过程中，体育服务业是其核心行业，而体育用品业则是体育产业的外围行业。一般情况下，一个产业的核心行业的发展水平在很大程度上决定着其外围行业的发展水平，目前我国体育产业核心行业的发展却严重滞后于外围行业的发展，今后需要扭转这种局面。

总体而言，目前我国大部分体育产业都存在着核心行业滞后的问题，近几年虽然我国的体育服务业呈现出逐年上升的趋势，但与体育用品业等外围产业相比，其上升的幅度还较小，与发达国家相比还存在着较大的差距。这种情况，一方面反映出我国成为全球性的体育用品生产加工基地，体育产业的发展处于整个产业链的下端；另一方面也反映出我国体育产业的整体发展水平还比较低，拥有巨大的发展潜力与发展空间。

3. 体育用品业竞争力较弱

发展到现在，我国已经成为世界体育用品制造中心，占世界 65% 以上的体育用品生产份额。总体来看，目前我国的体育用品业主要以来料加工和劳动密集型产品为主，大都是处于产业价值链低端环节，缺乏在上游研发、设计等环节，缺乏自己的著名品牌。国内大量企业盲目进入，大多数企业管理不善，欠缺技术创新和研发能力，没有形成一个良性竞争的环境，其发展受到一定的阻碍。

4.缺乏调整体育产业结构的优惠政策

在体育产业发展的过程中，产业政策对其发展能起到重要的推动作用，这在发达国家已经被证明了。因此，我国体育相关部门也要借鉴发达国家的先进经验，制定一系列有利于体育产业发展的优惠政策以满足体育产业发展的需要。政府首先应制定相关的税收政策，对体育产业给予一定的扶持，建立一个完整、规范、统一的税收政策激励体系，激励体育产业不断向前发展。我国体育产业政策的缺失直接导致了产业投资结构的单一，制约了我国体育产业的进一步发展。

5.东、中、西部体育产业结构发展差距大

目前，我国社会呈现出鲜明的二元结构，城乡差距、东西部差距较大，体育产业也相应地呈现出明显的二元结构。在东部，尤其是沿海地区，体育产业发展比较迅速，吸引了大量投资，形成了一定的产业规模；而西部地区由于经济发展落后、资源不足等原因，体育产业的发展尚未形成一定的规模。因此，如何缩小二者之间的差距就成为一个值得研究的课题。

6.缺乏高素质的体育人才

体育产业的发展离不开人才，人才竞争是体育产业发展的重要动力。在体育产业体系中，体育产业的发展既需要精通体育知识的专业性体育人才，又需要熟悉市场的经营管理人员。目前，在我国从事体育产业的主要是两类人：一是原先就在体育系统工作的人，如体育官员、运动员、教练员等，他们具有从事体育工作的经验，但在一定程度上欠缺体育产业经营的理论知识；第二类是商人，他们对商业有很强的嗅觉，知道体育产业利润丰厚，但对体育所具有的特殊性认识不够。在国内，只能说有从事体育竞技比赛训练的管理人才和体育组织的行政管理人才，而最缺乏的是体育产业的高级管理经营人才。

（三）导致我国体育产业结构现状的原因

1.有效需求不足

有效需求是指有消费愿望，又有实际支付能力的需求。而体育市场中的有效需求除了要有消费愿望、实际的支付能力之外，还必须具有必要的技能储备及消费空间。也就是说，一个人的体育消费只有在有钱、有闲、有愿望、有技能、有消费空间五个要素都具备的条件下，才能真正发生或者说才能持续发生；否则，即使发生也只是偶尔的尝试性消费，而不是长期的、固定的、习惯性的消费。从我国居民的实际情况来看，同时具备五个要素的人群总量并不大，体育消费的有效需求并没有出现人们所期待的快速增长态势。

2. 管理体制障碍

体育产业之所以迟迟未能得到良好发展，一个重要原因是来自管理体制上的障碍。北京大学经济学院院长刘伟教授提出，体育要产业化在经济体制上需要两个逻辑：一个事物要产业化，而不是事业化，资源的配置应当市场化。如果其产业化、资源配置的方式市场化，行为主体就要企业化，这三个方面在逻辑上是一致的。一个事物要事业化，它的配置方式就不是市场化而是行政化，要求行为单位主体不是企业化，而是单位化，这三个方面是捆在一起的，产业化、市场化、企业化是一个逻辑，如果要产业化，就不可能在行政网络里。否则一是长不大，二是会出现腐败的情况。一贯的体育制度非但不能促使体育产业快速发展，而且还会对体育产业产生较大束缚，使得体育产业成为腐败滋生的"温床"。在长期计划经济体制下形成的体育管理体制和运行机制、错误地把体育事业看成是单纯的公益事业，只能由政府来提供和包办，排斥市场和经营，走了一条与国情国力不相符的发展道路。特别是政府在体育领域中体现的行政意志限制了体育产业的发展，这样的体制和机制安排是着眼于以满足政府需求为主而不是满足大众多样化、个性化体育需求的体制，不利于体育产业的培育和发展。国家把体育作为福利性的社会事业来办，只能由政府来提供和包办，排斥市场和经营，导致体育产品难以进入市场，体育领域生产活动及生产要素处于垄断状态，体育市场的主体难以确定，市场处于封闭状态，因此形成了具有"刚性"的体育结构，不能及时生产出大众所需的体育产品，造成体育产品供给与需求的矛盾。体育公共产品的供给与维护并未形成良性的互补关系，而是存在多种形态的扭曲及错位。传统思维的作用下，基础设施行业产品通常被认为只能由政府机构来提供，在这种情况下，这些行业和部门往往会通过"游说"而获得"行政性垄断地位"。由于过高的进入门槛，其他的民间经济力量即使有进入的能力，也不会有进入的权利，于是此类公共产品就只能长期处于供给有限、效率较低的状态。这一方面造成了政府单一的供给能力与人民群众不断增长的参与性健身需求矛盾日益突出；另一方面也制约了各类体育市场的培育和发展。政府体育主管部门的职能高度集中，办事过多，管理过少，单项运动协会、群众性体育社团的作用被淡化，社会办体育的热情受抑制。管理体制不适，经营机制不活，对体育经营单位以单一的行政型管理为主。分散经营，各自为政，追求小而全，缺乏整体观念和规模效益，市场秩序混乱不利于体育产业结构的优化。

3. 缺乏扶持政策

经济政策是加快经济发展的根本保证。周叔莲在《中国经济的两个根本转变》代序中指出："以结构优化为例，目前我国产业结构难以优化的根本原因仍然是体制问题，由于多数国有企业还未成为真正的市场主体，同时普遍缺乏活力，市场机制难以发挥作用，宏观调控也往往达不到预期目标，因而资源难以在产业间合理配置。"市场主体的经济行为需要政策规范，生产要素的配置和重组需要政策导向，经营者的投资积极性需要政策调动。宏观上缺乏明确有力的体育产业发展规划和产业政策，即使有了产业发展规划和政策，也缺乏应有的配套政策和实践手段。中华人民共和国成立以来，各个时期指导体育产业发展的政策多停留在粗线条的口头与原则上，缺少科学的理论依据，没有完整的措施与手段，也没有具体的实施方案和定量要求，有的时期提出的原则与口号还有明显的片面性。由于市场机制很不完善，政府在制定产业政策时主要凭人的主观决断，即使决策者完全立足于社会整体与长远利益，也仍然存在着主观与客观相脱离的可能。在这种情况下，政府的优化选择能力并不可靠，从而导致资源配置不合理、产业结构非良性化和非优化及调整困难。

体育产业作为朝阳产业，需要政策的引导、扶持发展。尤其是在体育产业还未充分形成的情况下，需要政府引导、培育。同教育、文化等产业相比，目前国家缺乏对发展作为朝阳产业本应享受优惠扶持政策的体育产业的各种优惠政策。由于缺乏宽松的经济环境和条件，产业发展初期没有扶持保护政策，启动相当困难，这一发展态势使得投资回报率不高，影响了社会资本的投入。在美、英等体育经济发达国家，政府为扶持本国体育经济的发展，都相应地在政策上做出了倾斜。对体育部门举办的体育赛事、体育组织接受的捐赠和体育场馆的经营收入，不同程度地减免税收；企业出资赞助体育比赛，可以记入生产成本或做广告支出；修建体育场馆可以享受土地征用的优惠政策和低息贷款等。同教育、文化等产业相比，我国体育产业在政策优惠方面受到"冷遇"。由于缺乏宽松的经济环境和足够的条件支持，产业发展初期没有扶持保护政策，启动相当困难，这一发展态势使得投资回报率不高，影响了社会资本的投入。目前，体育企业不仅没有享受优惠政策，而且部分企业还实际上承担着过重的税费。

4. 政策执行不力

各级政府指定的科学合理的体育产业结构政策没有得到有力执行，影响了体育产业结构的优化。体育产业政策执行不力，导致产业政策在优化体育产业结构时效果不佳。已有的体育产业政策或因政策触及执行主体的切身利益而导致执行主体选择性、替换性执行，或因执行需要不同部门之间的协调时，体育部门无法得到其他部门的支持而导致无力执行。选择式执行是指一些地方政府、单位对上级政策指令或命令进行过滤，"断章取义，为我所用"，选择对自身有利的规定执行，形成在执行中见了"黄灯"赶快走、见了"红灯"绕道走的行为模式，导致政策无法得到贯彻落实。替换性执行是当需要执行的政策与负责执行的机关、部门存在利益冲突时，执行机关就有可能制定与上级机关公共政策表面相一致，实质相违背的执行措施，"有利的就执行，不利的就变形"，妨碍了产业政策的正确实施。

5. 政府过度干预

我国的体育事业在各级政府的大力支持下取得了长足的发展，随着市场经济的发展，体育市场的经营活动必然要遵循市场规律去运作。目前，政府行为在推进体育产业良性发展的同时，尚有些需要改进之处。这表现在一些大型赛事政府部门仍不愿意放手让社会去办，而是自己出面经营，从而影响了社会群体办体育的积极性，同时又给体育执法带来了一定的困难。政府体育主管部门的职能高度集中，办事过多，管理过少，单项运动协会、群众性体育社团的作用被淡化，社会群体办体育的热情受到抑制。这样的体制和机制安排是着眼于以满足政府需求为主而不是满足大众多样化、个性化体育需求的体制，不利于体育产业的培育和发展。

6. 无形资产流失

体育的无形资产是指存在于体育运动中的、具有体育特质、受特定主体控制、不具有实物形态、能持续地为所有者经营并带来经济效益的资产，其最显著的特点是不具有物质形态，包括各级各类体育竞赛表演活动的举办权和经营权、注册商标特许经营权、吉祥物、广告、明星肖像权、纪念品、赞助和捐赠、电视转播权等。这一市场在我国的开发仍处于低水平，存在大量空白地带。据统计，我国60多万个尚未得到有效开发的体育场馆尚待商家挖掘。在开发运作上，与发达国家相比存在一定的差距，经营开发渠道单一和短期行为现象严重，导致我国体育的无形资产大量流失。体育的无形资产的市场开发对应的经济活动多为处于体育产业核心地位的体育赛事活动，这一资源的流失影响了体育产业服务业的市场规模。

7. 商业运作水平不高

在体育产业发展的过程中，人才是极为关键的因素。一般情况下，人力资源的数量决定着承接体育产业转移的规模，人力资源的素质决定着体育产业结构层次的高低。很长一段时间以来，受我国传统社会和经济体制的影响，我国没有重视体育经营管理人才的培养，致使缺少大量了解国际体育产业流程、开发体育商机的人才，尤其是缺乏中高级的体育经营管理人才。这对于我国体育产业的发展是非常不利的。很多运动项目管理者在管理上出现了许多漏洞，导致经营不善、国有资产流失。除此之外，受行政垄断的影响，投资者对体育产业投资的积极性不高，并且存在一定的盲目性。当某项体育运动获利较高时，众商家一哄而上，造成了重复建设、规划不合理等多种现象。目前，有相当一部分的体育经营者都是退役运动员、教练员、下岗待业人员，他们拥有丰富的体育工作经验，但欠缺对体育市场的了解，无法准确把握体育产业发展的规律，因此政府在这些方面要给予必要的指导和培训。政府在体育领域中没有充分发挥好自己的作用，体育产业市场行为比较混乱，体育市场缺乏合理、正当的竞争。目前，职业体育经理人在我国体育企业中所占的比重还非常低，由过去的知名运动员或球队领队担任俱乐部总经理的现象还相当普遍。这些半路出家的经营管理者比较缺乏经济、法律等方面的知识，客观上限制了体育产业的发展。而专门从事体育的经营者对体育的了解甚少，缺乏横向联系，导致我国体育产业商业化水平低，这也成为制约我国体育产业发展的瓶颈和障碍。因此，要想促进我国体育产业的发展，就必须要大力提高其商业化运作水平。

8. 投融资机制不完善

在市场经济发展条件下，筹集资金已成为我国体育事业发展的重要手段。目前由于我国投资机制的缺乏和投资政策的错位等原因，致使我国资本市场运作水平不高，投资机制比较单一。很多投资者都面临着两个极端：投资于银行，收益太低；投资于证券，风险太高，这种状况不容乐观。因此，要想促进我国体育产业的发展，就必须要建立一个完善的投融资机制，确保体育产业的顺利发展。

四、影响我国体育产业结构演进的因素分析

在体育产业结构演进的过程中，会受到多种因素的影响和限制，其中一些因素会起到决定性作用。体育产业在一个国家国民经济中所占的地位如何，体育产业的内部结构如何，直接受到多种因素的影响。因此，对影响我国体育产业结构演进的因素进行分析是非常有必要的，下面就重点从影响体育产业结构演进的四个方面，即需求结构、供给结构、贸易结构和社会结构进行深入细致的研究与分析。

（一）需求结构因素

在整个体育产业发展的过程中，需求结构是影响其产业发展的重要因素。一般来说，社会对体育用品和体育服务的需求就是体育需求，而体育产业对其他产业产出的需求并不属于体育需求的范畴。在需求结构的引导下，体育产业中的各个生产部门进行工作输出体育产品，来满足广大体育消费者的需求，这一过程使得体育产业各部门得到了合理的分布，从而逐渐形成了一个相对完善的体育产业结构。总之，在体育产业发展的过程中，体育产业生产部门的各种生产活动都会受需求结构的引导，产业结构必然会随着需求结构的变动而变动。

一般来说，人的需求主要有生存需求、享受需求和发展需求三大类。在这三大类基本需求中，生存需求是满足生理需要的需求，处于最低层次，而享受需求和发展需求则是满足人作为社会人实现自我价值的需要，是一种高层次需求。在人与社会发展的过程中，人的需求是随着时代与环境的变化而不断变化的，总是由低级向高级转变。在社会生产力比较低下的年代，生存与生活需求成为人们最重要的需求，温饱问题及对物质消费品的低级需求成为人们的日常生活追求。随着社会经济水平的不断提高，人们在解决了温饱问题后，对物质消费品的需求呈逐渐下降的趋势，转而向对服务消费品的需求，这是社会经济发展的必然趋势。

在现代社会背景下，体育运动能满足人们的多种需求，如健康需求、娱乐需求、休闲需求等。正是由于体育运动能顺应人们消费需求结构的改变，体育产业才得到了快速发展，体育产业结构也因此得到了优化与升级。

（二）供给结构因素

在体育产业中，体育供给结构是指社会对体育产业需求的满足程度。一般

来说，体育产业结构的转变是以供给结构为前提的，供给结构在很大程度上影响和制约着体育产业结构的发展与转变。在体育产业发展的过程中，各种自然、物质、技术等条件都在其中发挥着重要作用，而这些资源则需要由社会来提供，在这样的形势下，体育产业的供给结构也便形成了。

1.体育产业的发展需要物质资本积累

体育产业的发展离不开重要的物质基础，这些物质基础主要包括体育场地设施、设备等方面，而兴建体育场馆、购置体育设备等则需要大量的资本积累，只有拥有了充足的物质资本，才有能力开展兴建体育场馆的工作，才有能力购置各种体育设施设备。在社会发展的过程中，只有社会经济得到发展，人们才有充足的资金投入到休闲娱乐、体育运动中，这样才能为体育产业的发展营造一个良好的环境。

2.体育产业的发展需要人力资本积累

体育产业的发展除了需要充足的资本积累之外，还需要必要的人力资本积累。如拥有高水平运动员的运动队，其竞技水平就越高，观赏性也越强，也就越能激发人们观看体育赛事的热情，从而为体育产业的发展奠定良好的基础。总之，竞技体育运动的发展离不开具有高素质的人力资源，要想通过体育运动来创造产业价值，就要培养出大量的高水平人力资源。

3.体育产业的发展离不开技术

发展到现在，随着现代科学技术的快速发展，体育运动设施、体育器材等也变得越来越智能化，这对于推动体育娱乐产业的发展具有重要作用。将现代科学技术运用于体育场馆、体育设施中，不仅能极大地提高竞技运动水平，同时还能提高体育赛事的观赏性，促进体育赛事产业的发展。由此可见，体育产业的发展离不开现代科学技术，现代科学技术为体育产业的发展提供了重要的技术保障。

（三）贸易结构因素

国际体育用品和体育服务的进出口结构就是所谓的体育贸易结构，也就是体育产业的国际贸易结构。发展到今天，随着全球经济的一体化发展，体育的发展也突破了诸多限制，打破了国与国之间的壁垒，世界各国人民可以共同交流、互通有无。在这样的背景下，世界各国之间的沟通与交流逐渐加强。国家之间的空间距离因为体育运动而日益缩短，人们足不出户就可以在家欣赏各种体育赛事，如 NBA、欧冠联赛等；一些体育用品品牌也因为体育资源的全球化而享誉世界，如耐克、阿迪达斯等。除此之外，教练员、运动员、裁判员的跨国流动也离不开体育资源的全球化影响。

体育产业结构不是一成不变的，受体育用品和体育服务不断变化的影响，体育产业的供给与需求结构也不断发生着变化。在体育产业进出口结构中，体育产业的供给结构能够从体育用品及服务的进口中体现出来，体育产业的需求结构能够通过体育用品及体育服务的出口反映出来。因此，体育用品及体育服务的进出口结构会随着体育用品与服务的变化而发生变化，而体育产业供需结构又会随着体育用品和体育服务的变动而变动，体育产业结构也因此发生变动。所以说，体育产业国际贸易的发展在很大程度上推动了体育产业的发展。

（四）社会结构因素

在社会发展的过程中，社会经济结构还会受到社会其他结构的影响，作为社会经济结构的一个重要组成部分，体育产业结构的变动同样也会受到一定程度的影响。社会结构中的人口结构、文化结构等都会对整个社会的供需结构产生重要影响，从而影响体育产业结构的变动，下面就做具体的研究与分析。

1. 人口结构

一般来说，社会劳动力结构是以人口结构为基础形成的，而人力资源供给结构的形成又离不开社会劳动力结构。因此，人口结构的发展变化会对体育产业结构的变动有着非常重要的影响。除此之外，人口年龄结构、文化结构等都属于人口结构的范畴，不同年龄段、不同文化层次的人其消费需求也各有差异，所以，人口结构也会对社会需求结构造成一定影响，进而对产业结构产生影响。在现代社会背景下，人们的体育需求不断增加，这极大地促进了体育竞赛表演业的发展。随着全民健身运动的发展，在我国老龄化社会背景下，老年人的健身需求也日益增长，这对于体育用品业、体育健身业的发展也具有重要的推动作用。

2. 文化结构

文化结构的内涵比较丰富，主要包括民族文化特征、文化教育水平、科学发展水平等内容。大量的研究与事实表明，一个国家或地区的文化结构会对产业结构的变动产生直接或间接的影响。在体育产业发展的过程中，体育产业能为社会大众提供各种体育服务，而在现代社会背景下，由于社会文化结构不同，人们的素质水平，以及对文化的需求等都存在着较大的差异，因此人们对体育产品和体育服务也会有不同层次的需求，从而引起了体育产业结构的不断变动。

3.阶层结构和城乡结构

在现代社会条件下，整个社会的收入分配格局都能在社会阶层结构和城乡结构中得到明显的体现，这两种结构会在一定程度上影响社会需求结构，进而影响体育产业结构。

通常情况下，经济条件较高，处于社会阶层上层的人群都比较重视体育消费，因此，城市社会较高阶层成为体育消费的主要人群。如果一个国家的社会阶层结构和城乡结构发生某种程度的变化，就一定会对收入分配状况造成一定的影响，进而影响整个社会的需求结构，在这种情形下，体育产业结构也会发生一定的变动。

五、发达国家体育产业结构的演进及对我国的启示

经过长时间的发展，发达国家的体育产业结构得到了极大的优化和升级，可以说，体育产业已经走上了高度发展的阶段，通过对发达国家体育产业演进的研究能为我国提供一定的经验和借鉴，从而促进我国体育产业结构的进一步优化。

（一）发达国家体育产业结构演进的特点

1.产业规模大，产值高

一般来说，发展至今，发达国家的体育产业已经进入了一个快速发展的阶段，其规模和产值都上升到了一个较高的层面。如美国的体育产业产值的增长率超过同期国内生产总值的增长率；英国政府从体育产业中得到的税收相当于其投资的 5 倍；日本的体育市场消费位居世界第二。这充分说明发达国家体育产业的规模较大、产值较高，拥有良好的发展势头。

2.产业结构合理，主导产业地位突出，相关产业发展迅速

发展到现在，发达国家的体育产业结构已基本走向完善，已形成了一个相对完善的结构体系，这一体系的内容既包括体育服务、劳务产品的生产和经营，也包括与体育相关的物质产品的生产和经营。其中，体育健身休闲产业和职业体育产业在整个体育产业中占主要地位，引领和促进着其他相关产业的发展。在美国，据统计，体育健身休闲产业的收入非常靠前，其他发达国家的体育健身休闲产业发展水平也处于领先地位。可以说，体育健身休闲产业是体育产业内部结构中最具发展潜力、最能体现自身价值的行业部门。在体育健身休闲产业的推动下，其他部门得到了共同而迅速的发展。

此外，发达国家的职业体育产业也发展得相当火爆。美国的 NBA、英国的足球超级联赛、日本的棒球联赛等都取得了较大的成功。

在体育产业发达国家，体育用品业的比例虽然有一定的降低，但是体育用品业仍然是一个非常重要的部门，整个体育用品消费占据了很大的比例。据调查研究发现，体育产业发达的国家，普遍都拥有自己的知名体育品牌，如美国的耐克、德国的阿迪达斯、日本的美津浓等，这些品牌都为本国带来了丰厚的利润。伴随着经济一体化的背景，这些品牌逐渐形成跨国公司，发展规模越来越大。

除此之外，发达国家体育产业的发展还突出体现在对其他相关体育产业的带动上。高度发达的体育产业还带动了体育传媒业、体育赞助业、体育经纪业等行业的发展，这不仅促进了整个体育产业的大发展，甚至为国民经济的发展也提供了重要的动力。

3. 政府大力扶持，法律法规健全

发达国家的体育产业也不是一时一日得到快速发展的，也是经历了一个艰苦的过程。通过对发达国家体育产业结构的研究发现，发达国家体育产业的发展都离不开政府的大力扶持。在很早以前，发达国家就意识到体育产业对本国经济和社会发展的促进作用，因此，政府普遍实施了一系列优惠措施来推动和鼓励本国体育产业的发展。另外，发达国家的政府部门也制定了大量有利于本国体育产业发展的政策与法律，为体育产业的发展提供可靠的法律保障，这也是发达国家体育产业结构优化与升级的重要保证。如美国政府颁布的反垄断法、税法、版权法，英国政府颁布的社区体育发展计划，日本政府颁布的《关于增进国民健康和体力的机理》《关于普及振兴体育的基本方策》等都对本国体育产业的发展起到了关键作用。

4. 拥有完善的管理体制

发达国家的体育产业之所以能够取得成功，其中一个非常重要的原因就是它们都建立和形成了一套比较完善的管理体制和经济运行机制。依据发展模式分类，发达国家的体育产业管理体制主要分为市场主导型和政府参与型两种。其中美国和英国采用的是前一种模式，日本则采用的是后一种模式。虽然各国采用的发展模式不同，但是通过结合自己的国情和实际，设计出一套有利于自己发展的管理体制和运行机制，一样都取得了极大的成功。

（二）发达国家体育产业结构演进对我国的启示

1.加大政府投入力度，为体育产业的发展提供必要的政策支持

在发达国家体育产业发展的过程中，一系列发展的经验表明，政府在推动体育产业发展的过程中起着极为重要的作用。目前，受各种主客观因素的影响，我国体育产业的发展受到一系列的限制和制约。这种状态对我国体育产业结构的优化和体育产业体系的形成是非常不利的。因此，我国应向体育产业发达的国家吸取先进的经验，并结合具体国情建立和形成一套相对完善的、适合自身实际的体育产业结构体系和政策体系，从而为我国体育产业结构的演进与发展提供一个良好的环境。

2.加强法制化建设，建立健全体育市场管理的相关法规

发展至今，发达国家都建立了一套相对完善的体育产业法律法规体系，与之相比，中国的体育产业却欠缺法律法规的约束。这对于体育产业的健康发展是非常不利的。因此，加强体育产业的法制化建设，规范体育市场的管理与发展关系着我国体育产业能否健康发展。可以说，只有形成一个健全的体育产业法律法规体系，我国体育产业的发展才有法可依，体育产业结构才能得到优化升级，体育产业才能得到长远的发展。

3.着力培育高素质专业人才

21世纪最宝贵的是人才，人才是一个国家各方面事业发展最为宝贵的资源。发达国家的体育产业之所以获得了快速发展，其中一个非常重要的因素就是他们拥有一大批高素质的体育产业专业人才。据调查研究发现，美国、英国和日本历来都非常重视体育专业人才的培养，普遍开设与体育产业密切相关的专业来传授专业课程，这为体育产业的发展培养出了不同层次的从业人才。

与发达国家相比，目前我国体育产业专业人才显得非常匮乏。体育人才资源配置不合理，制约着体育产业的进一步发展，这是当前中国体育产业发展中亟待解决的问题。因此，我国应该吸取发达国家的先进经验，逐步建立和形成一套完善的人才培养模式，促进我国体育产业结构的优化升级，进而推动我国体育产业的快速发展。

总体而言，发达国家的体育产业在产业规模、结构分布、政策扶持等方面都获得了均衡的发展，其体育产业结构已经非常完善。我国的体育产业要想扭转如今这种落后的局面，就要吸收与借鉴这些发达国家的先进经验，加大体育产业投入力度，制定相关的法律法规、培养大量的体育专业人才，努力促进体育产业结构的优化升级，推动我国体育产业的快速发展。

第二章　大型体育表演的诞生

第一节　古老的竞技运动

在古老的竞技运动中，对暴力的限制经历了一个漫长且重要的历史发展过程，主要体现在逐渐控制竞技动作，逐渐控制竞技中的冲动方面。埃利亚斯和迪宁在著作中的主要论点就是：运动中允许兴奋和冲动，但同时又必须克制和收敛这种冲动。身体的对抗释放出激情，然而社会主张抑制这种激情，准确地说，就是竞技运动中的激情已被定位，必须保持在能够被容忍的状态下。可以说，不同的时代有不同的社会容忍度。16世纪末的长矛比武要穿盔戴甲，高竖栅栏，长矛很轻而且并不锋利；而中世纪的长矛比武则是真枪实矛，比武场不设任何障碍物。两个时代的长矛比武有着天壤之别。与圣路易时代的比武相比，亨利四世时期，宫廷比武场都安装了一定的防护设施，更加强调竞技规则，防护措施更加完善。在圣路易时代，比武则更为放任，没有那么安全。总而言之，16世纪以来的长矛比武既保留了激烈的搏斗，又不允许真枪实战，既允许冲动又克制冲动——这就是古老竞技运动史体现出的两个极点。因此，竞技运动的发展史也正是一部从没有合同契约的等级社会走向民主社会的历史。

一、从武力走向礼仪——法国16世纪和17世纪贵族娱乐活动的演变

在法国现代史初期，身体魁梧象征着力量。当描述一个伟人时，必然会提及他的功勋、不知疲倦和朝气蓬勃，以及他的结实强壮，骁勇善战。这些直观的身体特点都可以在史书上找到详细的描写，例如，"身体和四肢强壮""强健的四肢"或是"彪形大汉"。在史书中还可以找到很具体的人物记载，例如，弗朗西斯一世擅长打猎、骑马比武，喜欢玩波姆球或在马里尼亚诺舞弄长矛；

亨利二世性情狂暴，比武中刺伤了一个习武教练的眼睛，之后自己又被蒙哥马利的长矛刺伤；查理五世同样擅长骑马比武，在马德里和瓦利阿多里德比武时，常常被描绘成圣乔治，矮小的身材上穿着奢华的骑士服，他的人物形象非常典型：穿盔戴甲，手持长矛，身体做好进攻的准备，身下的坐骑全副铠甲，正在奔跑。强壮的身体、健壮的肌肉体现了力量。

16世纪至17世纪，王室的人物形像渐渐发生了一些变化。例如，17世纪的统治者不再被描画成武士，即使他们的人物形像仍保留着明显的骑士特征。这显然是由于力量的象征形式发生了变化，对身体外貌和装扮有了新的时尚定义，尤其是17世纪的精英和贵族赋予了体征新的价值观念。这一演变的根由便是时尚和观念的转变。

这一时期，贵族社会体征时尚的变化可能更好地揭示了社会的变迁，特别是竞技运动，它从展示武力走向了控制身体和讲究礼仪，出现了真正的宫廷艺术。这充分说明法国古代贵族社会建立了新的体征文化。这里，下面我们介绍几种竞技运动的历史，它们可以展示这一广阔的历史背景。

（一）正面冲击与战斗艺术

在16世纪初的法国宫廷，竞技活动表现得极为暴力，我们今天会为之感到震惊。弗朗西斯一世挑战侍卫长圣波尔便是其中的一个例子。三王来朝节时，圣波尔吃到了国王饼中的蚕豆，弗朗西斯一世马上去攻击这个微不足道的"国王"。他包围了圣波尔的住所，用鸡蛋、苹果和雪团"加以进攻"。受围攻的人接受了挑战，对打开始，随即便是一场混战。打斗越来越激烈，投掷物也越来越出格，一根燃烧的劈柴竟投到"真"国王的头上。最后，战斗在一片狼藉和窘迫中结束。1546年发生了一桩几乎类似的事件，但结果更惨痛。这次是一个箱子从窗户中扔了出来，砸在昂吉安公爵的身上，"他伤得很重，几天后便死掉了，国王与王室上下一片哀痛"。

王室围猎的场面也很野蛮，捕猎者手提刀剑，到处徒步追赶"野生动物"。例如，1515年在昂布瓦斯，几头野猪被放进城堡的内院中，一群人挤在窗口观看。野猪被追得精疲力竭，其中一只惊恐万分，从走廊夺路而逃。国王亲手杀了它，并引以为荣。

很多贵族的娱乐活动都是这样一种武力场面，有些像冲锋和战斗，都是面对面的猛烈攻击，气势咄咄逼人。最为刺激的是战斗的模拟场面。比如，盛大节日时会模拟大型的实战场面，放着炫耀的炮火。1517年在王太子洗礼庆典时，在昂布瓦斯用木料建造了一个沟堑防筑的城市，驻防了几百个士兵，国王弗朗西斯一世亲自率兵攻城。身穿彩服的士兵在他的率领下冲进了围城，"铁箍木制大炮齐鸣，火药只是些粉末，炮弹像一个酒桶底那么大，里面充满了气体，射到守城的士兵群里，把他们打倒在地，没有遇到丝毫的反抗"。

这是具有尚武精神的王子，是武将国王的形象。统治者以此来炫耀自己的武力与威风，借此来巩固王室至高无上的地位。炫耀武力是中世纪的传统，16世纪则超越了这一阶段，因为此时的国王控制了诸侯，封建割据已成强弩之末。一切战斗都转变为表演——既真实又戏剧化的表演，主要展示的是战争的武器、骑兵的进攻和真实的战斗规模。这种场面有些与众不同，因为它需要投入大量的准备工作及人力和物力。昂布瓦斯的庆典仪式起码说明了16世纪初，战争在贵族娱乐活动中所占有的重要位置。同时，它也揭示了王室是如何把象征寄托在最真实的行为上，也就是身体冲撞和可能导致的种种伤害上。

除了模拟战争场面之外，16世纪初最为流行的是各式各样的兵器比武、长矛比武和骑马群战比武，这主要体现了贵族阶层的一种精神寄托。骑马持枪对阵可以保留骑士冲锋陷阵的形象，那是浴血鏖战的英雄形象。贝亚尔在埃尔骑马比武大会上宣称："就是朗斯洛、特里斯唐、戈万也永远战胜不了我们。"16世纪初，大多数比武大会都延续了中世纪的比武规则，并严格地加以遵守：重要的长矛比武都由传令官向全国发布公告；所有的比武大会都要事先宣布竞技规则，连宣言都一成不变，如："皮埃尔·德·贝亚尔，青年贵族，习徒武艺……宣布张贴比武通知……所有参赛人必须于7月20日到场，无栅栏，长矛刺三次，磨尖枪头，全副盔甲，刺十二剑，全部动作骑马完成。"

这种长矛比武只有贵族才有资格参加，并且两人要正面冲击，这种比武可以说是地道的决斗。1549年，维埃耶维尔毫不犹豫地让自己的女婿德皮奈去挑战索迈尔塞公爵，因为这位公爵在伦敦的参政会上亵渎了法兰西的尊严。比武在布洛涅举行，索迈尔塞公爵因病未能参加，而由一个英国人替代，结果德皮奈刺伤了那个英国人，并将他关押了起来。

显然，不是所有的竞技比武都是决斗，毕竟这仅仅是竞技游戏。然而，正是由于它酷似决斗才如此具有诱惑力。竞技比武有着独一无二的地位。16世纪初，其他娱乐活动都没有像竞技比武那样受到如此的关注和重视。只有竞技比武被详细记录在回忆录和编年史中，有比武的过程、扣人心弦的时刻和悲剧情节的描述，甚至可以找到一招一式的描写，一场场比赛的叙述及一次次交锋的场面，例如："双方互相追逐，结果那个叫塔尔塔兰的武士在争斗中折断了他的长矛，对方骑士武艺高强，凶猛地撞击到他的护臂上方，长矛也断成了五六截。战斗如此精彩，四面响起了雄壮的号角声。换枪后，双方又拉开战幕，塔尔塔兰猛烈地冲击，他的长矛把骑士的护臂套筒都撞得变了形，所有人都以为骑士被撞断了手臂。"冲撞和正面攻击的战斗如此具有诱惑力，甚至到了无以复加的地步："皇帝动作勇猛，长矛一下刺进了盾牌盒里，木柄被折断。再一下，长矛折断飞出，砸伤了一位正在观看比武的人。要知道，皇帝是多么为自己的英勇行为而感到荣耀啊。"

16世纪初，其他任何娱乐活动都未被如此记载过。相反，波姆球或是槌球只能在回忆录中才能找到踪迹，但这些运动纯属于个人兴趣，为了消磨时光，没有什么严肃的意义。然而，这不等于说波姆球无足轻重，不受重视。1539年，弗朗西斯一世乘船在卢瓦尔河上行驶，他在船尾建造了一个波姆球馆，庞大封闭的船尾上有很多房间和走廊。但是，波姆球的性质更接近于玩扑克和投骰子，属于消遣提神的娱乐，也就是说属于"玩耍"，这项运动肯定有其价值，但它首先是为了"消遣"。最后应该说，这项活动多少有点儿不严肃，因为它是一种赌钱的游戏。只有双方打了赌，才能开始比赛；只有赌钱，比赛才有刺激性。有时国王赢了钱，却不肯把钱分给队友。总之，这种债务关系是合法的，玩波姆球赢钱甚至比投骰子赌钱更理直气壮，因为它是靠球艺赢钱的。弗朗西斯一世就此颁布过法令："与按劳取酬一样，打波姆球的赢钱合情合理，必须把钱付给赢球人。为避免赛后争议，国王陛下特设抵押金管理大臣，管辖王国所有的城市。"尽管打波姆球和槌球可以舒展身体，并且比赛是靠球艺而不是靠运气，但是它们无论如何都属于赌钱的游戏，谈不上什么崇高的价值。

相反，所有的竞技比武都有道德宣言，即"要忠诚守信"，甚至"要练就品行"。这说明竞技比武没有脱离中世纪道德品行至上的模式，仍保留着传统比武的象征意义和价值特征，虽然骑士制度已不复存在，但是它的伦理观却保存了下来。另外，竞技比武还常常借助宗教和圣人的精神力量，例如，1512年，在万塞勒竞技比武中，参战的贵族们毫不犹豫地宣告："为了上帝，光荣的圣母及骑士圣主圣乔治。"1519年诺泽鲁瓦的竞技比武几乎采用了完全相同的宣言："为了上帝，光荣的圣母及骑士圣主圣乔治的荣誉。"

长矛比武和群战比武的特殊重要性还表现在其举行的时间和场合上。它们总是伴随着庄重的节日、入城仪式、加冕仪式或是重要的婚庆典礼。1514年，路易十二和英国玛丽的婚典，以及1516年西班牙阿拉贡国王和卢瓦卢王朝的路易斯的婚礼上都举行了长达几天的长矛比武。在这种包含国家利益的婚礼上，长矛比武具有特殊的象征意义。它体现了武力服从于两国的联合。同时，比武的进攻性受到了制约。比武中既勇猛又有收敛，既体现了力量又体现了力量的适当运用。1514年长矛比武时，路易十二上了年纪，无法出场，由即将继位的国王率队冲杀。英国人和法国人对峙开战，虽然仍有危险和受伤的可能，但他们只是佯装流血，表演了一场武力对抗："昂古莱姆王爷（未来的弗朗西斯一世）为了取悦于国王和英国人，表示自己喜欢这场婚姻，倾力投入战斗，他要弄长矛，坚决抵抗。为了表演得更好和更逼真，他还挑选了七个法国将领参战。"这场战斗的关键在于既是表演又要逼真，一定要表演出冲锋、撞击、打斗和流血。贵族的象征也就是权力的象征，正是体现在最具体的冲锋中。

然而，正是在16世纪骑马比武似乎还风行的时候，出现了一些决定性的转变。竞技比武的结构、组织、标准和设施都产生了变化。虽然这些变化看上去微乎其微，无足轻重，却属于有深刻意义的变化。娱乐活动有了调整，文化观也有了较广泛的转变：人们对暴力更加敏感，更新了对崇高理想的观念。归根结底，是权力的戏剧象征得到了更新。

（二）武力与礼仪

首先，武力的表现形式有了缓慢的转变。第一个重要的变化是16世纪初，取消了一群骑士肩并肩持枪团体作战的形式，而在14、15世纪，"搏杀混战"一直是节日的高潮。长期以来，骑马比武一直是这种群战的形式，因此叫作"群战比武"。而"长矛比武"则一般是个体间的战斗。到了16世纪中叶，比武中不再有这种混战的形式，可能因为它太混乱、太"危险"了。1517年，在瓦利阿多里德群战比武后，当时尚未即位的查理五世就意识到了这一点。在那场比武中，伤兵血染胸甲，七横八卧，被踩来踏去，场面过于刺激，使心最硬的人都受到了震撼。其实，比武本身并没有产生变化，而是人的感官产生了变化，人们对过于野蛮粗暴的比武更加敏感。1517年的瓦利阿多里德比武宣告了群战比武的终结，成为西班牙最后一场这种类型的竞技比武。查理五世即位以后最终取缔了群战比武。1520年后，这类比武在其他地方也越发罕见了。1519年，诺泽鲁瓦比武中还残留着一些痕迹：长矛比武的最后阶段，六位武士一起防御阵地，共同面对所有来犯者。而早在 1506 年的米兰骑马比武中，路易十二的武士和几个意大利王子只使用了步兵群战的形式。同样，1512 年的万塞勒比武也常常被看作群战比武的榜样。

1520 年以后，几乎只剩下了一对一的长矛比武。这种比武也减少了"危险性"，其保留了 15 世纪遗留下来的中央栅栏，在对手间设置了隔离障碍，制定了跑马的规则，限制了对击的次数。盔甲装束也得到了加固，胸甲更加厚重结实，可以更好地抵御打击，缓冲攻击的力量。但是，还是会出现数不清的意外伤害，例如，长矛刺到了腋下、腿根部或面盔缝隙处，或者比武者跌到了马下，其后果难以预料。例如，1514 年普里耶在比武中跌下马来，便一命呜呼了。同年，武艺高强的圣奥班在圣安托万街的长矛比武中也摔下马丧了命。多东在 1506 年米兰长矛比武后对受伤的人数进行了统计，就像战后对伤兵进行统计一样。几年后，也是在米兰，弗勒朗热在弗朗西斯一世的竞技比武中也进行了伤员统计。当然，最值得一提的还是亨利二世的死亡，在 1559 年的长矛比武中，蒙哥马利一枪刺穿了他的面盔，导致他的死亡，成为 16 世纪的重大事故。布朗托姆详细地叙述了事件的每一个细节：卡特琳王后反对骑马比武，于是蒙哥马利有些犹豫，但交涉了一下之后，蒙哥马利马上便投入了激烈的战斗，结果他一枪刺中了国王的眼睛。布朗托姆的文章中，他极其细致的描述和他为此所表现出的震撼本身就说明与几十年前相比，16 世纪中叶的长矛比武已大为改观。人们对比武的利害也有了不同的认识，对其危险和伤害进行了更多的评论。

1560 年，波旁王室年轻的嫡系王子亨利被马踩死，长矛比武从此几乎被禁止。1605 年，沿着卢浮宫外墙举行了骑马比武，巴松·皮埃尔在比武中被刺伤了大腿根，事后，他极为血腥地描述道："长矛又一次被折断，剩下比胳膊长的一节扎进了大腿骨，从肚子中穿了出来。""我的肠子从肚子里全部流淌出来，直掉到鞋子的右边。"这是最后一次骑马比武，从此亨利四世禁止了这项活动。

亨利四世的禁令宣告了一段历史的终结。群战比武和长矛比武相继被取缔之后，从中世纪延续下来的贵族竞技比武的传统从此销声匿迹。竞技比武的发展有些近似决斗的发展。现代的中央集权大国越来越不能容忍世系结党、诸侯纷争，而长矛比武颇有等同之嫌，具有挑战、决斗和几乎神圣的规则。它暗喻了诸侯纷争自治，除了暴力的因素，这点也是为现代中央集权大国所不能允许的，所以骑士争斗和其特殊的规则从此退出了历史舞台。

但是传统不可能一下就被切断，骑士的理想也不可能一下消失得无影无踪。相反，竞技娱乐的发展需要一个渐变的过程。事实上，早在1605年之前就出现了替代长矛比武的新活动。它们保留了战斗的价值，但竞技的精神很快便有了变化。

特别值得一提的是，1550年后出现的两种常常一起进行的活动——跑马刺环和长矛击靶。这原本是骑兵训练的项目，各自有其确切的动作：跑马刺环是把一个环形圈吊在栅栏上，长矛应刺入环中；长矛击靶则是用长矛猛击一个固定的靶子（可能话应把长矛击断）。舞弄长矛是竞技的核心内容，假设向一个敌人发起进攻，但设立了简单的规则并规定了本身的动作。竞技者不用面对任何敌手，只需遵守规则。这种竞技侧重个人的武艺和技巧，而不再是双方对阵和力量的抗衡，打击目标只是一个几何状的物体。战斗改变了形式，采用了足够的手段以避免任何人体接触。当然，从形式设置上讲，它仍属于一场"战斗"，但已不那么"危险"。

《梅斯编年史》展现了这一转变过程。尚帕塞尔跑马场以前一直是梅斯贵族长矛比武的场所。1528年在那里举行了第一场跑马刺环：挑战者一个一个单独跑马出场，佩戴盔甲，手持武器，他们必须全副武装，刺中的环数越多越好。尽管依然是战斗的动作和武器，却属于一种武艺操练。

这类比武在16世纪上半叶较为流行，但史书记载却不多。其中的一处记载是1540年王室在沙泰勒罗举行的为期一天的娱乐活动："在剧院柱子的顶端吊置了一个环形圈，骑士们开始一个接一个地跑马刺环。"到了16世纪下半叶，有关记载变得多起来。特别是对跑马刺环有了较确切的描写，这项活动不再那么野蛮，已更好地被社会所接受，好像取代了几十年前长矛比武的位置，成了贵族节日中的一个骑马游戏。比如卡特琳王后在巴约纳接见使臣时，挥霍了大量钱财，其中大规模的跑马刺环备受青睐。简而言之，跑马刺环成了贵族在庆典和节日聚会时的娱乐活动。再如，布永公爵去法国西南部巡游时在各地组织娱乐活动，他有这样的记载："我离开若兹，一行人陪同着，来到弗勒拉领主所在的沙唐涅。我住了三天，在那里举行了跑马刺环，一百多位贵族与我共度佳节。"多比涅到普瓦图游玩后也有过记载："跑马刺环和化装舞会使整个普瓦图城都处在欢乐的气氛中。"这些跑马刺环的活动主要是在大院里举行的，竞技者已不再穿盔戴甲。16世纪下半叶，竞技者已经脱去武装铠甲，趋于普通的着装："1570年2月19日，查理国王在圣奥班修道院的花园中进行跑马刺环。国王的衣着同已故的弗朗西斯国王一样,一群王宫贵族陪同着他,穿着同样的服装,头戴丝绒羽翎冠。"那时的竞技游戏更注重技巧的灵活纯熟。《法兰西使者》记载了 1638 年在马德里举行的骑马比武,首先赞扬了摩德讷公爵在比武中表现出的敏捷灵活。同样,马兰格尔也曾称赞了 1619 年图卢兹竞技比武中骑士们的敏捷和高雅。这些称道有别于从前的武力至上,甚至与之前大不相同。新型的竞技活动体现了人体价值的新模式。

毫无疑问,在一段时间内还残存着一些传统的游戏形式,例如,有些时候,跑马刺环中会夹杂着障碍比武。这是一种徒步比武,竞技者身穿铠甲,手持矛剑,被分隔在栅栏两边,这种"障碍"可以限制进攻。这项比武还被用于室内表演,正像法国驻伦敦大使 1582 年描述的那样:在一间火把通明的大厅里,法国王室和英国王室各出几个人在女王面前进行了比武。1570 年,在维莱尔·科特雷还精心安排了入场式和出场式,表演了冲杀的场面。这些战斗表演在 16 世纪下半叶还很流行,它们没有长矛比武那么危险,但到了 17 世纪初,也退出了历史舞台。

事实上,人们认为冲击战斗过于暴力,所以面对面进攻的场面开始消失,取而代之的是更为细腻的模式,更加侧重比武的技巧和敏捷。跑马刺环本身就象征着这些变化,而且很快便添加了更多的要求:除了动作灵活,又加上了优雅和风度、遵守礼仪的特殊方式。当然还是跑马刺环,但必须遵守一定的形式,例如,要严格遵循跑马的路线,矛头刺出的方向极为讲究几何线条,坐骑不能有太猛烈的动作,尤其是要保持一定的姿态。这正是布朗托姆所指出的:在技术之外,又添加了对审美的要求。他是第一位论述 16 世纪末跑马比武的人。他论述道,某个竞技者坐姿如此漂亮,以至于使人忘记了他刺枪时的失败:"不论是和国王还是和其他人一起跑马刺环,奥维尔大师都能做出世界上最漂亮的跑马姿态。但不幸的是,由于他没有很好地保护视力,他的矛头很少能刺中环形圈。然而,他的跑马表演足以弥补刺环的失败。"17 世纪,出现了一些有关骑术的重要著作,形成了真正的宫廷艺术,规则训诫也更加明确。例如,普吕维耐尔是路易十三的骑术教练,他在卢浮宫训练国王时,强调动作要自如,详细讲解了如何保持骑马的风度,要求动作必须规范、准确。最后,他还特别强调了国王在跑马刺环中的公众形象,建议国王在臣民面前要表现出极尽理性化的完美品质:国王应该常常在公众面前展示他的骑术,"不仅使您的大臣，而且使您的人民都能了解您神奇的精神力量"。虽然这是一种辞藻华丽的奉承，但它反映了对动作的控制及对近似动作心理影响的强调。

一种更为综合的国王形象取代了穷兵黩武的国王形象，它不仅保留了英武的形象，而且更为注重仪表和"优雅"的风度。换句话说，政权有了新的象征，展现艺术超越了展现力量。没有人会去想象一个冲锋陷阵的路易十三，但所有人都知道他熟习武艺。这正是 17 世纪贵族在跑马比武中自然强调的特征。例如，维尔松·德·拉克隆比耶尔在 1638 年描述了理想的跑马比武，那时在传统武器中已加入了手枪，他着重突出了动作形式和表现形式。只要看看他所罗列的一系列颁奖等级，就能看出动作形式和风度优雅所拥有的巨大影响：一等奖颁发给"单人比武骑术最优秀者和手枪射击动作最优雅者"；而"射中靶头环形圈者"才能获得三等奖。与前面相同，这又是一种突出表演姿态和动作价值的方式。

更广泛地说，17 世纪的节日形式发生了变化。在重大节日时，跑马刺环的竞技者会扮演成故事人物，竞技比武变成了讲述故事和戏剧表演。此时，表演的意义超越了战斗的意义。竞技比武的布景及文学表现最终占据了上风。1612 年的那不勒斯障碍比武是 17 世纪最后的几场竞技比武之一，那次比武清楚地展示了这一变化。当时，国王总督想以一种特殊的方式庆祝法国和西班牙的结盟，于是他张贴了挑战书，并要组织一场表演。他亲自出马，和另外四个人一起"手持矛剑，严阵以待，准备迎击一切胆敢来犯之敌"。这次比武组织了好几支队伍，各自选择了自己的服装和入场形式，观看者很多，战斗一直进行到深夜。在比武中，先是个人挑战，然后是集体作战，双方阵地隔着栅栏。总之，这是传统比武的形式，兵器锐利，相互挑战，身披铠甲，而且颁发了好几个奖项，组织极为规矩。然而，颁奖的名次反映了一个核心问题："一等奖颁给最佳装备者；二等奖颁给最佳创造者；三等奖颁给最佳口号者；四等奖颁给为了爱情折断矛枪的最佳战斗者。"由此可以看出，竞技的戏剧艺术超越了战斗艺术，风度超越了力量。行进队伍的声势和技巧都起到了作用，甚至影响到竞技的结果。也许这是一个极端的例子，却是一个事实，具有很重要的参考价值。

这种表演艺术本身在竞技比武中并不陌生，至少从 15 世纪以来，竞技比武就伴有戏剧性和某种故事情节。奥利维耶·德·拉马尔什或沙特兰就描述过好几次竞技比武，它们的故事背景或是为了去解救一个"被囚禁的公主"，或是为了打击各种"流浪骑士"。竞技比武有时会参照传奇故事,演绎场面和展现布景,竞技场入口处会挤满神话故事中的动物和人物。例如,中世纪后期,勃艮第王室的竞技比武已引入了戏剧情节,开始与原始竞技比武分道扬镳,采用这种方式是为了使竞技更加吸引人并具有文学气息。但是,那时的竞技比武依然以攻击艺术和危险对峙为核心,战斗依然是竞技的主要部分,特别是奖励只能颁给舞刀弄剑的高手。15世纪,竞技比武中的故事情节仍旧是为了表现"真正的勇气",战斗必须很真实,这种状况一直延续到16世纪初。

与此相反,17世纪的竞技盛会的特点则是以戏剧化为主要元素。《法兰西使者》曾用几页的篇幅描述了那不勒斯竞技比武的行进队伍,却只用寥寥几行字概述了比武的经过。尤其是王子之间的比武,其入场式不断增添文学题材、化装队伍和移动工具。17世纪这种新型的娱乐活动被称为"骑兵竞技表演",词义本身就揭示了仪仗队和骑兵行进队伍的重要性。其实,那时的竞技比武只剩下跑马刺环和跑马击靶,但开场前增添了花哨的骑兵队伍和盛装打扮的故事人物。入场式变得格外重要,骑兵竞技表演有些像芭蕾舞的表演。

17世纪,贵族的竞技比武具有一个双重的变化:首先,竞技中越来越重视技巧能力和身体灵活性;其次,越来越重视表演的程序。因此,竞技比武的精神本身发生了变化,身体作用不再有同样的意义,动机不再有同样的内容。实际上,是世界发生了变化。

(三) 战斗与象征

南吉是一位年轻贵族,没什么财产,但出身高贵,他的经历无形中揭示了这一变化。1605年,南吉要参加一场障碍比武,为了准备铠甲和马鞍,他需要400埃居。对他来说,这是一大笔开销,他拿不出这么多钱,可是,他仍坚持要参加比武。结果几个商人借给了他一点儿钱,又靠几个好友的帮助,他最终凑齐了这笔款。特别值得注意的是,他比武的目的显然不是为了任何奖励。他承认自己不是个"好骑手",但是,他早就想寻求国王的支持。他没有钱财,因此他只有期待国王的任命,才能在宫廷中获得成功。他的战略显然具有社会意义:他的出身使他可以参加上流社会的娱乐活动,借此他可以显示自己的社会属性;内韦尔公爵是竞技比武的组织者,参加比武可以成为内韦尔公爵身边为数不多的精英之一,他要借此获得支持,显示自己的社会关系。南吉简单明了地说:"我为此花费了400埃居,但这个高雅的小圈子给我增添了一点儿勇气,因为只有宫廷中最有教养的人才有资格进入其中。"对他来讲,首要的是出席比武。而出席比武的目的和武艺较量没有关系，即使最后他是在军队服务。

同一时期的多比涅也属于类似的情况。他觉得能够随同亨利四世参加跑马刺环标志着他巨大的成功。几个月前，迪亚娜·萨尔维亚蒂的父母拒绝了他的求婚。他甚至认为，迪亚娜这次看到他这个无名之辈的贵族能同国王一起跑马刺环，一定会突然感到窘迫。迪亚娜的确吃了一惊，一时感到自己失去了什么。不久，她因忧郁过度，离开了人世。"看到我如此受到尊重，她思量着从我那里失去的东西，感到那么悲伤，陷入了极度的忧郁之中，到了崩溃的地步，不久便死去了。"在这里，竞技比武的社会作用占据了首位。不论是南吉还是多比涅，参加比武首要的目的是确认身份，显示一种地位和社会关系。

这里应该强调一下，即使某些旧形式尚存，那个时期的竞技比武也已经不同于从前。当时竞技比武表面仍在延续，但从巴亚尔时代到南吉时代已经产生了巨大的变化。1490 年，巴亚尔为了参加首次竞技比武，同样需要寻求经济支持。他也是一个落魄的贵族子弟，和商人讨价还价，向朋友们求助，也期待通过长矛比武得到晋升。但是他和南吉的区别在于竞技的目的。对于巴亚尔而言，竞技是一种承诺，他从此走向荣誉，担当起道德和力量的双重责任。他必须身体力行，必须攻击和冒险，必须孤注一掷。总之，他必须骁勇善战，只有这样才能得到晋升。长矛比武的成功改变了巴亚尔的戎马生涯，使他获得了提拔和威信。

南吉的期待则不同，他是一个弄臣，他参加比武是为了取悦于王室。即使是他不得不参加，跑马刺环或是障碍比武的胜利都改变不了他的"地位"。从巴亚尔时代到南吉时代，显然是贵族的身份产生了变化。在巴亚尔时代，贵族几乎只崇尚戎武生涯；而在南吉时代，则是通过宫廷媚术取得地位，追逐加官晋爵。因此，不同的奋斗艺术，也许还有操作艺术，便产生了两种不同的战略。这种差异看上去很平常，属于一种惯有的时代差别。

然而，研究竞技比武历史的意义就在于细致准确地区分这种差别。贵族阶级产生了变化，它的娱乐活动也随之发生了变化。整个 17 世纪广泛流行的跑马刺环活动起源于军事活动，而这一点自始至终得到了保持和强调。例如，《文雅使者》曾描述了 17 世纪末巴黎文艺协会组织的表演及圣克卢和枫丹白露的竞技比武："军事操练始终没有停止，贵族阶级那么愿意让法国永远保持战斗的传统。"

　　尚武理想依然是贵族阶级的基本价值观。拉巴蒂通过自己的研究说明了这一点，他指出，原是城市资产者的波捷家族 1648 年成了特雷斯梅公爵，他们的荣耀"来自大公爵的两个在战斗中英勇牺牲的儿子"。另外，还应该注意到竞技比武的象征作用。比武不再需要真正的战斗，它们变成了一种标志。一方面，对于某些贵族，他们不必真的大动干戈，便可追忆自己的武门出身。另一方面，对于政权，他们不必动兵，却可借此表现练兵。实际上，比武已不再属于军事操练，也不再是真正的练武。竞技比武的目的是为了展现风度和姿态，标榜一种社会属性，从而具有了象征的价值。例如，1680 年王太子在圣日耳曼骑马比武时，穿着长筒马靴，护膝处及旁侧装饰着轻薄的金银刺绣。同时，另一些王子则披着鲜红的大氅在竞技场上驰骋往来。穿着这些驯马服和沙龙服饰比武只能是赋予战斗以意义，而不再是练武。

　　17 世纪竞技比武模拟古代武艺就是一个最好的例子。16 世纪末以来，骑兵已不再使用长矛，但长矛依然是贵族武器的象征。在格朗松和南锡，大胆查理（1433—1477 年）向御前卫士发起进攻，结果惨遭失败，第一次暴露了长矛的弱点。等到 16 世纪下半叶，长矛渐渐被短火枪和手枪替代，随后便几乎销声匿迹，取而代之的是轻骑部队。17 世纪，只有在教练场上才摆弄长矛，但是长矛依然很受重视，因为它是历史的见证。对于发生了变化的贵族，长矛既是军事属性的标志，也是传统的标志。

　　归根结底，最重要的是 17 世纪的贵族阶级感到有必要重新点燃尚武的理想，有必要将这种理想搬上舞台，甚至将其进行炫耀。但是，与 16 世纪初相比，贵族的这一举动具有更多的象征意义，正如与弗朗西斯一世相比，路易十四的行为具有更多的象征意义一样。路易十四狩猎的准备时间很长，线路和猎物分布都要精心安排，那是 17 世纪末唯一能反映国王尚武的娱乐活动。有文章这样写道："即使我没有每个月向你们谈到国王的狩猎，但这并不意味着他不常有这种娱乐爱好。狩猎对健康非常有好处，它不仅可以强身，而且可以表现战斗的形象。路易十四具有极强的尚武精神，他不可能丢弃这项爱好。"政权形象离不开战斗力，因此必须表现它，但这是一种暗示的力量。

　　竞技比武的转变说明，16 世纪至 17 世纪的精英社会对身体的文化观念本身发生了变化：逐渐开始注重仪表和动作的敏捷，面对面的搏斗消失了。竞技比武和它后续的演变将被跑马所替代，宫廷社会完全改变了它的贵族生活，武力失去了唯我独尊的地位。

二、法国旧制度时期的娱乐文化和群体文化

索尔球可称为古代的"橄榄球"，一个村镇和另一个村镇每隔一段时间就会举行一次索尔球比赛，它是法国旧制度时期唯一接近体育运动的活动。路易十四宫廷举行的骑兵竞技表演有骑兵对阵，有观众，有长矛竞技，要计算分数，同样含有竞赛的内容，但那是另一个社会阶层的竞技比赛。也许不能把这两种活动相提并论，但是它们都具有竞赛的性质，都能激人们的发热情，都是那么富有生气。旧制度时期的社会懂得把体能竞赛和娱乐对抗搬上舞台，然而，却不能将它们与现代体育同日而语。

旧制度时期的法国没有与今天相对应的体育组织（今天的体育协会拥有法律顾问、裁判、教练和有任职期限的行政人员，以前似乎没有这种组织），也没有相对应的体育时空（今天的体育锦标赛都拥有各自的赛程表、选拔过程和专为表演设计的体育场，以前似乎没有这种时空），也没有相对应的体育契约（参赛者可以不受社会、宗教和文化的制约，自主决定参赛），但是，旧制度时期的娱乐活动、体能竞赛和仪式化的挑战形式多种多样。这种丰富的形式极具特色，正是由其社会本身特色所造成的。

古代游戏并不都本着同一精神。在旧制度时期，至少存在两大类游戏：一类游戏属于打赌的游戏，游戏者自己掏钱下赌注；另一类游戏属于有奖的游戏，对优胜者颁发奖品进行鼓励，这类游戏主要在节日或集体庆典时进行。这是两种娱乐方式和竞技方式。此外，根据不同的社会群体，游戏之间还会有多种细微的差别，而这一切差别都直接与旧制度时期的社会结构有关系。

因为在一个等级社会中，社交往来极具特殊性，人首先以其社会属性定位，他们的存在归属于界限分明的群体。这种古老的社会划分保留着一种意义，"有祈祷上帝的人，有打仗出征的人，也有辛勤劳作的人。后者服务于前两者，以使他们能够祈祷和出征"。这种严格的等级划分界限分明，在很大程度上必然对竞技对抗和游戏的方式产生影响。

（一）赌博游戏和颁奖游戏

毫无疑问，贵族游戏与大众游戏有着天壤之别。而且，原则上教士不允许参加娱乐游戏。为了更好地理解上述两类游戏之间的差别，首先应该强调两者之间的一个决定性的差别——颁奖游戏与赌博游戏的差别。这两类不同的游戏

形式具体地体现了法国旧制度时期的游戏精神及其特殊性，它们表现得极为散乱甚至不协调。

（二）散乱的游戏形式

大众竞技游戏形式很多，随时随地都可以进行。尽管这类游戏极为普遍，但有关评论却不多。在路易十四时期，有一个普通的羊毛梳理工沙瓦特住在里尔，这位 17 世纪末的里尔工人在回忆录中提到了自己玩过的游戏，其数量多得惊人，有波姆球、克罗斯球、滚木球、九柱戏、游泳、滑冰、射箭等，甚至还有"木马长矛比武"，这些游戏多在大街上或护城壕堑中进行。相反，他的回忆录中除了提到星期天弥撒和晚祈祷的时间禁止玩耍之外，没有游戏时间的记载，最多会提到几句游戏是在某个季节或教区节日时进行的。例如，圣马丁节时，他在河冰上玩"荷兰式滑冰"。也有几次提到是在家庭节日时玩游戏的，例如，1676 年，在一个孩子洗礼后，他和几个人便玩起了游戏。沙瓦特的游戏没有规律和系统性，甚至无法预见，往往是即兴或打了赌便玩了起来。总之，这些游戏从来没有分门别类，从来没有构成一个相互协调的整体。

相反，现代体育与之截然不同。它组织有序，行动统一、规范，有时间规划和特殊的日程表，有比赛规章并严格地进行年度安排。

旧制度时期有关大众游戏场所的记载也不多，似乎在任何地方都能玩起游戏来。可以在教堂前的广场上玩波姆球，可以在雪地上玩克罗斯球，也可以在护城壕堑中玩射箭，总之，这些游戏不需要任何专门的和最终指定的场所。对于其他游戏来说，也总是在露天进行，场所不固定，这点与今天的体育场完全不同；但个别射箭活动和室内波姆球例外，因为中世纪末在欧洲城市中出现了室内波姆球馆。沙瓦特没有详细描述这些活动，只谈到游戏中出现了一些谩骂和事故。他仅仅提到一句"很多人在城墙四处"玩耍，或者有几次提到年轻的姑娘们骑在木马上。沙瓦特从来没叙述过一场比赛，也从来没描述过事件的曲折情节、持续时间、过程、起始和结束。

（三）赌博的游戏

我们可以从一些历史资料中知道，有些游戏活动进行得很频繁。沙瓦特曾提到 1667 年"荷兰式滑冰"的活动持续了好几天，"一直进行到 3 月 23 日"。当诺也在日记中记载，在 1687 年，国王殿下连续几天"去滑冰"。显然，人们常常进行这些娱乐活动。

打赌和押宝在游戏中是至关重要的。首先，打赌是一个很普遍的现象，有时并没有事先准备，便即兴打起赌来。1594 年，一个御前卫士挎着剑攀登了亚眠大教堂，打赌要登上箭楼之顶，还有一个教士在 1676 年打赌要身背一坛啤酒登上里尔的圣索弗尔教堂之顶；1653 年 5 月 1 日，一个年轻人带着十来个人在泰晤士河上用力划着摇橹小船，河岸上的观众对此不明就里。所有的竞技挑战都可以打赌，包括人与狗打架。比如，1673 年在里尔，"一个农民赤手空拳与一条狗打起来，狗被打得落花流水，再也爬不起来了。农民战胜了狗，这是人们看到的最有意思的消遣"。

概而言之，所有的日常竞技游戏都伴有赌博，如波姆球、九柱戏、滚球、槌球，等等。打赌属于原始的游戏方式，最起码可以保证游戏的严肃性，制造了一种危险和紧张的气氛，而在随意、没有任何组织的竞赛中必须制造一种严肃的气氛。竞技游戏远远不同于有机构组织的活动，它们只是一种偶然的行为，打赌可以调动参与者的积极性，否则难以想象怎么能够进行这么多散乱、没有固定时间和地点的古老游戏。1530 年前后，伊拉斯谟在《对话集》中这样说道："游戏必须赌点儿什么，否则就没有意思了。"这正是体育以前的时代，那时的游戏竞赛没有任何集体组织设置，只要双方愿意便可进行。

波姆球就是一个很好的例子。在 16、17 世纪，绝大多数波姆球赛都在球网边放点儿钱。波姆球馆不仅建得就像个赌场，在功能上也有相似之处。除了打球之外，还常常配备上打牌和投骰子。弗朗西斯一世在 1545 年开始颁发赌注证书，并宣称："波姆球赛中的赌金必须付给赢球者，这像按劳取酬一样合情合理。"从那时起，赛球赢钱几乎被看成是劳动所得。有时候，观众还会赞助赛球者。

（四）颁奖的游戏

颁奖游戏的设置则完全不同。其中，最能说明问题的也是最为大众化的就是教区节日的颁奖游戏。这类游戏很普遍并且形式多种多样，有布列塔尼的格斗、普罗旺斯的赛跑和跳跃、梅兹的掷石和赛跑，还有里尔或是奥当布尔格的波姆球赛等。获胜者在众人面前表现着自己的力量和敏捷。这种节日活动不仅能够调动团体的凝聚力，人们还可以通过竞赛得到承认，特别是可以进行青年人之间的竞争，这些因素激励着人们常常参加在教区圣主节举行的竞赛活动。

类似的形式还有教区之间的竞赛，这也是一种周期性的活动，往往是在双方的共同节日中举行，如主显节、圣枝主节等。尤其是索尔球，由于是好多个球员在集体作战，而且是身体碰撞最直接的游戏，所以成为节日的重大活动。

这种球类运动要求先在中心区发球，然后把球掷入一方的阵地中。游戏过程中有密集混战，似乎怎么抢球都可以，身体允许互相碰撞。索尔球比赛属于村镇中的大型活动，比赛场地没有明确的边界，有时会一直扭打混战到河水里甚至是大海里。比如，1557 年在沃洛捏，古贝尔维尔的工匠师们争球一直争到拉芒什的海浪中。比赛中常常发生暴力和报复事件，以至于当时的最高法院都有周期性的记录："不少醉鬼混进了比赛，认出仇敌，就用棍子击打，常常伤及无辜的人。"在英国农村，有两种运动类似于法国的索尔球，叫 Knappan 和 Hurling，同样非常野蛮。索尔球同样也属于旧制度时期的游戏类别，非常区域化、本土化，规则也各行其是。比赛疏于组织，不讲究集体配合，谁把球带到预定区域，谁就是胜利者。一个地方与另一个地方的玩法可能会非常不同，如球的形状、材料会不同，球门的设置、场地的安排会不同等。特别是球的制作，就像各地方言一样五花八门：在法国传统的皮卡第农村，人们使用"充气的皮球"；在佛兰德地区，球用黄杨木制作而成；而在布尔日或是勒芒地区，人们可以把一块砍下的木头当作球。各村间的恩恩怨怨、城市与乡村间的敌对情绪仿佛都可以定期在索尔球的争执中发泄出来。

贵族的竞技游戏中同样有很多颁奖的活动，如武器比武、长矛比武和群战比武。如果说从 16 世纪末起，比武中所使用的长矛已经失去了真正的作战意义，但它们至少代表着高贵的身份、出身和血统，展现了一种属性。此外，贵族竞技游戏的场合也证实了其特殊的活动地位，它们常常伴随着庄重的节日、入城仪式、加冕仪式、贵族的婚礼等。

三、"先决"的社会关系

事实上，旧制度时期的娱乐活动有着社会等级之分，至少在理论上不能将社会等级混为一谈。正像游戏的行为、手段及理念不同一样，各个社会阶层的活动空间也不相同，甚至指定获胜者的方法也可能不相同。在各个社会集团内部还存在其他的界限区别，比如，性别、年龄、不能任意选择合作伙伴和结盟者等。总之，所有的条件都充分说明了旧制度时期的娱乐活动与现代民主"体育"的差别。

（一）社会等级距离和资格缺失

贵族的竞技艺术构成了一个特殊的领域，自始至终都分门别类，自成系统，有着统一的目的和规则。它们组织有序，为建立一种社会等级象征而服务，这是贵族们从儿时就学习并一直追求的象征。贵族的竞技艺术界限分明，不仅游戏的领域不同，而且游戏的学习方法和欣赏方法也不同。相反，16世纪至17世纪，法国大众社会阶层的游戏则更加多种多样，甚至可以说有些分散杂乱，游戏的主要目的是寻求消遣和刺激。这些游戏用不着讲解学习，没有协调一致的规则，游戏的时间和场所极为零散，形式和设置变化多端，主要是一种凭一时兴趣和凭感觉的游戏；它们不是为了表演，主要是为了活动和刺激身体；它们用不着讲解，主要是自然形成的。

我们应该对社会原因造成的游戏禁止范围有个清晰的判断。它并不仅限于所谓的"贵族"娱乐活动，还涉及更为复杂的情况。禁止的原因是游戏行为与社会地位不相符，游戏者的态度与其身份属性有所冲突。"一些人可以有的眼神和姿态，却不适合于另一些人。""严肃的态度可以维护权威"，然而游戏则可能破坏这种权威。玩波姆球时戴的无边软帽、穿的便鞋和紧身衣可能会损害某些人的尊严，所以他们就不能够如此着装。这必然导致游戏具有一定的局限，把禁止游戏的人员范围具体化。

在法国古代社会，这些游戏禁令的实施有一个渐进的过程。

随着反改革运动的进行，教士们越来越注重控制自我行为和道德修养，如同宫廷贵族越来越注重自己的地位标志一样，因此便产生了游戏者间的距离。

（二）性别与礼仪

那个时期，男人和女人不能玩同样的游戏，特别是不能一起玩耍，并在某些地区形成了一种风俗。古老的宗教卫道士称男女混杂的游戏为损害贞洁的瘟疫，还把游戏分为"适宜"和"不适宜"两种。除了道德诅咒的原因之外，还有一些近似约定俗成的规矩，告诫女人"不要多玩，不要上心，一定要收敛行为"。索尔球、波姆球和滚球被认为过于挑逗，不适宜女性玩耍，几乎完全成了男性的游戏。梯也尔和巴贝拉克在论述游戏时就强调了"游戏动作姿态不适宜妇女"，还强调禁止"男女浪在一起"玩游戏。

蒙庞西耶公爵夫人在回忆录中表示贵族在游戏中没有那么明显的性别歧视。在上层社会，男女都可以玩三毛球、槌球、台球，甚至可以狩猎。这位国王的表姐特别强调自己热爱这些锻炼身体的游戏。她在圣法尔若建了一个槌球场，那是一条长长的台阶甬道，打球的效果特别好。她还弄来了一些英国猎兔狗，专门在约讷省的山丘上追捕兔子。她还在舒瓦西的家中建了一个台球桌。玛丽·芒西妮也同样回忆过她的狩猎。德·塞维涅夫人也讲述过她女儿在格里尼昂槌球场打球的情况。贵族的性别歧视主要表现在其他游戏中，如兵器比武、骑马竞技表演、长矛比武等，这属于青年贵族练习的武艺，妇女显然被排除在这个领域之外。

总的来说，古代游戏中的男女之分非常明显，男女很少混在一起进行体能竞技游戏。

（三）年龄群体及其对抗

除此之外，还有更加明显的群体结构界限。也许地理间和乡土间的一般距离导致了教区间和各地间的竞技对抗，但已婚者与未婚者、年轻人与年长者之间也会产生对抗，这种群体界限也很重要，因为他们的比赛激动人心并被礼仪化。

这种群体对抗有时会在索尔球比赛中体现出来，因为这种运动容易激化不同婚姻状况的人之间的紧张情绪。例如，在阿尔弗勒，"这个城市的青年已婚者与未婚者之间进行了索尔球比赛"。在克利亚，更广泛一点儿说，在大多数法国外省，索尔球"是圣诞节的一种传统游戏。这时，克利亚的工匠师们之间便会举行索尔球比赛。对抗划分的形式会有很多种，可以已婚者一队，未婚者一队，把球从一个地方传到另一个地方，互相抢球以争夺奖励，谁传球传得好，谁就可以获得克利亚地区的这个古老奖项"。

在另一些情况下，球赛成了礼仪的过程，几乎象征着入会的仪式。比如，在每年的节日比赛后，便会指定一个青年团体或一个学生团体的领袖。在法国的旧制度时期，这类社团组织可以使一个年龄段的人通过组织节日、狂欢或制造热闹气氛对村镇施加影响。最常做的事情就是在节日时展现功绩：在尼奥尔附近的尚德尼耶举行过一种埃斯特夫式抢球赛跑，所有人都必须野蛮地争球，胜利者必须不顾拳打脚踢，把球从村边的围墙处带到菜市场广场；绍莱附近的莫尔弗耶举行过跳马比赛，获胜者应该在跳马时将一块钱币放进一个草垛里。

当然，游戏的重要性和作用就是确立身份和地位——面对他人确立团队的地位。但是，参赛的团队在这里会对竞赛和设施提出条件，决定对抗的形式。因为在成人社会中，青年人受不到重视，但实际上他们可以通过竞技游戏体现团队的凝聚力，并由此得到承认。竞技游戏既体现了群体界限，也体现了团队的齐心协力："总而言之，青年人的社会交往主要体现在娱乐时空中，也就是逢年过节或是劳作之后的夜晚。"索尔球既是宣泄地区激情的方法，也是宣泄一个团体内部激情的方法。它体现了一种确切的竞争，这种竞争的特征主要体现为男性之争，而不是职业之争，体现了雄性争霸的传统形式。

（四）预成型的社会关系还是契约的社会关系

可以说，这些竞技游戏带有法国旧制度时期的决定性特征，展现了区别于古老游戏的象征特点，同时也展现了它们与现代体育的不同。竞技者代表既存的社会关系参加对抗：或是代表同一个村镇集体，或是效忠同一个领主，或是代表同一个年龄层，或是代表同一种生活条件下的社会群体。竞技者从来不会以"独立的身份"出现，也不会自由选择阵营或球队。当然，打赌的游戏是个例外，因为打赌的游戏完全是即兴的，没有固定的时间，从来不组织或再组织团队并结盟，从来不会有社会关系、承诺或挑战的制约。而是在前一种情况下，游戏开始之前，竞技者就已经有了指定的场所和指派好的阵营，在他同意之前，就已经决定了比赛的轮廓。当然，这并不是说竞技者对此会有异议或甚至意识到了这些问题。相反，竞技游戏反映社会关系，这在法国旧制度时期是极为常见的事情，人们认为上述现象很正常。

然而，旧制度时期的竞技游戏与现代体育却相差甚远，在今天，文化参照的整体标准产生了移位。现代活动要求的是一个中性的领域，各个参赛者在某一时间内消除了其社会属性，取而代之的是人人平等参赛，唯一不同的是参赛者的能力大小。这有点儿像全民投票，不论什么人，都严格遵守选举平等的原则。现代体育的基础条件就是无等级抽象的个人身份，在比赛中建立了社会人的概念。毫无疑问，这种平等具有局限性，它被局限在体育比赛的范畴内，但是它建立起了比赛自身的原则，第一次展现了对民主和对民主加以影响的想象。

短暂地回顾一下旧制度时期的"体育"游戏，必然会感到那时的活动极其分散、混乱和不协调，打赌的游戏和颁奖的游戏结构有所不同。另外，参赛者本身可能对竞赛活动的价值并没有相同的认识，这与现代体育截然相反。那个时期的竞赛者还属于不同的社会领域，其中所遵循的一个逻辑就是等级社会的逻辑。尤其是把竞赛者划分为两种特殊的社会关系：一种是打赌游戏的松散关系，另一种是其他游戏中的群体关系。

在后一种情况下，竞赛者已预先拥有了社会属性，它制约了整体游戏，如竞赛的阵营、球队的划分、对比赛的期待，等等。而现代体育则完全不同，运动员理论上可以自行选择签署结盟和对抗的合同。

第二节　现代体育的萌芽

在 19 世纪末，这种体育形式还没有普及，它的数量还很少。厄让·韦伯曾引用法国田径运动协会联合体杂志在 1890 年时所说的话："大众体育的时刻还未来临。"体育运动需要资金，也需要时间。因为 1900 年才开始了每天工作十小时的制度，1906 年才有了法定的周末休息日。这也就间接地说明了为什么早期的体育俱乐部主要是由中学生或是出身富裕家庭的年轻人组成的。但不管怎样，当时已经出现了个性化的俱乐部、具体化的比赛日程和有道德价值的体育成绩，从此，一种新型的运动模式诞生了。

我们应该清楚地看到，在 1880 年至 1910 年间，体育之父、运动员和人民大众并没有刻意去创造一个哲学的逻辑。在那个阶段，空间、时间、人际关系和自我关系都出现了另一种观念，面对这样一个世界，他们只是调整并接纳了这些突然变得让人兴奋不已的体育运动。这些体育运动将古老的游戏进行了全方位的重组，将想象的视野进行了更新，突出了英雄，引起了自我参照，激发了对表演和比赛的兴趣。体育运动展现了一个有鲜明社会逻辑的领域，正因为它好像严格地映照了我们的社会，所以才更加引人入胜，正因为它被完全理想化，才更加具有征服力。换句话说，体育运动宣告了一个神话的出现。

一、体育、时代、教育（1850—1914 年）

1882 年，孔多塞高中的几个年轻人在圣拉扎尔车站的休息大厅偶然进行了几次赛跑，但并不能算作是真正的体育锻炼。这些活动没有任何明显的教育意义，纯属游戏，主要是对学校生硬的体操训练的一种调节，因为 19 世纪的教育创造出并实践着一套循规蹈矩的集体训练项目。19 世纪 90 年代早期的自行车比赛才出现了一种较明显的断代感。奥迪欧在 1897 年谈到了令人陶醉的自行车比赛："一种醉心于自由的快乐，这就是自行车的意义。"19 世纪末至 20 世纪初，历史学家伊萨克发现了自行车运动，并谈到了它对自己所带来的诱惑："清晨，我在林间的小路上快乐地骑着自行车。"1888 年，《时代》掀起了一场倡导新运动的争论，它的中心话题就是娱乐活动应该冲破各种禁锢，乔治·罗泽在几个月内连续发表了一系列文章强调："我们应打开鸟笼……走向自然旷野。"

虽然从表面上看，这与教育没有任何联系，但乔治·罗泽指出，一些人包括他本人，认定这会对学校教育产生重要影响。虽然体育还仅限于一种新型的课间活动，但它表现出了一种教育抱负，尤其是这种活动还要进行学习并记录成绩，它使人渴望表现意志和战斗力，这就是体育教育先驱们所倡导的体魄、德育和责任感的教育成果。然而，这又提出了一个普通却又是核心的问题：谁是培养者？该方案是不是得到了明确的阐述？决定开展这项活动是不是表达了那些喜欢逃课的学生的意愿呢？这种教育活动需要设置组织，在形式上和过程中都需要直接规定模式，那么这些要求在传达过程中是否总能得到很好的说明并能得到很好的认可呢？这两种问题都可能存在，因此才会产生1882年的现象。那时，参与这个教育方案的第一批体育高专的学生还以为自己和这个教育方案毫不相干。这里文章想涉及的正是这一双重问题，即实践往往会脱离主观愿望，对操作和传达本身的方法进行了说明或者最终没有进行说明。在实践过程中，实现一个教育目标可能附带出各种各样的问题，甚至可能会出现不协调的因素。

（一）方法和目标

这里没有必要过多地谈论历史研究的选择。研究的目的在于搞清楚历史延续的效果并把问题展开。特别是关于文化史，关键在于指出差异，也就是社会组织的差异、群体敏感度的差异及思维方式的差异，以便与历史保持一定的距离，展望它的未来，认真思考历史现象和活动的多种因素，以便更好地确认历史断代期及当前现象和实践中的历史延续性。当然，条件是要一直保持对现今风俗的敏感性，其中正像阿里耶斯所指出的那样，采用一种"差异和非差异"的比较艺术。断代研究可以更加明确当代的特征，这点我们不再进一步说明，因为解释历史阶段的总体意义容易导致理论的千篇一律，或者说重复，也就是导致枯燥乏味。

先来说说体育的萌芽期。为什么选择这个时期进行研究呢？理由很简单，因为这一时期的体育活动非常具体地体现了断代期的特征。在这一时期，可以找到新生体育活动的例子，它们抛弃了长期的历史传统，突然揭示了一切都与以往不同，还出现了俱乐部组织、对抗赛和锦标赛，成立了全国体育联合会，公布了活动规则，建立了裁判制度，设立了领导班子和工作人员，这一切完全是法国 19 世纪末独有的特征。关注这一变化，才能为历史研究计划增加力度。我们应该看到那个时期出现了反传统的新事物，它们脱颖而出，吸引了研究者的目光，使研究者进一步注意到这是一种前所未有的行为和感受形式，促使他们对这一时期的历史背景不断进行更详尽的分析。阐明新事物，研究其特点，有助于更好地探索新事物的起源。

　　是否应该划定和限制研究的目标呢？当然，本书不能研究体育的全部内容，只是划定了一个范围，选定了一个主题，以免造成数据混乱。这个研究主题就是体育活动的时间概念，涉及训练时间、比赛时间的管理，更广泛一些还有日常周期中的比赛频率、时间段的分布、日程表的制定。这些都只是体育运动的一部分，看上去缩小了研究的范围，但它们可以很好地反映体育的形式、建构及运行。时间概念比其他论题更能有效地说明体育在日常活动中的位置。早期的体育活动引发了一种组织比赛的新方式，例如，时间表不再完全依附在地区节日或是宗教日程上。这是一个很重要的研究主题，早期的实践者并没有马上意识到这一点。这也是有关争论的核心主题，体育活动未被解释的一面得到了关注：一方面是明显看得见和意识得到的时间，也就是断开与放松的时间；另一方面，还有较为隐蔽的时间，它们很快便与前者共存，那就是日程和预定时间表、训练和计划时间表，这种时间类型同样至关重要。

（二）"暂休"的教育

　　应该强调一下活动放松的概念。19 世纪末至 20 世纪初，体育时间首次实现了与传统时间的决裂：它与焦虑不安的时间形成了对照，它有意识地同日常焦虑紧张的时间保持一段距离。1890 年前后，顾拜旦及其他一些人发现了劳动过度的问题，他感到法国社会突然变得动荡、焦躁和超速运转，确信劳累紧张在不断增长。因此，他倡导休假，赋予体育运动放松的使命："在一个繁忙的社会中，只有体育运动既能创造力量又能起到极大的镇定作用。"体育运动就是为了抵消这种新出现的不适，也就是激动和紧张造成的不适。1900 年前后，体育文学的诞生使这种解释得到了进一步的加强："不论劳动过度是事实还是想象，正是这一现象促成了田径比赛的诞生和成功。"那么，建议和推动新型生活节奏的方式本身便出现了教育的意义："完全自由地进行阶段性的身体锻炼，可以清醒头脑，消除疲劳。"

　　同时，19 世纪末劳动关系也有所不同，对消遣散心和抽空休息的看法也发生了改变：休息变得更加合法和坚定，正像要求限制了工时和周工时的运动所表现的那样。工业社会促使人们重新考虑时间的再分配。当然，这种斗争是长期的。1879 年 5 月 26 日，马丁·纳多第一次向法国众议院建议实行每天十小时工作制和每周六天工作日的制度，之后他又反复几次提交方案，最终议案于 1912 年 7 月 4 日通过，争取休假的斗争也经历了长期的过程。第一次世界大战前夕，虽然只有行政部门和商业部门的职员能够享受每年一周的带薪休假，但它体现了重要的文化观念，即社会产生了新的关注点，人们开始为争取空闲时间而斗争，揭露劳动过度的问题。19 世纪末，人们产生这些不满情绪的原因很复杂，应该说，当时普遍产生了抗争的情绪，法国人民确信要为了生活而斗争，英文"struggle for life"在法国得到了广泛应用，这类观点反复出现在有关心理和教育的文章中，例如，"很多人迫使自己的头脑超负荷地工作"。职位等级的发展和社会危机感的扩展也加强了这种观念。1900 年的北方铁路公司就是最好的例子，它设立了一大堆职位等级，其中大多数职位需要一个勤勤恳恳的职员一年一年地往上爬："工程和道路部门设有 28 个资格和工资等级，设备和机车牵引部门有 43 个等级，经营部门有 64 个等级，可谓五花八门，进一步加剧了渴望成功和得到晋升的心理。"

另外，19 世纪末，人们对一切劳动付出都给予关注。人们惊讶地发现学校课业压力过重，疲劳过度造成了学习障碍，繁重的任务带来了弊端。萨尔塞有过很典型的描述，一个寝室的清洁人员是文盲，为了学习识字他全神贯注，极为紧张："他聚精会神地听我讲课，用着力气，太阳穴的青筋突暴，额头淌着汗。八天后，他的大脑便出了问题。"再如，莫索描述了一群需要参加文化水平测试的士兵："他们很强壮，但每次考试后便会面色苍白，身体虚弱。"此外，法国唯意志主义者的代表人物居约也描述过一些课业压力过重的中学生，他们"严重地头痛""精神不集中"，并"情绪低落"。

因此，体育就被当成了一种劳动补偿，这是前所未有的情况。很明确，运动就是为了摆脱焦虑和紧张，就是为了学会防止体力透支和懂得排遣。居约在 1899 年时强调："大脑过度疲劳就会积累不健康的因素，导致真正的浑身酸痛。"为了缓解这些紧张情绪，有些地方建立起了新型的旅游度假区。为了防止超负荷学习，学校组织了郊游，有钱的中学还组织每年一次到其他地区旅游几天。例如，从 1890 年起，阿尔萨斯学校每年 7 月组织去孚日山的热拉梅湖畔小住五日，在那里，人们每天徒步 18 公里，分两个阶段进行。

这里再强调一下，从日常紧张的节奏中摆脱出来是为了更好地恢复和运用体力，这属于一种时间教育法。于是，一种还处于萌芽状态的娱乐机制便诞生了：这是一个既不同于传统定期节日，也不同于集市、表演和狂欢节假期的暂休理念。这是一个严格的和几乎数字化的与工作相调节的暂休理念。

（三）计算时间的教育法

然而，活动中的内部时间，也就是其特殊的运行，很快便成为紧凑的和可计算的时间。首先，从 19 世纪初以来，体操就已经习惯用几何和数量来衡量动作，其后的体育只不过是发展了这种数字化和精确性的活动方式。沙皮曾介绍过 19 世纪中叶的木棍游戏，那是最早出现的数字性描述："人们对这种极其有效的防守方式难以置信，一个灵活性很一般的人采用这种方式，在 15 秒钟内可以围着自己击打 70 到 75 下，而拉布尔教授在同样的时间里则可以击打 82 下。"把每个动作单位放到一个时间单位内去计算，这是一种辛勤但有效的努力。1843 年，一本介绍拳击手科特的书用很多数字描述了他进行的一种游戏："在 100 米的垂直跑线上，平均摆放着 100 个鸡蛋，在一个小时之内，应该跪下用嘴叼起一个又一个的鸡蛋，把它们送回起跑线，每次还要跳越一个一米高的障碍栏。"另外，1852 年的《娱乐年鉴》描述过击剑，虽然数字不精确，但资料也很珍贵，使这项运动抛弃了"古典主义"，变得"浪漫"，19 世纪中叶新型的击剑师动作"迅速、轻巧和灵活，可以连续快击数次"。法国旧制度时期的游戏和活动中没有这么多的数字记录。描述身体动作，强调快速省时的方法是 19 世纪的新生事物。

我们很清楚地看到，运动中的内在时间并没有明确的界定，它与其周围的价值构成一体，成为自然的产物。事实上，对于早期的体育教育家来说，运动行为只能是这样。这种测定时间的新形式是不是受了早期工业化的影响呢？用 1823 年《现代百科全书》的话说，那时的工厂劳动与从前相比，变成了"少量简单机械的动作"，它们的"时间经过严格的计算，以分析需要投入多少工人"。

或者，更广泛一些说，19 世纪 40 年代铁路网络开始进行速度计算，以便更好地协调调度铁路运行。同时期，阿道夫·若阿纳在他出版的几本导游书中高度赞扬了这种调控火车运行速度的努力。那么，测定运动时间是不是受了这种影响呢？我们只是努力寻找一些共同点，那就是不论工厂劳动还是铁路运输都出现了计算时间的新方式。若阿纳在书中就列举了各种时刻表决车、慢车和低速车，而最终在赛跑和其他运动中也出现了使用秒表计算成绩的方式。

　　19 世纪末，运动员的这种时间倾向更加强烈，动作和比赛时间都得到了更加精确的计算和测量。在世纪交接之际，体育创造出了速度和时间紧迫的全新概念。《小共和国》日报无法掩饰它对 1899 年巴黎—波尔多汽车大赛的赞赏，尽管它称赛车"有时每小时超过 70 公里"为"可怕的速度"。1897 年，罗沙尔在论及健康时，虽然认为琴默曼每小时 60 公里的自行车速度是过度消耗体力，却依然掩盖不了他对琴默曼的赞赏，称其速度可以与"快速列车相媲美"。《汽车报》不惜笔墨地计算了第一届环法自行车赛冠军得主加兰的赛程速度，并与同线路的正常火车的运行时间相比较。该报信誓旦旦地宣扬他们的发现：火车用了 97 个小时，而加兰只用了 94 个小时，因此自行车运动员战胜了火车。

　　生理学家和教练员则开始了更进一步的研究，用 1% 秒来测定从意识冲动到肌肉收缩的间隔时间。在世纪交接之际，体育也许最好地体现了追求极端高速的时间理念。这正是 1909 年《未来主义表现》一文满腔热情地谈到的一点："我们认为世界因一个美好的新事物而变得丰富灿烂，那就是美好的速度。一辆呼啸而过的赛车犹如在枪林弹雨中奔驰，它的形象超越了萨莫色雷斯的胜利女神。""另外，未来主义者还特别强调了体育的重要性，它是一个沸腾、令人晕眩的世界，一个可塑、机械和运动的世界。"

　　于是便产生了一个表面矛盾的双重性，即休闲的体育和高速运行的体育，一方面要休闲放松，而另一方面则要高速紧张。顾拜旦曾试图解释这一表面的冲突，强调安排休息时间的艺术，他借用了"长椅"的形象，说明必须设立一个将工作和休息分开的间隔时间："在疲劳过程中，能够彻底放松一段时间将是美妙的事情。"实际上，两者之间没有任何矛盾，休息与速度这两种时间完全可以相互结合起来。在工业社会中，劳动的组织安排提倡休息，而技术的展望和进步则提倡速度。休息应该和运动有所结合，在运动中实现休息，这是 19 世纪末的主导思想：只要愿意把娱乐时间与工作时间分开，便完全可以实现休息。虽然娱乐需要剧烈紧张的动作，但正是娱乐自身起到了分水岭的作用。几位体育专家特别强调："进行脑力劳动的孩子们可以通过锻炼身体，使不同工作形式的机能得到交替休息。"一些生理学家还试图进行更具体的理论阐述："我们测试过，一个跑步的孩子吸入的氧气是一个静止孩子的七倍。而且氧气尤其能刺激生命机能的发展。"这就涉及积极娱乐的话题，也就是做到有兴奋作用的放松，把两种时间概念协调起来，虽然它们的意识程度不在同一水平上。把时间区分开的主张，也就是拥有娱乐时间的愿望似乎非常清晰明确，然而它涉及的内涵，却阐述得不够清楚，乍一看道理很明显，而实际上并非如此。

（四）两极时间

与前面的不同，这里将谈到另一种时间的创立，即周期性和反复性的比赛时间。体育的机制必然优先推动这一时间的发展，这是进步和不断追求完美的表现。从 1888 年起，巴黎地区每年都举行学生田径比赛，《时代》报每年必在赛后进行评论，从中可以看出这种运动模式在不断发展："与前几年相比，学生们游得又快又好。他们不仅表现出空前的耐力，而且与两年半前相比，身体条件也发生了绝对的变化。"体育比赛变成了展示的机会，它象征着上升、蓬勃和进步，所以 1900 年巴黎世博会组织者将奥林匹克运动会与现代化的展览相结合，赋予了体育进步的象征。巴黎世博会是第一个启用体育表演的国际展览会，在展览会上，体育比赛和机器一同得到展示，它们结合在一起，共同代表不断完善的境界。在各个展览馆周围和巴黎城边的树林中，进行着各种体育比赛，有跳高、赛跑、射击、网球赛等。人们借此机会把这届奥运会与四年前的第一届雅典奥运会进行了比较，对成绩的提高进行了评论。同时也对政治和经济强国及美国的冠军们进行了评论，"这是新世界培养出的年轻和优秀的民族"。19 世纪末，体育创造了与日常生活并驾齐驱的时间概念，但它更向往未来和进步。

周而复始的体育比赛导致了与以往成绩的不断比较：每个战绩都会和其他成绩相比较，每场比赛的结果都会出现在成绩表上。例如，从 19 世纪中叶起，牛津与剑桥就开始举行周期性的赛艇比赛，很快就可以借此报道纪录："赛程将为 4.5 英里，约为法国的 4 里。历史上，从未有赛手在 19 分 35 秒内划完这个赛程。而今天冲击冠军的选手们表现得如此非凡强健，我们期待着奇迹。"再如，19 世纪末的巴黎 25 公里自行车比赛始终保持着统一的赛程和路线，这样更容易对第一名富尼耶的优异成绩进行判断："他以 33 分 35 秒的辉煌战绩骑完了 25 公里。"连续、重复和程序化的体育时间安排有利于建立体育纪录制度。赛程时间总是受到越来越多的监督和比较。例如，每周或每月反复举行 1000 米和 1 万米赛跑，成绩必然参照纪录进行比较。固定的比赛场所又进一步加强了这种趋势。例如，带有人造跑道和标准距离的自行车赛场和体育馆的建立，更促使了运动员成绩的提高，有利于比较战绩。有一个阶段人们曾对这种清一色的发展道路表现出质疑。1885 年，蒙彼利埃市的自行车赛场跑道长度为 300 米，因此主要以 3 为基数制定赛程距离：3000 米、6000 米……同年，波尔多市自行车赛场的跑道长度为 500 米，因此赛程主要以 5 为基数：500 米、1000 米、5000 米……从那个时候起，跑圈也被当成衡量成绩和纪录的标准。田径赛跑也有统一的标准，例如，1890 年前后，建立了跨栏跑的障碍栏距离标准："障碍栏的设置一点儿也不含糊，自从采用了英国比赛原则，一切都进行了计算，跳跃被绝对数学化。赛跑距离为 100 米，每隔 9 米在地上竖立一个 1.03 米高的障碍栏，被脚踢到就会挪动。"

另外，还有体育器械市场施与的经济影响。一家自行车制造商会把一项成功的体育纪录当作推销的王牌，例如，1886 年罗塔利三轮脚踏车就推出了这样的广告："罗塔利刷新了以往三轮车的全部纪录。"安贝尔脚踏车也在广告中宣称："超乎寻常的成绩，贝斯通制造的安贝尔脚踏车一周内创造 59 项纪录。"另一家三轮脚踏车制造商罗亚尔·克雷桑则在广告中说：该产品是"3 至 10 英里赛程的全部世界纪录的创造者。"这是体育成绩与市场相结合的最早期的例子之一，两者相互给予支持。

可以说，这种逐渐精确统计时间的趋势还受到了其他因素的影响。19 世纪末，时间文化发生了变化，有关《精密度手表》的广告越来越多，介绍也越来越详细："用朱斯特牌精密表，您将会知道如何生活，怎样安排您的事务、饮食、娱乐和休息……有了它，您将能判断您的每一个生活行为是否充分利用了时间。"以数字计算时间渐渐渗透到日常生活中，出现了工作时间、交通时间，甚至包括钟表所带来的一切时间概念。很多迹象都表明，体育教育计划是如何受到日常生活习俗和潮流形式的影响的。教育理念中的时间在很大程度上依附于集体经历的时间，教育学在很大程度上依附于这些日常用品，也就是手表及其所设定的时间。

剩下一个不那么突出，但同样重要的问题，那就是更新设置安排的问题，比如比赛之间的配合和日程安排。这种新型的设置安排最终对改变实践者的时间观念起到了决定性的作用。

这种新模式的出现可以追溯到 1850 年前英国早期的比赛组织形式中。1837 年，英国成立了全国游泳协会，采取了一些新措施，集中聚集了地方俱乐部，建立了一种特殊的时间表，别具一格的赛事日程使一些比赛同一些比赛之间建立起了更有意义的联系。例如，1840 年英国全国游泳协会给各城市重要的体育中心发放了一块银质奖牌，授予最佳游泳运动员"城市冠军"的称号。然后，再组织第二阶段的比赛，在夏末把各城市的冠军聚集在伦敦，争夺全国游泳冠军的金牌。最后，第三个阶段便是展示年度之外的成绩，把以往冠军的成绩进行比较，连续四次获得冠军的就可以保留金牌。全国游泳协会的特点就是它不再依附于节日和地方娱乐活动，不带任何宗教色彩，仅仅根据娱乐活动的要求，充分自主地制定比赛时间。这正是体育最重要的特征之一，即把各个俱乐部聚集在一个更为广泛的协会组织中，这个协会制定各级赛事表，包括地方锦标赛、全国锦标赛，甚至国际锦标赛。非宗教的娱乐活动第一次自主地建立了自己的比赛日程和时间表。应该说，这种规律性的赛事也就是一系列的周期赛事，并不是一下子建立起来的。英国全国游泳协会的例子只能说明英国较早地出现了这种组织设置，而法国游泳界到了19世纪末才出现了类似的组织。

　　19世纪中叶，法国出现了一些小型的活动组织，但纯属个人的偶然创意或是一些初步的尝试。据说法国水上运动联谊会联合了另外一些联谊会，于1875年组织了第一届法国划船冠军赛，而塞纳河冠军赛则始于1853年，算得上法国历史上最早的比赛。事实上，1875年的第一届划船冠军赛与其说是一个赛事，不如说它主要体现了组织者的一种愿望，因为好几个外省联谊会仍使用完全属于自己的形式和船位标准，同那些真正的比赛还有一定差距。1880年，法国举行了一个赛船协会代表大会，迈出了协调的第一步，而当时主要有两个对立的组织，一个是西南协会联合会，一个是西南协会水上运动联盟。1890年，为统一全国意见，又举行了新一届代表大会，设立了冠军赛等级，运动员排名及赛船分类（海上多人划艇、河上多人划艇、自由艇等）。同年，建立了由各个地区团体组成的赛船协会联合会，就此统一了各地区的小型组织。19世纪90年代，法国方才拟定了水上运动的全国比赛日程表。

　　自行车比赛经历了同样的变迁历程。到了19世纪90年代，法国自行车运动联盟才制定了一个统一的比赛日程表。

　　为什么要这样强调比赛日程表的革新呢？很简单，就是因为它建立了娱乐的时间表，并协调了娱乐的内容。例如，这一革新便于设立比赛的准备阶段，也就是学习阶段和提高阶段。比赛日程表不仅布置了赛事行为，也布置了准备行为。它使得训练和比赛交替进行，也使各项赛事的相隔时间具有了节奏。训练并不是19世纪末的发明，赛马的骑师和拳击手很早就知道要在训练和饮食方面保持平衡，以便能够在减轻体重的同时增加力量。1859年，德弗朗斯就第一篇有关训练的医学论文进行了答辩，其中介绍了1810年克里布勒在挑战莫利诺之前如何进行定量跑步和饮食调整，以至于他的体重在3个月之内从188斤减到了152斤。

训练并不是由体育创造的，但是比赛日程表使训练得到了前所未有的发展。1890年，《名流》就指出："冠军赛的准备工作是极其重要的事情，训练要求相当严格，训练场地的安排本身需要精心设计。"19世纪末，训练的主题更加受到关注。为了更好地分配运动的时间、引导动作的构成，不断出现一些评论。如1885年2月《田径体育》中的一篇文章就这样评价："赛跑运动员还缺少锻炼。"又如图尔自行车俱乐部的布告这样写道："为了迎接赛季，好几位运动员已经开始了他们的训练。"而且另一些人建议在体育场和自行车赛场以外的时间还要训练。《自行车体育》杂志1885年设计了自行车运动员的十项训练要领，还刊登了一幅运动员在自己家里骑车的插图：自行车被固定住，用支架撑住，车链只牵引一个轮子，以带动壁炉中正在烤肉的旋转铁叉。插图的喻义是："在壁炉边，你也要全力训练。"实际上，这也说明19世纪末，人们并没有完全接受个别运动员在体育场之外的日常生活中还继续体育训练的做法。

上述的这个例子强调了新型的训练教育法，为了保证后期的成功需要如何安排训练。比赛日程表重新组织了教育行为的内容。有关这一点，人们逐渐有很强的意识。它的实现还需要经历很多改变，特别是需要加强非宗教工业社会的发展，同时加速联络，增进各地往来，重新建构赛程时间和设想，以便能看到脱离地方根基和传统节日的新型比赛周期。毫无疑问，建立新型的比赛周期需要一个学习的过程，但它们不是通过空想，而是通过实践去实现的。

总而言之，体育是具有一种时间意义的教育，也是一种新型的、多方面的、传播性的教育，它展示了时间的多种概念。

二、19世纪的游泳运动

（一）从温泉浴走向游泳竞赛

游泳运动的发展看上去极为简单，就是从老式的游泳活动转变为有规则的游泳比赛，在19世纪末，从传统的温泉浴池转变成了竞赛游泳池。但还要考虑到水的特性：液体的水激起了无穷的想象。长期以来，水的作用和游泳是无关的，一开始它并不是一个"中性"的领域，它给予人们压力和刺激感，可以渗透和浸润皮肤……有组织的游泳竞赛活动之所以变得有历史趣味，是因为它很久才摆脱掉与其他事物的一系列联系，也就是与洗浴和卫生的联系，甚至是与洗浴和各种治疗的联系。水构成了作用于人体的液体力学，产生了各种意想不到的多种效应，因为长期以来这些效应总是和游泳效应混杂在一起。

（二）设施"网络"

纵观 19 世纪的游泳史，第一个惊奇的发现就是塞纳河边曾有过那么多的浴场（仅仅以巴黎为例），其中几个在 18 世纪末就存在了。下面有一个简单的统计：1809 年有 10 个浴场，1832 年有 2 个，1880 年有 30 个，1900 年有 20 个。但是，进一步查找才发现，有关这些浴场的运作的记载并不详细，在这些浴场中一些没有圈定水域，只设有带浴盆的浴室，而另外一些则开辟了一片水域。不管怎样，1808 年已有两个游泳学校（第一个建于 1783 年，第二个建于 18 世纪末），1845 年有 5 个（同期另有 15 个冷水浴场，不叫游泳学校，但河堤边随便放了几块木板，顾客们可以在这些木板间穿梭游泳），直到 1872 年，浴场的数量开始减少。除了这些河水浴场，显然还没有室内浴池。巴黎的第一个游泳池建于 1884 年。19 世纪时，水资源既贵又稀缺，所以这里提到的浴场都是很重要的设施。

（三）精英的游泳活动

简单地了解一下浴场内的设施就能感觉到光顾浴场的社会阶层差异很大，因为有的浴场很豪华，有的很简陋。德利尼浴场可以算是 19 世纪接待上等顾客浴场中最好的范例，这种高档浴场证明当时已有社会精英进行游泳活动了。高档浴场的设施似乎有些炫耀其豪华设施，其中德利尼浴场最有代表性，它的历史也最长。德利尼浴场建在塞纳河上，由一条挨一条的船环绕而成，河底铺着木板，具有一整套辅助设施。其中，紧靠河岸的那条船相当讲究，它的造型优雅，使用了大量木材装饰。在浴场的围船中，还有 19 世纪中叶运送拿破仑一世骨灰的那条船。此外，围船上装饰着各种各样的木雕和壁板。接待顾客的设施非常讲究，可以租用带套间的更衣室，还专为"王子们"设计了客厅，并可以提供水疗和各种服务（如美发、手足护理等）。船上还安置了 1500 个首饰保存箱，以存放顾客的贵重物品。同时还设有一个餐厅，提供各式美味佳肴，模仿海滨浴场提供奥斯坦德的牡蛎和海鲜餐。

精英社会游泳活动的一个特点是开始关注学习游泳。德利尼浴场专门雇用了游泳教练，他们的制服都是统一的。于是，在这类豪华浴场便诞生了一种新的教练职业。教练的技术讲解很快变得清晰有序：制定了分为五类课程的系列教学法，逐渐从水外动作过渡到水下的游泳动作。这些游泳教练还拥有新的技术知识，他们机械的动作要领至今仍在教科书中使用。这个时期的教科书同 18 世纪末的教科书相比有着很大的差别。旧制度时期的游泳教科书还很少，书中的动作描述总有些雷同和不明确。例如，手的停止动作会有以下描述："手的形状犹如按在一个直径为 7 至 8 英寸的球体上。"相反，19 世纪的游泳教科书数量越来越多，标准动作变得机械化甚至几何化。这里，我们谈的不是游泳中手的位置，而是指讲授类型发生了变化，比如："此外，手要接触到身体，右手在外边大约要形成一个 45 度角。"技术讲解变得既精确又抽象，就像是另一种场合下的体操技术讲解。

　　精英社会的游泳活动配有教练、教科书和特殊的浴场服务，但是它的特殊之处是揭示了一些不同于今天的关注点——对水的想象最为突出。例如，在河水浴场中，关注水疗是理所当然的事情，所考虑到的游泳活动远比表面的动作复杂得多。而那些评论和主张进行游泳活动的人，他们提倡冷水浴，并且想象出其的种种益处。游泳首先是要光顾一个能提神的地方，因此水温比游泳动作起到的作用更重要。游泳活动的益处首先来自所面对的物质的特殊价值，其健康意义超越娱乐意义。人们所期待的是对冷水的反应，冷水被看作有益于健康的物质。在温泉浴场，游泳池并不是什么新奇的事物，到了 19 世纪，资产阶级社会越来越崇尚游泳池。19 世纪 20 年代，资产阶级人士曾尝试在巴黎建造一座温水泳池，用水凝蒸汽泵把塞纳河水灌入池中，可以常年提供温水。可是这一尝试并没有受到欢迎，很少有人光顾。由于始终没有达到预期效果，泳池很快便倒闭了。事实上，温水泳池只能是面对体弱人群，甚至是体质极为虚弱的人群："在塞纳河左岸，夏洛宫的对面，有一所温水游泳学校；也许现在还存在，但坦率地说，我们从来没把它认真看待，那是一个怪物浴池。"选择在河水浴场游泳，首先必须面对的是同客观环境的斗争。如果水温达到一定的温度才下水，那么这个游泳者便会被人看不起。

　　18 世纪末，健康专家们就开始强调冷水治疗的重要性。最早期的冷水疗法既有卫生的新理念，也有水力学和化学作用的相应论点。实际上，从那时候起，冷水浴便渐渐有所发展，至少在资产阶级的圈子里出现了一个全新的状况。教育论集开始谈论冷水浴的优点，其中卢梭是重要的代表人物。18 世纪80 年代出现了一所游泳学校。这些主张冷水浴的人长期以来态度坚决："如果政府愿意去做，我们巴黎人瘦弱的身躯将会得到改变，我们将同邻国德国人一样强壮。为了这个目标，只需在塞纳河边，荣军院一侧，建造一个浴场；在一块空地上，建一个椭圆形的浴场，只挖 4 尺深就够了，水下可建造一些阶梯，一层落一层，每阶高度不超过 4 至 5 英寸，以便一两岁后的各个年龄层的孩子们都能坐在上边……这个浴场将引导全法国冷水浴的普及，不到 15 年，政府就会发现这种浴场的优越性。"这种建议的重要性在于它首先强调了游泳活动中冷水的作用，要发扬的是新型的吃苦锻精神炼。孩子们通过这种特殊的身体游戏，可以促进新陈代谢，增强体质，而这些充满朝气和活力的运动肯定会培养人们严格和服从的素质，这些从未有过的培养力量的形式迅速具有了严格的规划。这能让研究者更好地间接理解了同时期其他场合所建议的一些锻炼及体操活动的重要性。18 世纪末，人们开始重视身体外观形象，也开始重视身体素质。

常常光顾德利尼浴场的资产阶级又出现了另一种兴趣，开始关注较远一点儿的海水浴了。19 世纪，海水浴同样得到了发展，特别是在 19 世纪下半叶有了明显增长的趋势，所以德利尼浴场模仿海滨浴场提供奥斯坦德牡蛎也就不是偶然的事情了。同时，海水浴也验证了冷水健身的原则。早期的"娱乐活动"把各种健身的益处混合在一起，个人根据自己的健身期待采取不同的方法，那是一种对身体与环境交流的期待。在这一点上，游泳就是一项综合了各种不同意义的活动。19 世纪中叶，有关游泳的书籍不约而同地介绍起各种知识和信息，有技术动作的描述，详细的水疗介绍，海水浴场的信息，还常常加上有关所有温泉浴场的信息。

当然，游泳也是一项竞赛活动，但它们同 19 世纪末期的体育比赛毫不相同，不具备组织、系统和赛事周期。七月王朝时期，资产阶级光顾的高档游泳场已经开始每年举行比赛，有对抗赛和颁奖活动。但这种活动主要属于欢庆聚会，对体育的诞生有着重要意义，但又与体育不同。这些游泳比赛和任何游泳协会都没有关系，没有长久的集体活动形式，有时甚至不会留下任何痕迹。只有欢庆聚会可能具有年度性，这多少有些像旧制度时期的娱乐活动。除此之外，只有颁奖仪式和名次排列看上去近似于后面出现的体育比赛。

1870 年之后，浴场的数量突然减少，这可能有两个原因。首先，1872 年开始禁止在未圈起的自然水域中游泳。在此之前，每个游泳学校都有权把学生带到学校之外的水域中去训练，只要他们集中在一起，有人监护，并有船跟踪即可。不能亲身体验自然流水似乎是人们疏远浴场的一个原因。另一个原因是塞纳河的水质变得令人不能接受了，这看似有些矛盾，但显然也是最主要的原因。卫生检测标准有了明显的提高，水质则更不能达标。同时，河上建造的浴场可以阻隔漂流物和垃圾，却没有净化水质的设备。再加上巴斯德微生物研究的进步及捍卫医学原则的影响，必然使人们对水质未达标的浴场望而却步。很多浴场渐渐受到影响，星级也被降低。直到 1870 年，浴场转手出售可达到 5 万至 8 万法郎，而后价格迅速降到了 1.5 万至 4 万法郎。

19 世纪出现了精英游泳活动，与以前存在的活动相比，它别具一格（浴场设施豪华，游泳动作技术化，专人负责授课，发展了物理效应的理论或所谓的理论，也就是冷水浴的理论）。这种游泳活动不是今天意义上的体育比赛，但也不是纯粹的传统游戏。它体现了一种人体、活力和等级制度的新观念。19 世纪末，由于上面谈及的原因，这种游泳活动表面上已不再那么受人瞩目。

（四）大众游泳活动

我们难以对大众游泳活动进行评论，因为论述和图片记载都较少。然而，毫无疑问，大众游泳活动很早就存在了。旧制度时期已经有了一些表现，例如，大众游泳活动渐渐采用了著名星级浴场的规章制度进行管理。不论是出于端庄体面的考虑，还是出于天然水域安全的考虑，或最终出于游泳者自身安全的考虑，民间"野"泳仿佛都不能再被容忍，反对野泳的禁令反复出现。1742 年 7 月 12 日，巴黎市长下了一道法令，禁止在露天水域游泳和裸泳，并且要求把男女浴场截然分开。18 世纪，巴黎市每隔一段时间就会发布一道类似的法令，这说明这些法令执行起来可能会遇到一些困难。19 世纪，这类法律条文更加具体和系统，最后干脆交付给港口警察进行监管。1852 年，法令规定游泳时必须身穿泳装。可见标准越来越多，对传统游泳活动有了越来越明确的规范。

19 世纪中叶前后，大众浴场达到了 15 个，建造得极为简陋，大多用一些木板围起一块水域，搭上几块帆布，水中央竖上三四根本桩，好让游泳者有个依靠，这同没有任何障碍物的现代游泳池不一样。每年游泳季节一过，便会拆除这些设施。通过有关图片可以看到这类浴场寒酸的样子，它们在 19 世纪前期和中期被人称为"廉价浴场"。这种浴场肯定不会像同时代的资产阶级浴场那样在水下铺设木板。外围的木板只是为了挡住外界的视线，但它们却成为河水中竖立的粗糙坐标。

　　毫无疑问，这里很难具体描述大众游泳的方式或学习游泳的情况，即使有时候船夫会教游泳，但是我们只能猜测出个别的娱乐活动场面。因为有关论述不太多，能找到的描述既不详尽也不清晰，还总流露出几分嘲笑："从远处看，浴场仿佛是个大鸭笼。稍走近一点儿，便可听到乱哄哄的叫喊声，可怕之极，还有吼叫声、击水声……走出水面，感到水既不凉爽也不干净，那喧嚣声能把炮兵的耳朵震聋。"正是这种嘲讽，加上先前提到的一系列法律条文，才显示出了某种意义。这种嘲讽暴露出大众游泳活动的特点，同时也说明了为什么规章制度逐渐严格起来。

　　当一些高层人士本着一些极其确切的目的开始号召组织民众进行游泳活动时，这一大众活动便值得格外关注了。例如，19 世纪末出现了早期的室内温水游泳池，同时也提供给社会底层的民众使用，这有些超乎情理。事实上，设计这些游泳池主要是出于卫生的目的——解决发现的卫生问题，创建为大众健康服务的浴池。这些个人活动的目的较为复杂，可能是为了寻求某种利益，但为了寻求健康的目标很明确。第一个提出建议的人是克里斯特曼，他在 1884 年的评论无疑证明了上述观点。他设想可以提供一种特殊的或者说是深入的洗浴方式："人体的清洗不够充分，体内和体外所造成的污垢堵塞了毛孔，应该在水中浸泡的时间长一些，事先打上肥皂，才能很好地清洗掉。"克里斯特曼首先长篇累牍地论述了清洁卫生的必要性及忽略这些问题所造成的后果，特别是对工人阶级来讲。由此看来，游泳就属于一种综合行为了，水所体现的价值远远超出了运动本身。19 世纪最后 10 年中，在这些个人建议之后，巴黎市政议会也开始组织学生进行游泳活动，建造了游泳池，健康卫生的理论也得到了进一步的发展："如果说在浴盆中洗浴有益于健康的话，那么更应该去游泳池洗浴，因为在那里同时可以活动，游泳锻炼可以大大增强身体素质。"

　　1920 年之后，巴黎市政议会中才出现了将洗浴和游泳分开的建议。从那个时候起，才开始设想建立专门的运动场所，使游泳脱离了洗浴的范畴。之后，游泳渐渐成为正式独立的专门活动："我们认为不应该同时处理游泳池和浴池的问题，不应该把它们放到同一计划中去考虑。"

　　19 世纪末，学校开始将游泳课内容具体化，这便暴露了游泳活动另一个落后的方面及其特殊的模式要求。我们难以把游泳池与其他有秩序的场所进行比较，难以为游泳划定一块区域，然后再把这块区域分成几个小部分。这并不是因为游泳活动缺乏某种权威性和制度化，而是因为游泳场所本身就混乱和无法组织，没有纵横排列，缺乏秩序。水池中一片混乱，有两个纵向分开的区域，但是难以把游泳团体自身区分开。如此一来，游泳的教学便失去了控制，无法实施完全规划好的技术指导，原计划是这样："每个游泳教练员负责一个游泳区，救护出问题者，教授游泳，并指导有游泳天赋者的动作。孩子们先进行 20 分钟的水中活动，然后教练员一声哨响，所有的叫喊声都停下来。接着孩子们走出游泳池，去各自的更衣室，迅速穿好衣服，排好队，走回学校。"

　　后来，游泳课才按照有组织的方式进行设计，而在其他运动项目中早就实施了有组织的教练方式。水再一次成为障碍，或者说至少它保持了其活动的特殊性和某种不明确性。

（五）体育和体育运动的出现

　　下面开始分析游泳体育运动出现的具体条件，以及游泳联合俱乐部、游泳锦标赛和游泳运动的标准规则。这里我们用不着回答有关游泳运动诞生的背景的全部问题，仅仅回顾一下整个 19 世纪游泳运动的具体存在和它的社会条件就可以得到一些启示。当时，巴黎资产阶级的游泳活动具有明显的特征，但并不是什么竞赛活动。"体育"一词则主要是指上流社交活动："上流社会的年轻人确实常常在这里聚会。" 19 世纪末的大众游泳活动具有其特殊的建构条件并受到了保护，但严格地说，它还不能被称为体育。然而，大众游泳活动的兴起适逢巴黎或者说塞纳河的精英游泳活动的衰落。也许我们可以用概括的方式，或者可以用详细列举的方式提出这个问题，那就是游泳竞赛活动是由小资产阶级推动的。20 世纪初，游泳活动仿佛不具备什么社会价值或者说失去了社会价值，好像不属于被广泛重视的运动类别，因此游泳运动员纷纷发表言论，为争取游泳活动的社会价值做出了不懈的努力。早期的游泳运动员在讲话中一贯注重弘扬游泳的内涵价值，似乎是要赋予这项活动以突出的重要性，因为那时的游泳活动不具备这种重要性或者说失去了这种重要性。他们发表言论是为了争取游泳活动的合法地位，转变游泳活动受到轻视和萎靡的状况。言论的基调就是要证实游泳的意义并征服舆论。早期最大的游泳协会之巴黎蜻蜓协会的创始人发表过明确的观点："那个时代的游泳活动（19 世纪末的最后几年）还不能算作体育，它被当成一种不严肃和名声不好的娱乐……我希望在不久的将来，游泳不再如此声名狼藉。"这类言论反复出现，总是表现出同样的热忱，一定要"使游泳运动走出困境"。事实上，早期游泳比赛的冠军常常出自小资产阶级，正是这个阶层坚持不懈的努力，认真地建立起比赛的组织系统和越来越规范化的教学系统，才逐渐吸引了新的游泳群体。第一次世界大战后，他们的努力终于使游泳成为"游泳体育运动"。

19世纪的游泳活动突出地显示了不同社会阶层实践的问题："游泳学校的面貌，根据不同的收费，会有很大的差别。"另外，那个时期从事游泳活动的人群可能还以独特的方式提出了比赛组织的问题。也许我们应该从以往过于传统的定论中走出来，那就是游泳运动首先受到了纯粹资产阶级的推动，随后才得到了一般性的普及。

第三节　大型体育表演的诞生

19世纪七八十年代，早期的法国体育俱乐部比赛显然还没有很多人观看，人们对大型集会也还没有任何概念，更没有将比赛者和众多的观看者隔离开的概念。1890年，英国和法国的中学生在巴黎布洛涅树林举行第一场比赛时，只有几十个戴大礼帽的观众，外加两三名妇女，而这些人几乎都和球员混在一起。1891年，在土伊勒里举行田径比赛时，观众也几乎夹杂在跑跳运动员和投掷运动员中间，人数寥寥无几，其中几个像是散步经过那里，被这种类似古竞技场的布置吸引了过来一样。早期的体育场所没有设想过接纳大批的观众。体育道德的捍卫者们认为体育表演在某些方面违背了他们的初衷，他们认为运动员如果过分被展示和欣赏，就不会进步，反而会堕落。当然，这种看法过于绝对，因为到了20世纪，观众们才开始涌向体育场去观看比赛，因此产生了真正的建筑革命，并可能导致言论发生了真正的转变。

重大赛事的出现不仅意味着体育表演成了一种新时尚，而且还说明了一个非常确切的关键问题，它证实了莫拉斯在1896年雅典奥运会时提出的一个比较模糊的观念："我认为这种国际主义不会扼杀祖国的概念，而只会加强这种概念。"这里体现的正是集体概念的深刻价值。

一、1900年"非真正"的奥林匹克运动会

（一）两种文化的体育渊源

1900年的巴黎奥运会与巴黎世博会同期举行，比赛时间安排得很不确定，比赛场所散布在巴黎环城道的各个地方，新闻界不称其为奥林匹克比赛。今天

看起来这可以说是顾拜旦计划的一个失败，某些人甚至认为是覆灭。顾拜旦本人也承认了这一点，他只主持了1900年7月在普雷·卡特朗举行的田径比赛，对其他大部分比赛表示了不满，并在他的《奥运回忆录》中承认："取得了有意义的成果，但丝毫不是我们所说的奥林匹克运动。"的确，比赛期间发生了无数简单而又重复的小事故，例如，铁饼比赛中，铁饼落到了树上；体操比赛中，给运动员寄出的信件丢失了；橄榄球比赛没有举行决赛；等等。1900年的奥运会纯属一种初步的尝试，它的规章制度还不稳定，比赛规定也不明确，组织协调也很混乱，显示出初期运动的脆弱性。

但是，对这种确信失败的说法应该有所保留，或者说应该对其进行纠正，不能因为几场比赛受挫，便认定全盘皆输。赛事组织者坚信他们的比赛成功地超越了1896年的雅典奥运会，其中比赛项目丰富，出现了一些好成绩，有一些甚至令人难以忘怀。例如，美国人在田径项目上的表现令人钦佩；法国人在体操比赛中以辉煌的成绩证实了其独特的存在；尤为引人注目的是庞大的体操参赛队伍，聚集了空前数量的运动员。

那么，谁的观点更为可信呢？说实话，这并不重要，问题在于两者的出发点不一样。奥运会的组织者不是出自顾拜旦的门下，而是来自政府和世博会的组织者，他们与顾拜旦的观点不同。1894年，这些组织者们就已经决定把体能游戏竞赛和体育竞赛附属于1900年的世博会，因此这些竞赛不是奥运会的比赛，它们仅仅是"大型盛会的仪仗队，不容置疑地带有为公共服务和爱国主义的性质"。这正是组织者们宣称要实践的事情，他们主张通过这些竞赛宣传大量的新生力量和新效益，展现多种多样的体育形式、人物和器械——从自行车到汽车和航空器械，上演集体总动员的节目，证明体育锻炼促进了现代年轻人的体魄和道德发展。组织者还宣称他们有意借世博会之机去展现一切现代的体育实践活动，这是世博会历史上绝无仅有的选择，奥运会确切的理论计划必须融于体能游戏竞赛的整体繁荣中。世博会组织者从来没有真正接受过奥林匹克的目标，因为它的比赛项目有限，采用了非职业化的标准，选拔过于严格。因此，奥运会的概念更多地出现在奥林匹克运动回忆录和统计中，而很少出现在世博会的大事记中。这里可能体现了不同影响或是个人之间的冲突，但最主要和更为深刻的是不同体育观的冲突。顾拜旦与1900年世博会体育比赛组织者之间存在着多种分歧，特别是两种文化观的分歧。尽管这两种文化观争执不下，但是它们都促进了体育的诞生，并对其产生了决定性的影响。

（二）体育表演的"诞生"

毫无疑问，1900 年时比赛的物质环境、安排和过程都表现出初步尝试的特征：难以避免的纰漏影响着整体赛事。例如，赛前的几个月里，比赛的场所和时间总是不能最后确定。这些"体能训练的比赛"原本计划集中在位于樊尚树林的场地进行（按旅游指南和官方的说法，那是世博会的附属建筑），结果为了扩展场所分散到了各地。赛前几周，决定更换比赛地点的事情层出不穷。田径比赛原本设在库尔伯瓦城堡公园举行，《室外生活》还曾在 5 月的专刊中介绍了它的环境，并说田径比赛地点"安置得非常好，将具有最现代化的设施"。结果，两个月后田径比赛又转移到普雷·卡特朗，因为据说那里的跑步俱乐部有现成的场地。网球比赛宣布在布洛涅树林的场地举行，一直到赛前几天还没有变化，最终却转移到皮托岛上举行，因为据称那里的场地更宽敞。此外，比赛项目集中，容易拥挤混乱，组织者发现了这一问题，也发现了一些始料未及的问题。他们及时调整，进行谈判，有时甚至临时抱佛脚。这些情况说明了 20 世纪初还不具备组织大型赛事的条件。

另外，有些场地几乎根本不符合要求。例如，普雷·卡特朗的场地虽然很大并经过了翻修，但并不是带环形阶梯看台和中心空地的"体育场"，草坪上时不时有几棵树木，有些障碍物会遮挡视线，不平整的地面也会妨碍观众观看比赛。赛事组织者临时搭起了两个有 600 个席位的看台以迎接观众，最后的赛事报告虽然使用了"创造性的瑰宝"的字眼，但还是用整体"不完善"一词评价了普雷·卡特朗的场地："观众由于看不到所有表演，所以离开看台跑到草坪上去看一些比赛。"另外，这个地点离巴黎太远，结果来普雷·卡特朗的观众只有 1000 来人。

当然还应该辩证地看待这些困难，因为并不是所有的比赛都有问题，而且远远不是这样。还应该再强调一下，万事开头难。同时，这些问题在 1900 年人们认为是由于前所未有的规模和过于丰富的活动所导致。可是，无论怎样，这些问题都说明顾拜旦与组织者在某些问题上尚未达成共识。尽管普雷·卡特朗的环境并不太适合观看表演，但是顾拜旦还是首先建议启用普雷·卡特朗作为田径比赛场所的人，也是首先倾向把比赛时间和地点分散开的人："我们非常有必要分散比赛，从时间和地点上把这些赛事分开。没必要努力将比赛和庆祝活动集中在奥林匹克运动会的 15 天中，况且它永远会在世博会的光彩下黯然失色。"顾拜旦接受了以节约为原则的分散组织方式，他很可能会遗憾没有为巴黎建造一个新的体育场："局势迫使我们采用完全不同于第一届奥运会的方式来组织第二届奥运会……分散比赛可以降低组织费用和难度。"

与此相反，体育比赛组织者则认为他们实现了一个前所未有的创举，举行了一个无与伦比的大型聚会，展示了"一个非同寻常的体育盛事，几乎需要用一个专册来公布赛事日程"。在他们看来，这个整体建议象征着巴黎世博会的繁荣和多姿多彩，特别是象征着体育活动的新面貌。体育新闻界同样满怀热忱，这也是关键的一点。他们不仅在赛前热情洋溢，赛后他们接着赞扬："事实上，在希腊和古代社会每四年举行一次的奥林匹克运动会从未像今天这样激情澎湃，体育从未获得过今天的荣誉，从未如此调动过群众……因此，体育在某种程度上成了新的宗教。"

（三）组织者间的冲突

顾拜旦与世博会组织者之间从一开始就存在一种误会。顾拜旦男爵在1894年1月向世博会秘书长阿尔弗雷德·皮卡尔建议在巴黎举行奥运会，主张重点回顾体育运动史，而皮卡尔却迟迟不予回复。皮卡尔毕业于著名的综合理工大学，精通世博会业务，是法国行政法院一个部门的主席，并曾是法国外交官雷塞布的助手。他热衷铁路和工业领域，认为奥运会有些不符合时代需要。1898年，皮卡尔彻底否定了顾拜旦的又一次建议。世博会领导机构所接受的体育比赛实际上是体能游戏竞赛和体育竞赛，也就是1894年9月12日决议的内容。据此，皮卡尔在世博会之后写了一套六卷本的巨作，并给这套书起了一个雄心勃勃的书名——《世纪总汇》。但是，顾拜旦男爵对奥运会的计划毫不气馁。他成立了一个私人性质的组委会，由他的一个朋友夏尔·德·拉罗什富科主持，并于1898年5月29日召开了第一次会议。这个组委会不放弃奥林匹克运动的任何初衷。他们多方联络，努力使广大外国运动员参加，规划场地，制定方案。然而，1898年11月，他们却遭遇了一次比任何时候都尴尬的集体抵制：法国田径协会联合会（USFSA，成立于1889年）宣布"支持巴黎市政府和国家组织的一切活动"。田径联合会做出了决定，支持世博会组委会的"体育竞赛"，而不支持奥林匹克运动会的比赛。这是一个具有决定性的举措，因为联合会旗下聚集了大多数体育协会，它是最有代表性和最受人关注的组织，它的支持必不可少。1900年，联合会包括了七个地区的委员会和几百个体育俱乐部，在19世纪末这是一个非同小可的数字。没有它的支持，奥林匹克计划便会陷入孤立的境地，最终的出路只有妥协。1899年，顾拜旦接受了世博会体能游戏竞赛和体育竞赛总代表达尼埃尔·梅里永的建议，同意以体能游戏竞赛和体育竞赛项目代替奥林匹克运动会的比赛。当然，这是一个非常明确的协议：这些在巴黎的比赛扩展和添加了奥林匹克运动会所没有承认的项目，其中一些还是奥运会没有承认的职业比赛项目。这个观点明确的协议很少被官方提及，也没有被大众察觉。1900 年的招贴画使用了"国际竞赛""国际聚会""国际锦标赛"等字眼，但从未使用过奥林匹克运动会的名称。新闻界也顺应其势，没有提及奥林匹克运动会。例如，顾拜旦在 1900 年 7 月 22 日主持了普雷·卡特朗的比赛，《室外生活》进行报道时写道，"这是世界非职业田径锦标赛"，而此前几天，也就是 7 月 8 日的比赛则被称为"世界职业田径锦标赛"。也许在某些人头脑中存在过奥林匹克运动会的概念，但在现实中它却从未真正存在过。

（四）精英和其他人

然而，这并不意味着在 1900 年不存在奥林匹克运动，只不过这一运动还处于边缘状态，影响很有限，不可能和今天的奥林匹克运动同日而语，而且那个时代的大众对奥林匹克运动的概念还很陌生。他们认为这次世博会的赛事是体育的新生事物，也是组织活动和游戏的新形式，大众没有什么奥林匹克运动的概念，只把它当成怪诞和多余的新词或现象。

还有很多其他因素造成了巴黎体育竞赛的紧张局势，其中可能还有顾拜旦男爵本人个性的问题。他无法理解第一次在巴黎举行这么重大的体育聚会可以没有他，他自信且固执，他的同代人有时会指责他"总想指挥别人，而不是进行商讨"。

但是，关键还有超越个性以外的因素，就是顾拜旦男爵所谓的精英观念。1898 年，顾拜旦创立了私人组委会，大约有 40 名成员，其中有 20 名左右具有贵族头衔：伯爵、子爵、侯爵、男爵、公爵，等等。令人担忧的正是这个设在瓦雷纳街的伯爵和侯爵小集团，在有政治象征意义的环境中，这种社会形象会受到质疑：在布朗热主义和德雷福斯事件风波后，法兰西共和国期待世博会能够增强他们稳定与合法的地位，正像法国田径协会联合会有些负责人所说的那样："让这个组委会代表民主和体育的法国实在是太不完美了。"这就提出了一个隐秘的问题：这场斗争是不是旧贵族阶级与共和国的斗争呢？这当然是一个错误甚至是疯狂的想法。但是，有时顾拜旦笨拙的表达的确容易给人造成这种错觉。例如，他设想在瓦雷纳街的府邸招待那个被指定的奥运会组委会主席拉罗什富科，并说："巴黎应该为他们展示法国古老的传统和优美的环境。世博会的体育竞赛和庆祝是为了大众，而我们要为精英举办奥运会。"毫无疑问，这里指的是体育精英，顾拜旦想通过他们把体育建设成道德理想化的领域。

按照19世纪贵族阶级设想的社会机制，精英的榜样力量应作用于大众。这甚至可以说是顾拜旦计划的核心思想，他要把古老的骑士理想化为民主和建立功勋的理想，这就是"奥林匹克运动的崇高目标"。他的核心词汇就是把"体育的骑士精神"建立在确立民主管理的基础上，奥林匹克运动只能深度民主化和严格国际化。相反，也许顾拜旦的主张没有被很好地理解，尤其是在世博会的范畴内遭到了更多的误解。皮埃尔·伊夫·布洛涅和约翰·姆克阿隆就指出："顾拜旦的成熟思想就是极其坚定地主张贵族文化，希望把骑士精英观强加于行为规范准则中。"他们可能总是对"崇高"概念的本身有所误解，况且，顾拜旦男爵的表现和言论也不总是那么清晰。世博会组织者坚决主张向所有人开放活动，而顾拜旦却偏偏在这个时候提及社会筛选的话题："应该精选运动员，人数不要多，但要包括世界冠军；应该精选观众，包括上层人物、外交官、教授、将军、院士。对于他们来说，有什么比当皮埃尔的花园盛会和瓦雷纳街的节日之夜更美妙和更令人愉快的呢？"19世纪的体育爱好者都是贵族和富人，体育属于极其优越的娱乐活动，而19世纪末体育趋于大众化，可以说，两者之间难以相互理解。人们对顾拜旦的看法肯定有过激的地方，认为这是有些僵硬的看法，并不符合顾拜旦的实际情况。用一句较为合适的话说，顾拜旦是建议"借最为民主的国际盛会向体育青年展示古老法国最具有贵族气质的建筑"。从另一个角度来说，人们对顾拜旦的看法也许有过激的地方，但这种看法却在1900年产生了一种对抗意识，也就是19世纪末趋于大众化的体育对抗最初的富人阶层的体育的意识。法国田径协会联合会的一位成员曾对这一特殊的对抗进行了清晰的概述："田径联合会应该设立更高的目标，不只发展富有阶层的田径体育。联合会希望实现更美好的事业，那就是人道主义的事业、捍卫祖国和道德的事业，我们将迎接那些因各种原因还未走向体育的人们。"1900年的顾拜旦计划失去了一些运动员的支持，遭到了社会的抵制。

（五）大型体操和其他活动

然而，顾拜旦与世博会组织者的计划之间存在着更为深刻的矛盾，主要体现在组织观念本身及民族所期待的形象上。政府方面的组织者对顾拜旦策划班子采取了不妥协的态度，最终官方的主张获胜，决定以世博会为主体展示各种各样的现代知识和技能，弘扬爱国主义精神，强化共和国的形象。应该说，世博会的这个目标自始至终贯穿于体能游戏竞赛和体育竞赛中。首先，体育竞赛展示出庞大的规模和宏伟的气势：共有 70 个竞赛项目，分 10 个阶段在 70 个不同的场所进行；58731 名参赛者，其中 1587 名外国运动员。这些数字证明了组织规模的庞大，使顾拜旦计划相形见绌，阿尔弗雷德·皮卡尔称后者的计划为"狭隘，配不上民族的形象"。1900 年，顾拜旦男爵绝没有同等的热忱，况且他只希望选拔最优秀的运动员。与此相反，1900 年体育赛事的一切创意都来自公共部门，他们期待借此机会弘扬民族的威望和光辉，一切都以数量和多样化制胜。因此，才会出现比赛项目鱼龙混杂，职业和非职业比赛同时并举，器械和设备五花八门，参赛者蜂拥而至，体育新形式不断涌现的现象。组织者不仅迫切希望展现丰富多彩和全方位的运动方式，而且还希望以排山倒海之势造成轰动效应，以万人聚会的特殊艺术惊压群芳。赛事计划的目的性很明确，但还没有运用优胜劣汰的选择机制，对比赛成绩和纪录也没有引起大家的重视。

另外，还应该谈谈人们对 1900 年世博会赛事中某些项目表现出了更多的偏爱，它们所占有的空间和时间都大大地超过了其他项目。例如，官方指南中第一个提到的就是团体操，团体操的参赛人数超过了总人数的 1/3。这次盛会举行了国际团体操比赛，组织了来自法国各地 8000 名运动员的节日聚会和巴黎各协会 2000 名运动员的专门聚会，1500 名女孩子参加了学生组竞赛，展示了庞大的学生体操队伍。另外，还有射击比赛，官方指南总是在团体操之后提到它。射击比赛的项目众多，从手枪到火炮，共有 6000 名参赛者，3000 名获奖者。有关评论对此称赞不已："可以肯定，出类拔萃的射击比赛是世博会节目中最好看的比赛。"在 1900 年的法国，团体操和射击属于一种特殊的文化，它们都和军事有关，暗示了一个民族潜在的力量。例如，团体操有比赛、裁判和规则，属于一项体育运动，但它还具备了独特的仪式功能，可以在节日、检阅和队列行进中表现爱国主义和战斗精神。团体操和体育可能存在一个不同点，那就是团体操出自民间和尚武的群体，而体育则源于富裕阶层和更为民主的群体。

1900 年 6 月 4 日，团体操涌进了巴黎。在市政府广场上，8000 人一起做着整齐的动作，然后列队行进穿过巴黎市，一直走到樊尚树林。这个项目人数众多，动作极为特别，按照惯例这是一种检阅，是为了展示而不是为了竞赛。它的特点在于它总是要表现"整体",总可能侵占其他活动场所,而且它并不完全是一种竞赛,因为它的很多动作局限在集体整齐有序的配合中。因此1900年时,这一运动以它特殊的方式凝聚了各国和各个团体的高度热忱,行进的队伍中各种旗帜上下飞舞。1870年后,民众把他们的部分爱国热情投入了这种仪式中。1900年的世博会组织者也把他们的部分政治期待寄托在了这种仪式中。

正因为团体操和射击比其他项目更能体现世博会组织者的共和国计划,所以它们才在1900年的赛事中占据了统治地位:"成为世博会上节日盛会的仪仗队,带有不容置疑的为公共事业和爱国主义服务的性质。"达尼埃尔·梅里永出任体能游戏竞赛和体育竞赛总代表就是一种证明,极具象征性:尼达展埃尔·梅里永是波尔多的律师,吉伦特省的国会议员,在议会中专门负责讨论军队组织问题,他还是法国射击协会联合会的主席。与顾拜旦指定的主席、巴加泰勒马球俱乐部的主席拉罗什富科相比,达尼埃尔·梅里永的条件显然更符合政府的要求。

1900年,世博会的很多竞赛不可能成为奥运会的项目,也许是因为奥林匹克运动不能为世博会组织者带来今天所拥有的声誉,或者更主要的原因是这些组织者把活动的重点放到了大型体育表演和有军事意义的项目上。19世纪末,法国社会催生的两种文化在这里碰撞到:一种文化提倡的体育活动具有组织民主和个人比赛的性质,另一种文化提倡的是团体操活动,具有集体价值意义和民族武装的象征。1900年,尽管政府不能忽略第一种体育文化,但最终他们还是选择了第二种体育文化。

25年后,1924年的巴黎奥运会与1900年的世博会体育竞赛具有了天壤之别,体育比赛表演最终获取了胜利。这倒不完全是因为规章制度更加明确或是场地更加符合要求,也不完全是因为组织者之间得到了更好的协调,而是因为大型团体操一致而沉重的动作变得令人反感,一堆鱼目混珠、没有经过筛选的项目失去了其本来的意义。争取比赛的好成绩,特别是打破纪录越来越被大众文化所接受,体育场及其使用越来越普及。体育比赛表演展示了其建构英雄殿堂极为特殊的方式,勾勒出成功与失败的画面,讲述着它独有的传奇和故事,最终获取了胜利。

二、环法自行车赛

(一) 民族的激情

1912 年，《亲爱的》的作者科莱特在普瓦希附近观看了环法自行车赛，事后他详细地描述了那场奇异的比赛场面：几个自行车选手的身影从眼前闪过，看不到他们的面孔。他们的汗水夹杂着尘土，"睫毛像是抹了石灰遮住深陷的眼睛"，"黑黄色的背心上印着红色的号码"。在周围一片喧嚣中，只有他们一声不响，躬着腰，迅速从眼前消失。科莱特对这瞬息即逝的场景感到失望，但他的描述却反映了为什么早期的环法自行车赛会吸引沿途的观众，因为他们感到观看了一场竭尽全力的角逐，一场超越传统空间的战斗。环法自行车赛拥有来自各地的运动员团队，并以其独特的方式缩短了各地的距离，穿越法国各省，甚至穿越了国境，将各个地区连接在一起。19 世纪初，环法赛一下掀起了自行车热。在环法赛之前的 1886 年，带活动车把和链条的自行车投入了市场，这种自行车比从前木制无链条的自行车和大前轮的自行车要灵活得多。首先厂家为自行车制作了金属车架、木制轮缘，并且很快便配备上了充气轮胎、特制的滚珠和刹车保险。1900 年时，自行车实现了缩短距离的梦想。

我们不能用今天的速度和距离感与那个时代进行比较，今天的自行车用途已不同于以往，它已不再是一种实用工具，也不再符合快速的标准。然而，从 1903 年起每年都举行的环法自行车赛却始终保持着它的魅力。7 月份，皮伊·德多姆和旺图的沿途会挤满大约 30 万好奇的观众，而冲击终点的电视直播会使观众增加到几百万。还有一个接一个的阶段赛：环绕国家的路线是一个既真实又有象征性的代表。环法自行车赛的新任组织者格扎维埃·卢伊说过："这种环绕国土的象征使坏法自行车赛成了我们的文化遗产。"这个大赛具有三项重要的组织原则，同时，它和其他赛事一样有着一部发展史，但又别具一格，它的历史穿越了法国国土。环法自行车赛的路线唤醒了人们对土地的回忆、对国土的关注，因此它与神话世界有着一种特殊的默契。环法自行车赛的历史也许可以更好地解释体育所唤起的想象力，更清楚地揭示传奇世界的建构方式。因此，毫无疑问，它也解释了环法自行车赛之所以成功的特殊原因。

(二) 独具一格的大赛

1903 年，环法自行车赛分阶段进行，它的赛程、赛期都很长，这种崭新的形式立刻引起了轰动。法国旧制度时期的工匠师出游讲习做工是一个古老的传统，19世纪还残留下一些痕迹，环法自行车赛实际上借鉴了工匠师出游的传统路线，将历史的回忆与体育结合在了一起。

但是，环法自行车赛之所以能够长期和谐发展，主要得益于它的三项组织原则。这三项原则拟定于环法赛初期，它们不仅解释了为什么这一赛事始终相对统一，而且还解释了为什么它会具有象征性的影响。第一项组织原则是环法自行车赛把体育与当代新闻界和广告战略结合在一起，大赛得到了一份报纸和一些公司股东的支持，而支持者则利用开拓体育形象赢得了市场；第二项组织原则是创造了一部全法国参与的神话和民间传奇，它展现了公路自行车巨人千辛万苦的奋斗精神、法国的海洋和高山峻岭；第三项组织原则是创造了全国性的体育仪式，各地名人出迎仪式、香榭丽舍大街仪式及队伍行进仪式等。

赛事资金的筹措方式虽然不是首创，但说明了早期的体育表演是如何积极地调动了个人的利益。环法自行车赛的创始者德格朗热在大赛中采用了19世纪早期自行车赛的市场机制，特别是采用了以自行车为核心的广告机制。这是一个很有发展前途的榜样，以体育促销产品的机制在20世纪得到了广泛使用。

（三）资金与工业

环法自行车赛的长期成功首先取决于体育表演的开发，它汇集了各种利益。《汽车报》于1903年率先组织了第一届环法自行车赛，并负责安排赛事和筹措资金。《汽车报》的主编德格朗热原是一位公证人书记，也是自行车比赛纪录的保持者。他建议组织一项规模巨大的赛事，目的很简单，就是想借此扩大报纸的销量，战胜他的对手《自行车报》。环法自行车赛是第一个分阶段进行的比赛，道路崎岖坎坷，赛程距离长达2460公里，其目的就是为了造成轰动效应。结果，德格朗热的创举获得了巨大的成功。比赛吸引了公众，报纸的发行量在几天内增长了两倍，从2万份激增到6万份，而《自行车报》则失去了读者。随后，《汽车报》的发行量继续翻番，在早期的环法自行车赛期间，每次赛后《汽车报》的发行量便会增加。1913年《汽车报》发行了20多万份，20年后，也就是1933年，发行量则达到70多万份。另外，成功还来自广告的效益。随着发行量的不断增加，报纸广告的商业价值不断攀升。因此，自行车制造商开始为支持环法自行车赛而投资，并试图为自行车队提供资金，特别是试图更多地刊登广告。1903年，阿尔雄公司、标志公司和法国博彩公司从赛事一开始就在《汽车报》买下了整版广告，用以宣传品牌冠军。甚至连赛事的随行车也都做起了广告，1907 年 7 月 17 日《汽车报》的一份广告这样宣传组委会主席的用车："洛林 Dietrich 牌车，强中之强，社会用车，呱呱叫。"

广告机制起到了决定性的作用，成为赛事的核心，直至今天，它依然是环法自行车赛的核心基础。电视的广告原则甚至没有什么变化，电视镜头会对准运动员背心上的字母，播放赛事赞助商的画面。1978 年《自行车报》对这种广告操作的商业利益进行了评估：1978 年，一个公司雇用一个职业运动员的年开销为 19.2 万法郎，而在法国电视一台平时晚上 8：30 做一个 30 秒钟的广告的费用则为 11 万法郎。好处显而易见，由于赞助赛事，公司的名字可以在屏幕上显示几个小时，费用远远低于一则电视广告，所以有必要支持赛事，在广告中广泛和醒目地播放公司的名字并突出公司的形象。报界传媒构成了这个机制的核心。

应该强调的是，环法自行车赛想使公司的形象延续下去，需要现代化的前提，也就是产业公司所采用的广告手段。体育竞赛的发明首先是遵循了市场规律，其次才能谈到道德和教育，这便是现代体育演变的前身。同样，这种经济运作也需要快速的交流。在环法自行车赛中，法国的各个地区之间已不再是老死不相往来的状况，而是呈现出畅通无阻的现代传播局面。战绩排名即时播放报道，评论瞬息传回报社。德格朗热最早的两名助手若·勒菲弗和维克多·布雷耶在每个阶段比赛结束后，便会把记者的印象和当天的数字信息通过电报和电话传回报社。这种通信方式在文章中也曾被提及，1905 年 7 月 26 日的《汽车报》写道："神奇极了，超乎寻常的场面。我们的特派记者发回电报，在波尔多—拉罗谢尔的整个赛程中，运动员的平均速度达到了每小时 30 公里。"如果信息有任何延误，报社即刻会指出，并公开道歉。1914 年，在奥比斯克赛段结束后，《汽车报》这样写道："因为主编电报的结尾部分到得太晚，以致我们今天不能够发表。"

为了更好地跟踪自行车赛各个阶段随时出现的情况，就需要建立通信网络，以及各地区间的联系及各种事务和人际的交流，而这些都是法国古老社会做不到的。新闻界 19 世纪末才开始建立起城市与城市间传播的方式，打破了地区间相互隔绝的状况。例如，1887 年长距离铺设的电话线成了环法自行车赛最主要的传播工具。若·勒菲弗讲述了在初期的报道中，他按时打电话给报社，甚至在各个火车站停留，以便打电话向巴黎报告战绩。环法自行车赛之所以保持了历史的整体性，正是由于利用了整套现代化装置，也就是工业市场开发的快速通信方式。

（四）民族的神话

新闻媒体还起到了另外一个决定性的作用，那就是它叙述了赛事。沿路的观众并不能看到一切，新闻媒体赋予赛事以意义和整体性，它将大赛的时段进行重塑，体现了报道的重要性，可以说，是它制造了体育的编年史。另外，新闻还提供了戏剧情节，《汽车报》的文章中讲述了比赛的高潮和结局，打造了一部戏剧节目，有时甚至制造出各种情节。例如，1904 年环法自行车赛的第一赛段巴黎—里昂并没有什么特别的事情发生，但德格朗热的文章仍报道了一些小事故，讲述了一些运动员加速前进的情况及他们所遇到的困难和障碍。加兰是 1903 年环法自行车赛的冠军得主，也是 1904 年有希望的夺冠者。在赛程中，他不断地反击和躲闪对手，因为"一群人追逐着他，不停地向他发起挑衅，试探他，窥测他的弱点，企图打垮他"。

报道文章热衷于叙述和编造故事，更有甚者，有时还煽动崇拜，进行舆论引导，甚至为其定位，指定功绩所属。在 1904 年的里昂赛段中，加兰简直变成了无与伦比的人物。德格朗热表示："从此，我对加兰崇拜之极，就像儿时我对传说英雄的崇拜一样。"加兰，这个小个子的意大利烟道工加入了法国籍，成了 1903 年环法自行车赛的冠军，从此被誉为"顽强的战斗者""非凡的自行车运动员""巨人"。环法自行车赛的创始者德格朗热承认"我们需要英雄"。这句话实际上揭示了环法赛的另一个作用，也就是它的象征机制：用环法赛创造一个既真实又有象征意义的传奇，从而建构一个神话的世界。自行车运动员，那些难以接触到的人，正是一座现代社会中与众不同的奥林匹斯山。建构神话世界的原则贯穿了自行车运动的各个时代。

其实，新闻媒体在这种情况下必然去赞美这些英雄，这没什么可惊奇的，而且若想吸引读者，就会增加更多的溢美之词。即使是无意识的，推销战略也必然要求报刊文章采用一种给人以强烈印象的语言和文法，那么这又一次创造了时间的永恒。让·卡尔韦在一本动人的书中写道：一切都使环法自行车赛"成了一部史诗，从此一部神话诞生了"。

那么，传统文化是否销声匿迹了呢？宗教信仰是否不复存在了呢？事实上，19 世纪末，体育建构了一整套完全崭新的表现方式，一整套行为和象征的方式，甚至成为集体想象的自我参照。体育的这种建构与工业社会和民主有关系。这个前所未有的英雄世界既亲近又遥远，既亲切又难以捕捉。环法自行车赛的新亮点在于，它使那些战胜高山峻岭的英雄进入了神话传奇，而"创造这些丰功伟绩的英雄却是一些普通人"。德格朗热强调说，这将永远是一项"人性、运动和平等的事业"。1910年，拉皮泽在奥比斯克赛段中领先于其他人，但是他已经精疲力竭，只能用手推着自行车，他向布雷耶高喊："你们是杀人犯！"这种歇斯底里的呼喊以另一种方式证明了德格朗热的观点，也许更好地说明了英雄的人性。他们的崛起取决于其功绩和力量，他们的升华基于一个清晰的因素——力量，彼此之间没有血缘和继承的联系，完全取决于个人的能力。获胜者既充满了平易近人又遥不可及，既与他人平等又不同凡响，因此一下子催生了一个巨大的可能实现的社会梦想。环法自行车赛其实和体育一样，令人更好地联想到民主社会的矛盾，也就是平等原则和不平等事实之间的矛盾。

在环法自行车赛的神话中，最显著的一点就是它与大自然及其土地的特殊联系。自行车的英雄们必须做到主宰各种客观因素，他们在比赛中要应对各种各样的事件、场地，克服各种各样的地形障碍。这是一个以国土为核心作用的比赛背景，环法赛的环境不是一下子就具备了历史的意义，例如，这是一个经历过战斗的法国，一个具有文化遗产的法国。因此，在大赛评论中，常常会听到说古道今的比较和相提并论的古今荣誉。环法自行车赛的独到之处就是它穿越了民族的属性："这边经过一个钟塔，那边是普利多尔，其他地方还有加利比耶、利普和雨果的故事……"《汽车报》长期以来擅长这种历史回顾："运动员的足迹唤起了我对其他英雄的回忆，那些来自厄尔巴岛的拿破仑近卫队的老兵在弗雷瑞斯登陆，从巴雷姆急行军到拉姆尔港口，逼迫拉贝杜瓦耶归顺了拿破仑。"自行车运动员的成就唤起了人们对历史的记忆，常常引发人们对其他历史功绩的回顾。在评论中，任何丰功伟绩都会被提及，尤其是那些具有传统民族教育意义的历史功绩。这是一项强调始终如一的工作。在这里，英雄的殿堂与历史总是一脉相连："在沙勒维尔赛段开始时，那个不久前被人称作'利克皇帝'的运动员便选择以自己的方式庆祝拿破仑诞生200周年。他迅速在巴泽耶、蒙梅迪和蓬塔穆松的战场上展开了自己的法国战役。"此外，至今环法赛中还会听到一些有关世界大战的回忆：在沃日赛段中，"迷人的粉色砂岩小教堂使人回忆起以往的战斗"；或者，在阿登赛段中，"期待着比利时战役"。在民众流传的历史中，英雄和战役总是和捍卫土地联系在一起，或者说，英雄和战役总是和征服的回忆息息相关。正是由于某些卓越的战役和伟人才有了法国辉煌传统的过去。

最后，环法自行车赛为我们带来了民族的神话。它象征着一个领土统一的法国，并且超越了语言和习俗统一的象征。例如，高山不正是象征着难以逾越吗？它不正是虎视眈眈地窥视着仿佛一群猎物的自行车运动员吗？挺拔的山峰不正象征着铁壁城墙吗？在环法自行车赛中，法国赢得了一个整体形象：这片国土位于海洋与雪山之间，和谐一体并受到保护，它是一个土地自然连接的国家，有天然的屏障和百年的历史。可以说，环法自行车赛包含了极为独特的地理价值观。

（五）民族的礼仪

环法自行车赛的路线穿越了法国的各个地区，展示出了号召的力量，因此迅速具有了民族的象征意义。例如，巴黎城门是环法赛的真正出发点，但凯旋门从一开始就被当成具有象征意义的出发点，参赛队在出发前必须列队经过凯旋门。《汽车报》着重描写过这一场面：早期的环法赛是在夜间出发的，因此运动员们披星戴月地在香榭丽舍大街和大军街穿行，奔赴出发地，"路边围观着好奇的人群"。1920 年以后，这种出发前的仪式又进一步得到了加强，巴黎的主要大街和历史建筑（歌剧院、玛德莱娜教堂、埃及方尖碑、凯旋门）都成了自行车队的必经之处。这种仪仗队的形式年复一年地被保留了下来，直至第二次世界大战。自 1975 年后，这种仪式又得到了恢复，虽然换了一种形式，但仍然具有强烈的象征意义。出发时车队不再穿越巴黎城，而是改在到达终点时车队再穿越巴黎城，其中香榭丽舍大街为核心路段。另一个几十年来保持下来的传统是，肩披红色饰带的共和国卫队在最后阶段护送车队。追求"胜利之路"正是环法自行车赛经久不衰的主要特征之一。

最后，权力机构登台亮相使环法赛更加合法化、正式化。大赛经过地的市长、区长，边防部队的将军、指挥官统统出面。例如，1909 年，在图卢兹的圣米歇尔大道上，专区区长、市长及 10 名市政议员在军乐声中迎接运动员的到来。环法自行车赛的确成了全民族的赛事。

（六）自行车赛的历史，民族情感的历史

当然，这种长期以来对环法自行车赛表现出来的民族热情自身也发生了变化。例如，早期的环法自行车赛刻意沿着整条边境线路进行，并且一直到1930 年后，还怀着思乡之情穿越阿尔萨斯地区，对任何跨越国境的举动表示

犹豫甚至拒绝。然而，至少从 20 世纪 50 年代起，这种恪守六角边形路线的情感迹象开始消失。近几十年的环法自行车赛已不再蜷缩在本土，常常越过海关边境线：1949 年，环法赛进入了比利时、瑞士、意大利；1965 年，赛程从德国开始，在比利时境内完成了整个一个赛段，然后又进入西班牙进行了很长的路线。环法自行车赛的初衷是希望展现本国富饶的国土和丰富的文化遗产，而今天的环法赛则希望体现"开放"和"交流"的精神，直至走向其他的国家并推出其他的比赛路线："环法自行车赛成为连接各国人民的纽带。"环法赛以它特有的方式展现了民族情感的发展史，它甚至是这一发展史的全程见证者。比如，大赛的举动很能说明问题，它接受了跨越边境和变换路线这一比赛形式，那么"环法"这一词便失去了实际意义而具有了象征意义。在今天的环法自行车赛中，民族核心的概念已不再那么强烈。早期的环法赛打破了各地区老死不相往来的局面，使乡土观念得以崩溃，而今天它开始谨慎地摆脱民族属性，成为一个前所未有的跨越边境的比赛。在这里，环法自行车赛以其特有的方式见证和揭示了思维的发展。

　　也许应该进一步阐明这些专项比赛的历史，特别是环法赛的历史，因为它们的历史已经超越了自身所标榜的意义。环法自行车赛不仅体现了技术的魅力，而且还体现了民族的魅力。它特别体现了 20 世纪初地域之间一种新型的流动关系，也就是中央与周边、城市与边境关系的变化。

三、早期的世界杯足球赛

（一）国际化、旅行、政治

　　1930 年，20 来支足球队在乌拉圭的蒙得维的亚争夺第一届世界杯足球赛冠军，新闻界对此进行了热心报道。那么，这与今天大张旗鼓的媒体报道，也就是全球电视转播有什么共同点呢？其实它们之间没有任何共同点，只是时间的延续证明了现代体育的诞生。

　　1930 年 6 月 19 日，世界足球联合会主席法国人朱尔·里梅乘坐"维尔德伯爵"号轮船将第一届世界杯的优胜奖带到了乌拉圭的蒙得维的亚。然而，各足球队的旅行准备却相当复杂，很多球队的参赛计划常常因经不起折腾而搁浅。好几个国家因旅途艰险、困难重重而放弃参赛，只有少数的几个欧洲国家，如比利时、罗马尼亚、南斯拉夫和法国送去了足球队，其他的 13 支球队全部来自美洲。1930 年的世界杯足球赛在举行过程中也遇到了巨大的麻烦，如运动员不能到场、各式各样的经费开销巨大等。但是世界杯赛仍取得了成功，四年后在罗马举行的第二届世界杯足球赛就是证明：观众踊跃，反响强烈（蒙得维的亚决赛时有 400 名记者到场），参赛队开始增多。虽然早期的世界杯赛还是初试锋芒，并且它们的特殊反响无论如何都不能与今天的媒体大战相提并论，但我们是否可以说它们毕竟反映了现代体育的根本性特征呢？

（二）初试锋芒

用今天的标准衡量第一届世界杯足球赛，显然是不合适的。在这场乌拉圭之行中，一切都显得那么遥远。首先，欧洲球队要穿越大西洋：法国队乘坐"维尔德伯爵"号轮船先到了意大利港口，与在那里上船的比利时队和罗马尼亚队相会，然后他们又乘船到了里约热内卢，与在那里登船的巴西人会合。球队的返程则变成了远洋航行，他们每到一个美洲港口都要停下来进行比赛表演和旅游参观。世界杯赛就是长途跋涉的旅行，也是在大西洋航海旅行的唯一机会。从 6 月 19 日到 8 月 17 日，法国运动员得离开法国两个月，所以召集队员时必然会遇到困难，因为法国球员都是非职业选手，让他们出发去参赛必须要先和他们的雇主谈判，有时甚至要据理力争。但还是会遇到一些失败的情况，如加斯东·巴罗就不得不留在他的国家音乐学院秘书处继续工作。另一些队员，如守门员亚历克斯·泰波依靠着海关行政机构的特殊批假，才在最后一刻成行；马塞尔·皮内尔是个军人，最后由于外交部出面与国防部交涉，才得以成行。

第一届世界杯之所以显得遥远，还因为那时的赛事报道总是不及时，显得简短仓促，用词有些像电报，好一点儿的报道也有些像明信片的措辞。并且除了比赛总成绩，其他报道总是很含糊。7 月 13 日，《汽车报》在报道世界杯开幕式时只用了 18 行字："法国队状态良好，而且被当地新闻界看好……"第二天仍旧是 18 行字："昨天在蒙得维的亚，法国队战胜了墨西哥队……漂亮的战绩。"报社记者接到电报后，要重新撰写文章，篇幅长了一些，但并不生动。那时的文章仿佛是远处的回声，描述得并不确切，当然也没有评论和分析，词句缺乏个性，给人以编造感和遥远的距离感，比赛中的动作和过程根本不可能得以再现。报纸在这方面没能很好地反映赛事。

在现场，也就是在乌拉圭球场内，用今天的标准来看，有着另一种落伍的形式，主要是执行规则不够严格，对比赛的统一设置缺乏认同。其实，并不是缺乏设置，因为国际奥委会从 1886 年起就制定了统一的比赛规则。然而，解释起来可谓五花八门，执行起来可谓各行其是。在蒙得维的亚世界杯足球赛中，一些裁判事先用脚步丈量罚球点，因此点球的距离并不是很准确。另一些裁判判罚不严，助长了侥幸和成绩的不公正。还有一些裁判计时有误，造成了另一种不公正。世界杯要求并制定了国际化的规章制度，却没有具体实施，也没有得到不折不扣的保证。

（三）自我确立

然而，创办世界杯意味着一个双重的跨越：一个是针对奥林匹克运动，另一个是针对足球的神话故乡——英国。世界杯的举行将足球比赛带入了一个完全崭新的、活跃的表演阶段和传播阶段。1928年5月，朱尔·里梅在阿姆斯特丹提请国际足球联合会大会表决创办世界杯赛，当时正值阿姆斯特丹举办奥运会期间，足球第二次成为正式比赛项目。议案以25票赞成和5票反对得以通过，实际上表达了要足球比赛独立于奥运会的意愿。世界杯足球赛也是每四年举办一次，这不正是希望争得足球世界比赛的独立地位吗？它区别于奥运会的特征不正是在于接纳了所有职业和非职业的选手吗？世界杯足球赛的表演性、直接对抗性和娱乐性与奥林匹克运动的道德训诫背道而驰，但是最终带来了利润。我们看到，在现代社会，表演和娱乐是获取利润的，它们可能成为投资、运作和赢利的源泉。

此外，创办世界杯足球赛的决定也是针对英国的。因为英国作为足球的故乡和发源地拒绝参加国际比赛：英国足球队既没有参加阿姆斯特丹奥运会，也没有参加1930年的乌拉圭世界杯足球赛。那时，英格兰大师还不可能与外国剽窃者同场竞技，他们是足球规则傲慢的固守者，关注弘扬足球的精神，不能容忍胆大妄为的实践和不断变化的篡改。对英国人来说，只有本国的郊区和绿茵才是真正的足球运动，只有足球故乡创立的一丝不苟的技术和战术规则才是最终的足球模式。世界杯足球赛粉碎了这一体育地区观，粉碎了这种严格的地理归属性，世界杯议案忽略了甚至破坏了这种乡土运动方式。体育要建立自我的普遍性和跨民族交流的体制。实际上，这正是国际关系本身变化的迹象，例如，同样是在20世纪，经济与市场开始缓慢地实现全球化，国际交流越来越广泛，逐步减少文明欠发达的地区，西方国家的乡土观念也消失了。20世纪通信和网络的迅速发展使跨文化交流计划成为可能，世界杯足球赛尽管并不自我张扬，但它确实体现了这样一种迹象。

当然，阿姆斯特丹议案的通过也得益于各国体育运动本身的发展。1920年以后，法国具备比赛资格的运动员人数猛增。1926年至1931年间，人数增长了一倍，从 7.5 万人增加到 14.5 万人。与田径运动相比，这是一个巨大的发展，同期的田径运动员人数从 2.6 万人发展到了 3 万人；相比之下，篮球运动员的人数在 1935 年前后则一直稳定在 1.5 万人左右。全国足球联合会在两次世界大战停战期间成了最大的体育联合会，并一直保持了下去。足球是一项相对经济、投资少的体育项目，而且是一项相当有刺激性的集体运动，因此在 20 世纪 30 年代吸引了一大部分没有什么体育爱好的人参加。此外，足球运动在其他欧洲国家也得到了长足发展，在拉丁美洲甚至发展得更快。乌拉圭认为自己具备了举办 1930 年世界杯足球赛的能力，可以在蒙得维的亚市中心建造一个世界上最大的可容纳 10 万人的体育场。这项工程在世界杯前夕大功告成。

另外，前面一直未提到的一个因素可能也促进了足球运动的发展，那就是 20 世纪前半叶开始出现了社会流动，也就是旅行。这里说的不是运动员的旅行，而是那些追随足球队南征北战的球迷们的旅行，这些外国观光客带来并增加了体育表演的经济和文化效益。在蒙得维的亚世界杯足球赛中，观众全是美洲人，但是人数众多。阿根廷队和乌拉圭队的决赛变成了两国 1928 年奥运会较量的继续，有两万阿根廷人乘坐十来条专租客轮前往观看，而且船只供不应求。结果阿根廷海运公司最终未能提供足够的船票，很多买票人只能在码头失望地等待。

这种现象正是体育与娱乐相结合的必然结果：在 20 世纪，社会空闲的时间慢慢增多，体育场变得越来越有吸引力。这种观众娱乐，也就是社会群体的娱乐以前并不存在。大约在 1920 年至 1930 年间，西方国家出现了新型的地域流动，人们有时间旅行或在外逗留；换句话说，旅游业的出现进一步加强了体育的影响和重要性。

四、早期的体育旅游

法国球迷出国的现象开始于 1934 年罗马世界杯足球赛。在这次罗马世界杯期间，一家叫法国旅游的旅行社提供了去意大利旅行及旅行期间的各种服务。为了观看一场比赛，该旅行社可能会发出好几趟火车专列，赛事期间还会有其他的专列。旅行社的服务包括旅行、食宿和球票。所以在意大利都灵和米兰的足球场上，专门有一群人为法国队助威，有时甚至声势浩大，连记者们都感到吃惊："法国球迷成群结队地跟随法国队，那是一幅很新奇的景观，体育引发了他们的旅游兴趣。"当然，意大利的其他邻国也存在同样的现象。1934 年 5 月 25 日，瑞士队与荷兰队在米兰的比赛吸引了 7000 多荷兰人乘火车专程赶来观看，外加一万多瑞士人。6月3日还是在米兰，意大利队与奥地利队的半决赛也吸引了一万多奥地利人前来观看。

在20世纪30年代，甚至可以感觉到体育旅游相对民主化的趋势。1930年6月，在日内瓦举行了欧洲各俱乐部参加的足球杯赛，那时已经有法国球迷赶去观看。铁路卧铺公司和《汽车报》联合组织了包括车票和食宿在内的团队旅行。但是，那时的参加者要经过筛选，需要具备一定的社会地位，因为只安排了一等车厢的火车票、高档饭店和位于中央看台的球票。到了1934年，法国旅游公司则开始面对更为广泛的旅客，提供了不同档次的火车票、旅馆和球场座位，尤其是比赛期间各种各样的服务。一些记者由此引发感慨："由于体育旅游的开展，一向恋家和不喜欢出境的法国人正在改变。"这些费用、住宿和二等车厢（并不是三等车厢）的旅游，仅仅是面对了中产阶级的代表，绝对不意味着面向了大众阶层，而人们往往忽略了这一阶层在足球成功和传播方面所起的重要作用。

（一）民族意识的崛起

1930年，在蒙得维的亚世界杯的阿根廷队与乌拉圭队的决赛中，阿根廷人打着醒目的巨幅标语"阿根廷必胜！……乌拉圭必败！……"，入场口必须经过检查才能通过，以免带入任何凶器。警察保护着阿根廷队和比利时裁判约翰·朗热努，这位裁判周围还有12位贴身保镖，以防发生任何攻击行为。但是8月1日，当阿根廷队员回到布宜诺斯艾利斯时，还是发生了一起严重的事件：一面乌拉圭国旗出现在一个窗口，结果引发了一场斗殴。虽然事件发生的时间不长，却转变成了暴力行为。乌拉圭使馆前聚集起游行队伍，警察出动并开了枪，死伤人数最终并没有明确说明。其实，阿根廷与乌拉圭早有宿怨，足球争执只是一个导火线。1830年，蒙得维的亚宣布独立，损害了布宜诺斯艾利斯的利益，从此两国开始了长期敌对和潜在的对抗，几十年间不断发生一些事件。蒙得维的亚世界杯足球赛本身就像是乌拉圭宣布庆祝独立一百周年那样，大大地激怒了阿根廷人：体育场不就叫作"百年体育场"吗？可以说，比赛之外的很多条件加剧了比赛"单纯的"狂热。

1934年的罗马世界杯足球赛，民族主义情绪得到了进一步的体现。意大利队在入场式中使用了法西斯敬礼，德国队则打着两面旗帜：一面印着国旗颜色，另一面印着棕色，上面打着一个法西斯标志。德国队官员和运动员的制服更为突出，"一套棕色西装，右胸印着第三帝国的徽章，帽子也是棕色的"。意大利领导人墨索里尼更是处处现身、演讲和发号施令，以至于朱尔·里梅几个星期后愤怒地说："我感觉在这届世界杯足球赛上，墨索里尼成了真正的国际足联主席。"也就是说，这届世界杯足球赛显然附着了一种民族主义的政治色彩，它超越了单纯的民族象征。此外，1936年的柏林奥运会也是如出一辙。这种足球运动状况反映了20世纪30年代民族主义的文化：以政治集团划分阵营，以领土确定民族情感。1934年的世界杯足球赛仿佛经历了一场场虚构的战争、边境对峙和有特殊意义的战斗。外交风云转移到足球场上，掀起了一场又一场的战役和冲突，甚至《汽车报》的标题和评论都带上了这种色彩，该报赞赏意大利懂得"给运动员反复灌输如此强烈的民族精神"，更有甚者，意大利足球联合会主席瓦卡罗将军效忠于墨索里尼的计划，公开说："世界杯的最终目的就是体现体育的法西斯理想。"总而言之，1934年的世界杯足球赛体现了其特定的政治背景。

（二）体育表演的胜利

那么，还要谈谈足球表演的经济开发、利润公布及世界杯追求赢利的形成过程（自行车运动从19世纪末就已开始进行商业运作）。乌拉圭确认世界杯的最终收入为155107美元，也就是233000金比索。这不仅填补了所有外国队的邀请费的空缺，而且还有大量结余。世界杯变成了一种有利可图的经济运作方式。

意大利人则更加直截了当地对世界杯进行经济开发，发行了世界杯邮票，制作了纪念品和小册子，从而出现了新的经济部署，引入了一套配合赛事的经济运作。此外，除了单纯的球票收入，意大利还力图开发其他的特殊利润。世界杯总是带有明确的赢利目标，因此在支出方面则尽量减少招待会和宴会，以减少一些无谓的开销。意大利甚至还尝试提前出售无线电广播权，结果荷兰独家购买了赛事广播权。但是，经过复杂的协商，有15个国家的电台对第一个周日的赛事进行了转播，并进行了一些崭新的尝试。比赛本身成了报道的对象，讲解员用声音传递着现场的气氛，描述着运动员的动作、传球路线及球的拦截，开始将足球表演媒体化。当然，这并不能与今天的媒体大战相提并论，然而经济运作的方式却是很重要的，从此足球运动引入了市场机制。足球运动不仅展现了它的神话、民族力量和自身的发展，而且也找到了它的市场规律。

　　总之，早期的世界杯足球赛不仅引发了神话的展望、想象的活力及民族的狂热，而且还展现了它与经济发展的联系，受到了群众的支持。一方面，球迷们有能力外出旅游，构成了闲暇和娱乐的新型消费者；另一方面，还围绕赛事进行了经济开发的尝试，是一种优先推广体育表演的开拓。这种对经济开发的关注尝试表现了体育表演越来越追求消费利益的发展趋势。

第三章　我国体育竞赛表演业的理论分析

第一节　产业经济学理论视角下的竞赛表演业

一、竞赛表演业的业态分析

（一）产业的概念和基本特征

现代产业经济学理论认为，产业是随着社会生产力的不断发展和社会分工的不断细化而出现的，同一产业门类的经济活动均具有这样或那样相同或相似的性质。也正是因为产业所具有的如此特性，产业经济学理论便将产业的概念界定为：产业是指具有某种同类经济属性的企业活动的集合。

某一个产业可以由多个企业或者一两个企业（例如，寡头垄断和完全垄断）的同类经济活动所组成。相应的，一个企业的生产经营活动也不是单一的，其生产经营活动往往同时包含不同类别的产业活动。

就产业的基本特征而言，一方面，同一产业门类的企业间一般具有较强的竞争关系，其产品或服务对于消费者而言则具有较大的替代作用；另一方面，同一产业门类的企业间往往在产品的生产技术、制造过程及主要工序工艺等方面具有较大的相似性。

（二）竞赛表演业的经济活动

竞赛表演业是以运动竞技和运动表演为主要形式向社会提供服务型产品的组织与活动的集合。具体而言，竞赛表演业的经济活动主要涉及赛事策划与组织（含职业联赛）、运动员经纪、赛事无形资产开发与销售，以及其他经济活动等。其中，赛事策划与组织是竞赛表演业的核心经济活动，也是竞赛表演业区别于其他产业的主要标志。竞赛表演业的其他经济活动均是围绕赛事策划与组织派生出来的，也可以称为衍生的经济活动。

为正确界定竞赛表演业的经济活动范围，有必要对"赛事策划与组织"作进一步分析。首先，从概念上来说，体育赛事一般是指以运动竞赛为主要内容，偶尔发生或有规律发生的事件或节庆活动。赛事活动的分类标准较为多样，可以按照赛事规模、赛事举办地、赛事持续时间、赛事影响范围等标准进行划分。因此，赛事的种类可谓纷繁多样，既包括奥运会、全运会等大型综合性赛事，也包括世界杯、世锦赛等单项赛事，同时也包括足球、篮球、排球等职业联赛。其次，从产业经济学的视角来看，可以纳入竞赛表演业经济活动的赛事也是多种多样的，能否纳入其中的核心标准在于该赛事活动是否存在"产品供给"及"交易行为"，而不在于赛事的举办目的、举办机构等。因此，"赛事策划与组织"活动所指的赛事必须具备产品的市场交易行为，否则不能纳入竞赛表演业经济活动中。如民间组织的纯公益性的群众竞技比赛或娱乐活动等均无法列入竞赛表演业中来。

（三）竞赛表演业的部门类型

竞赛表演业的经济活动需要相应的部门（企事业单位、非营利性机构或民间团体）才能完成。由于"赛事策划与组织"是竞赛表演业的核心经济活动。因此，专业化的赛事运作企业、赛事经纪公司、体育广告公司、职业体育俱乐部、专业运动队、体育场馆管理中心、各类体育协会、运动项目管理中心等机构是竞赛表演业的核心部门。

竞赛表演业部门类型的出现是赛事经济活动不断发展的必然结果。赛事经济活动越复杂，专业化分工越细化，部门类型就会愈加多样化。需要指出的是，竞赛表演业的某一经济活动可能由单一部门完成，也可能由若干部门共同完成；相应的，竞赛表演业的某一部门可能经营单一的经济活动，也可能经营若干类经济活动。在这些部门中，大部分属于自负盈亏的经济实体，也有一部分属于事业单位或其他组织，但它们都是竞赛表演业的有机组成部分。

二、竞赛表演业的产业关联分析

竞赛表演业的产业关联分析在于利用产业经济学的视角，科学认识竞赛表演业与国民经济其他产业类别之间的经济技术联系。

产业关联是指产业间以各种投入品和产出品为连接纽带的各类技术经济联系。体育产业在国民经济中具有高度的产业关联性。由于统计数据的缺乏等制约因素，我们还较难获得反映体育产业内部关联程度的具体指标。但是，西方一些经济学家则通过运用里昂惕夫矩阵，推断出了体育行业与国民经济其他行业间具有紧密关联。竞赛表演业与国民经济其他产业之间也存在着前、后向直接波及效应。有研究指出，大型赛事与建筑业、器材制造业、环保业、传媒业、博彩业等行业均存在直接波及效应，具体逻辑模型如图 3-1 所示。

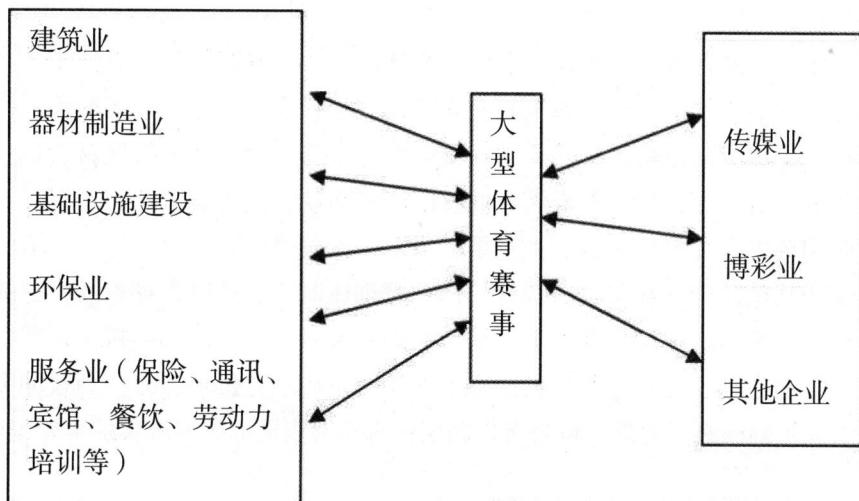

图 3-1　大型体育赛事服务与其前后向直接波及产业的逻辑模型

体育产业内部的关联是由部门产业间的供求关系所维系的，体育竞赛表演业与健身休闲业、体育用品制造业的需求关联度较大，投入关联度也较大，这些部门产业的发展会通过后向和前向产业关联，产生波及效果和扩散效应。目前，虽然已有不少理论研究证明了竞赛表演业与国民经济其他行业的高度关联性特征，但是从实践领域来看，由于长期受到传统观念的束缚，体育与国民经济其他行业的关联性仍未能落实到产业政策的制定上来，各级政府主管部门仍倾向于将体育与国民经济其他行业割裂开来，使得竞赛表演业的发展受到很大制约，竞赛表演业的产业波及与辐射潜力未能有效激发，客观上降低了竞赛表演业在国民经济中的地位与作用。

总之，从产业经济学的理论视角来看，竞赛表演业是以运动竞技和运动表演为主要形式向社会提供服务型产品的组织与活动的集合。竞赛表演业与体育及相关产业、传媒和旅游等国民经济其他行业均存在产业关联效应。相应地，竞赛表演业政策的制定应立足于"大产业"观和"大体育观"的视角，从全产业链培育和完善的角度出发，注重竞赛表演业与其他产业门类（如文化、旅游等产业）之间的互动和融合发展。

第二节　利益相关者理论视角下的竞赛表演业

近年来，随着我国竞赛表演业的日趋活跃，体育赛事的经济、社会、文化等多元化功能和价值得到了越来越多学者的关注，人们对体育赛事的认识已经完全跳出了体育的范畴，而是要站在更高的视角与高度对其进行重新定位和诠释。赛事策划与组织是竞赛表演业的核心经济活动，竞赛表演业的所有经济活动均是围绕体育赛事而展开的。赛事的成功运营是发挥赛事自身综合价值的重要前提和基础，特别是在我国特有的体育管理体制下，政府在赛事运作中的作用仍旧较为突出。在这一背景下，基于利益相关者理论，深入剖析体育赛事各利益主体的类别、特点，既是发掘赛事各参与主体利益诉求、分析利益冲突和建立协调机制的必要前提，也是有效制定促进竞赛表演业发展政策的重要基础。

一、体育赛事利益相关者的概念

体育赛事利益相关者概念的提出以利益相关者理论的广泛应用为背景。是20世纪60年代左右关于主流企业的理论，即"股东至上主义"的质疑和批判中逐步产生和发展起来的。就研究目的来讲，它的应用主要表现在两个方面：一是解释性应用，即对其他研究对象的利益相关者进行界定和分析，构建相关领域的利益相关者分析框架，这种应用的范围较为广泛且具有较强的解释力；二是操作性应用，即利用利益相关者理论对某一专门领域的管理问题提出可操作性的具体解决办法。

作为一种复杂的特殊事件，体育赛事的运作和管理是一项较为庞大的系统工程，特别是对于规模较大的体育赛事来讲，其关联主体呈现多元化和复杂化的特点。体育赛事的成功举办离不开各类关联主体的参与及其需求的满足，这些关联主体便是体育赛事的利益相关者。基于利益相关者理论及体育赛事的自身特点，我们将体育赛事利益相关者的概念界定如下：体育赛事利益相关者是指在体育赛事举办过程中进行了一定的专用性投资，并承担了一定赛事风险的个人和组织，其活动能够影响或者改变体育赛事的成功举办，或者受到体育赛事举办过程的影响。关于这一概念，需要做如下说明。

第一，"体育赛事举办过程"是广义的界定，泛指体育赛事的申办、体育赛事的筹备、体育赛事的组织及体育赛事的收尾等整个过程，所有参与整个过程中的关联主体均纳入体育赛事利益相关者的界定范畴中。

第二，"专用性投资"是指体育赛事关联主体的实物投资、资本投资、人力投资、政策扶持及其他投资等。其中，实物投资包括赞助商的各类实物赞助、当地政府或社区对于相关设施的提供等；资本投资包括赛事所有者的资本投入、赞助商的货币赞助、当地政府的财政补贴、观众购买的门票等；人力投资包括赛事所有者、政府协调部门工作人员、赛事参与者（运动员、教练员、裁判员）、赛事主办机构工作人员及志愿者的人力资源投入等；政策扶持主要包括当地政府或社区对于体育赛事举办的政策扶持；其他投资包括媒体宣传及赛事举办地的自然环境等。

第三，与一般"赛事风险"的概念有所不同，这里的"赛事风险"泛指影响体育赛事关联主体需求满足的各类风险。对于赛事主办机构来讲，主要是指影响赛事成功举办的风险；对于赛事所有权人来讲，主要是指影响体育赛事的盈利风险；对于政府部门来讲，主要是指赛事举办期间的安全风险和影响政府形象改善的风险；对于赞助商来讲，主要是指赞助回报的实现风险。

二、体育赛事利益相关者的分类

从国内外有关利益相关者及体育赛事利益相关者分类的代表性成果来看，利益相关者的分类标准和分类方法并不统一。在对利益相关者进行分类时，需要在主流分类方法的指导下，基于对研究主体固有特征的分析，根据研究侧重点的不同进行科学的分类。因此，体育赛事利益相关者的分类也要遵循这一原则，在分类时需要重点把握好体育赛事的自身特点和属性。

首先，从某种意义上讲，体育赛事的举办是一种阶段性的特殊事件，具有"事件性"。它是由赛事主办方通过策划、组织、筹办具有观赏效用或商业价值的体育比赛而引发的事件。因此，与该"事件"的发生、发展和结束各个阶段产生各种关系的个人和组织均要纳入体育赛事利益相关者的范畴中来。

其次，体育赛事产业以其固有的竞技性，已成为最具体育本质属性的行业类别。它是体育无形产品的典型代表，具有一般商品的特性。因此，与体育赛事这一特殊产品的供给、生产、销售、消费等各个环节所联系的个人和组织均为体育赛事利益相关者分类的对象和范围。

再次，体育赛事是关联主体之间相互关系的联结，通过协商的方式来执行各种显性和隐性契约，并由此规范其利益相关者的权利和义务。为了保证体育赛事的良性运转，赛事关联主体之间必须形成多边契约关系。签订契约的主体远不只包括赛事所有者、主办机构和管理人员等，还包括所有会影响赛事举办的个体和群体，如政府、社区、赞助商、志愿者、观众、媒体、自然环境等。这些利益相关者都与体育赛事有契约关系，只不过有的是显性契约，有的是隐性契约而已。

最后，由于现阶段我国特殊的体育管理体制，政府控制着大量的赛事资源。一方面，各类体育赛事的申办、筹备和运作都需要得到政府的大力支持和帮助；另一方面，政府需求的满足是举办体育赛事的重要目标之一。因此，在对体育赛事利益相关者进行分类时，必须充分重视与政府有关的各类关联主体。

基于体育赛事的固有属性及多维细分法的分类标准，我们将体育赛事的利益相关者做如下分类：第一类为体育赛事核心利益相关者。主要包括举办地政府、主办社区、赛事所有权人、赛事主办机构、赞助商；第二类为体育赛事蛰伏利益相关者。主要包括媒体、观众、赛事参与者（运动员、裁判员及教练员）；第三类为体育赛事边缘利益相关者。主要包括赛事工作人员、赛事志愿者、普通民众、自然环境等。

三、体育赛事利益相关者的理论分析

（一）体育赛事核心利益相关者

1. 举办地政府

随着经济发展水平的不断提高及人民生活水平的不断改善，体育赛事的影响领域和范围逐步扩展和深入，体育赛事在重塑城市形象、提升城市知名度及带动城市经济发展等方面发挥着越来越重要的作用。一方面，政府对于举办体育赛事的需求逐渐突出，特别是对于重大国际体育赛事而言，因其具有较强的国际知名度和影响力，正逐渐成为政府赛事需求的重要内容。另一方面，城市良好的自然环境、社会环境和人文环境是实现体育赛事自身价值和功能的重要条件，而各种良好环境的营造需要举办地政府的重视和培育，因此，举办地政府是体育赛事的核心利益相关者。

2. 赛事所有权人和主办机构

赛事所有权人是依法对体育赛事享有占有、使用、收益和处分等权利的个人或组织。例如，奥林匹克运动会的所有权人为国际奥林匹克委员会。赛事所有权人之所以能够成为赛事核心利益相关者，主要是因为赛事所有权人决定了体育赛事的定位、竞赛规则、赛事举办地、举办时间、赛事发展方向等一系列与赛事自身休戚相关的重大问题。

赛事主办机构是赛事运作和管理的机构。目前，生产力的不断提高使得社会分工愈来愈精细，很多情况下，赛事的所有权人和主办机构并不是同一主体，特别是对于大型综合性体育赛事而言，还可以有若干个赛事的主办机构。赛事的主办机构主要负责赛事的申办、筹备、执行、总结等运作和管理工作，因此，作为赛事运行的执行者，赛事主办机构是赛事能否成功举办、实现赛事自身价值的主要影响因素，也是赛事主办机构成为赛事核心利益相关者的重要原因。

3. 主办社区

体育赛事的主办社区是指赛事举办区域所能覆盖的一个或若干个相对独立的地域社会。大型赛事的主办社区往往不止一个，例如，综合性运动会比赛场馆的分布并不一定较为集中，可能会跨越多个社区。作为体育赛事的直接发生地，社区政府及社区居民的支持与配合是赛事成功举办的重要保障；而赛事的成功举办同样会为主办社区基础设施的完善及居民的生活质量和自豪感的提升起到直接的促进作用，这是主办社区成为赛事核心利益相关者的主要原因。

（二）体育赛事蛰伏利益相关者

1. 媒 体

在现代社会，体育赛事可以打破地域时空的限制，具有在全世界范围内广泛传播的价值，能够顺利实现这一价值的重要条件就是媒体的存在。媒体的介入促进了体育赛事的飞速发展，与此同时，作为蛰伏利益相关者，当媒体的利益与体育赛事发生冲突时，赛事运营机构也要充分考虑到媒体的需求。

2. 赛事参与者

赛事参与者主要是指运动员、教练员和裁判员。他们是体育赛事不可或缺的重要组成部分。一般情况下，作为蛰伏利益相关者，运动员以追求最佳的运动成绩和竞技表现为目标，教练员则辅助运动员去实现竞赛目标；裁判员以维护公平、公正、公开的竞赛规程为自身义务。但是，当违背体育道德的情形出现时（如假球、黑哨、兴奋剂等），赛事的参与者便从蛰伏状态转变为活跃状态，从而直接影响赛事的正常运行。

四、体育赛事利益相关者的利益协调

（一）体育赛事利益相关者的利益一致与利益冲突

利益一致与利益冲突的概念是随着社会的发展衍生而来的。我们从三个层面进行分析：一是根据利益诉求的分析，列出体育赛事利益相关者的利益诉求；二是辨别和分析三种利益相关者之间的利益一致和每种利益相关者内部各利益相关者之间的利益一致；三是辨别和分析三种利益相关者之间的利益冲突和每种利益相关者内部各利益相关者之间的利益冲突。

1.体育赛事利益相关者的利益一致辨析

①三种利益相关者内部的利益一致辨析

一方面，通过体育赛事的成功举办各自获得相应的经济利益是它们之间利益一致的首要表现。其中，举办地政府希望通过举办赛事能够有效拉动当地相关产业的发展；主办机构经济利益的诉求是净收益的最大化；主办社区则希望赛事举办能够改善其基础设施建设，这也是经济利益诉求的表现形式之一；赞助商的经济诉求在于目标市场的扩大和产品销量的提高。另一方面，体育赛事核心利益相关者往往是赛事不可或缺的群体，与赛事有着紧密的利害关系，甚至可以直接左右赛事的生存与发展，通过赛事的成功举办进一步提升它们的形象或美誉度，实现它们与体育赛事的良性互动也是它们利益一致的重要表现。

在媒体利益诉求中，实现"新闻价值""传播价值"和"社会影响力"的重要基础是赛事的精彩程度和赛事竞技水平的高低。高水平的赛事往往会吸引更多的各类媒体参与到赛事的报道中来；而在观众的利益诉求中，赛事竞技水平的高低是实现其"娱乐价值"的重要前提；对于赛事参与者来讲，高水平的体育赛事往往能够激发赛事参与者的潜能，对获得良好的竞赛成绩具有重要的促进作用。因此，媒体、观众和赛事参与者利益诉求的一致性可以归纳为赛事的高水准。

②三种利益相关者之间的利益一致辨析

体育赛事核心利益相关者内部利益一致性表现在两个方面：一是通过体育赛事获取一定的经济利益；二是通过体育赛事提升自我形象和美誉度。蛰伏利

益相关者内部利益一致性表现为赛事的高水准。边缘利益相关者内部利益一致
性表现为自我价值的实现与自豪感的提升（见表3-1）。

表3-1　三种利益相关者内部利益一致性

赛事利益相关者种类	内部利益一致性表述
核心利益相关者	获取经济利益
	提升自我形象和美誉度
蛰伏利益相关者	赛事的高水准
边缘利益相关者	自我价值实现与自豪感提升

从表3-1中可以看出，三种利益相关者之间利益一致性的表现并不明显。
其中，核心利益相关者与蛰伏利益相关者之间具有一定的利益一致性，因为高
水平的体育竞赛对于核心利益者的利益诉求具有很强的促进作用，所以"获取
经济利益""提升自我形象和美誉度"与"赛事高水准"具有一致性。另外，
核心利益相关者与边缘利益相关者之间也具有一定的利益一致性，因为"自我
价值实现与自豪感提升"对赛事举办效果的评价意义重大，从而间接影响核心
利益相关者的"自我形象和美誉度"。

2. 体育赛事利益相关者的利益冲突辨析

核心利益相关者与蛰伏利益相关者之间的利益冲突主要表现在两个方面：
一是媒体与主要核心利益相关者的利益冲突。与蛰伏利益相关者内部利益冲突
类似，媒体的失实报道和负面新闻是利益冲突的焦点，它对政府、所有权人、
主办机构和主办社区等主体的社会形象和声誉具有一定的损害；二是赛事参与
者与主办机构的利益冲突。作为蛰伏利益相关者，在赛事正常运行的前提下，
赛事参与者（运动员、教练员、裁判员）表现出较为稳定的状态，当赛事非正
常运行时（如赛制不合理等），它们就会跃升为活跃状态，与赛事主办机构产
生利益冲突（如罢赛等）。

核心利益相关者与边缘利益相关者之间的利益冲突主要表现为以下三个方
面：一是主办机构与普通民众的利益冲突，包括赛事举办带来的交通管制、交

通拥挤、噪声污染等都是利益冲突的表现；二是主办机构与工作人员的利益冲突，集中体现在工作报酬，包括决策自主权在内的工作环境及自我价值和成就感的实现程度等；三是主办机构与志愿者的利益冲突，主要包括物质补助的多寡和自我价值实现程度等。

蛰伏利益相关者与边缘利益相关者之间的利益冲突表现为观众与自然环境的利益冲突。体育赛事往往会聚集大量的现场观众，汽车等交通工具也会集聚于赛场周边，这都会大大增加二氧化碳和汽车尾气的排放量，客观上加重了对自然环境的污染。另外，赛事现场观众和游客往往会伴随大量生活垃圾，这也与自然环境的利益诉求背道而驰。

（二）体育赛事利益相关者的利益协调

体育赛事利益相关者利益协调内容以利益冲突的分析和辨别为基础，我们根据上述关于三种赛事利益相关者内部及相互之间的利益冲突辨析，将体育赛事利益相关者的利益协调内容分类如下（见表3-2、表3-3）。

表3-2　三种赛事利益相关者之间的利益协调内容

赛事利益相关者种类	利益协调内容
A 与 B	媒体与政府、所有权人、主办机构、主办社区、赛事参与者与主办机构
	主办机构与普通民众
A 与 C	主办机构与工作人员
	主办机构与志愿者
B 与 C	观众与自然环境
（注：A：体育赛事核心利益相关者；B：体育赛事蛰伏利益相关者；C：体育赛事边缘利益相关者）	

表 3-3　三种体育赛事利益相关者内部的利益协调内容

赛事利益 相关者种类	利益协调内容
体育赛事 核心利益相关者	所有权人与赞助商的经济利益、所有权人与主办机构的经济利益
体育赛事 蛰伏利益相关者	媒体与赛事参与者的利益、观众与赛事参与者的利益
体育赛事 边缘利益相关者	无明显的利益冲突

　　表 3-2 和表 3-3 表明了在构建体育赛事利益相关者利益协调机制过程中，需要重点关注的利益主体类型。例如，在分析体育赛事蛰伏利益相关者与体育赛事边缘利益相关者时，只需要分析观众与自然环境的利益冲突即可；在分析体育赛事蛰伏利益相关者内部利益协调时，只需要分析媒体与赛事参与者的利益冲突及观众与赛事参与者的利益冲突即可；而体育赛事边缘利益相关者则不存在内部利益协调的问题。

　　综上所述，作为复杂的特殊事件或活动，体育赛事的关联主体较为复杂且多元，各利益主体之间存在着利益诉求的冲突与协调问题。相应的，以体育赛事为主要经济活动的竞赛表演业的关联主体同样日趋多元化，而赛事利益相关者的理论分析则为进一步研究我国竞赛表演业的市场失灵和产业结构优化等问题奠定了理论基础。由于政府在我国竞赛表演业中的地位较为突出，竞赛表演业的社会化和市场化步伐面临着诸多问题，如赛事承办权市场和电视转播权市场垄断、民间资本进入竞赛表演业存在困难等，这些问题的解决均需要从产业政策的层面予以有效引导，进而协调好竞赛表演业关联主体间的关系。

第三节　我国竞赛表演业政策的发展轨迹

　　各国经济发展的实践充分证明，产业的良性发展需要政策的引导与扶持。改革开放以来，由于没有现成的经验可以借鉴，我国体育发展方式的改革与探索均是在摸索中进行的，这使得包括体育产业在内的各项事业长期缺乏相应的政策指导。我国竞赛表演业的兴起与发展同样如此，这既是无法回避的客观现实，又是制约其健康发展的制度性因素。为此，政府有关部门与机构长期致力于研究和制定体育产业的指导性政策，但是由于体育产业属新生事物，政策研究与制定过程中遇到了各式困难与问题。为了全面、客观地了解我国竞赛表演业的政策现状，我们拟从以下三个方面予以阐述与分析：一是从历史的视角回顾我国竞赛表演业政策的发展轨迹；二是多角度描述和分析我国竞赛表演业的政策内容；三是对我国竞赛表演业的政策存在的主要问题进行梳理和归纳。

纵观我国竞赛表演业的发展历程，从党的十一届三中全会开始至今也不过40余年的时间，在这40余年里，我国竞赛表演业从无到有，在探索中不断前进，业态规模和效益均得到了显著增长，各类赛事活动频繁举办，取得了一定的成就。时至今日，无论是理论界还是实践领域，均将竞赛表演业视为最具体育自身特色的体育产业核心业态，并与健身休闲业、体育用品业等其他业态并列提出。现在，国家层面专门针对竞赛表演业的政策文件尚未出现，指导竞赛表演业发展的各类政策主要分布在国家和各省市有关体育产业的法律法规中，因此，我们将20世纪80年代以来的主要政策文件进行了梳理与回顾，试图厘清我国竞赛表演业政策发展的主要脉络与轨迹，为当前政策的制定奠定基础。

通过回顾40余年来我国产业政策的有关文件，我们发现可以大致分为三个历史阶段。首先，1995年之前，竞赛表演业的概念相对模糊，体育虽然确立了要走"社会化、产业化"的发展道路，但是人们对竞赛表演业的认识尚处于萌芽阶段。其次，1995年，国家体委颁布实施了《体育产业发展纲要（1995—2012）》，正式以政府文件的名义提出了"体育竞赛表演""竞赛表演市场"等概念，是我国竞赛表演业发展过程中的重要文件，因此，我们将1995年作为划分政策"萌芽阶段"与"起步阶段"的分界点。最后2010年，国务院办公厅颁布了《关于加快发展体育产业的指导意见》，这是国务院首次从国家层面出台指导我国竞赛表演业乃至体育产业发展的重要政策性文件，具有承前启后的历史性意义，因此将2010年作为我国竞赛表演业政策"起步阶段"与"发展阶段"的分界点。

一、竞赛表演业政策的萌芽阶段（1978—1995）

党的十一届三中全会召开之后，为了进一步加强体育工作，促进全民族体育事业的发展，1984 年，中共中央发出了《关于进一步发展体育运动的通知》，提出要"逐步增加体育事业的经费和基建投资，将体育事业纳入各级政府的国民经济和社会发展计划"；鼓励有条件的省、自治区、直辖市要逐步建成能够承办全运会和国际比赛的设施；同时要讲究经济效益，注重开展多种经营。随后，1987 年国家体育运动委员会相继颁布了《关于社会各行业与体委系统合办体育竞赛的管理办法》（已失效）、《关于举办国际国内大型体育活动的规定》（已失效），对当时的竞赛活动予以规范；1993 年，国家体委颁布了《关于深化体育改革的意见》，提出了"加快运动项目实体化进程""以产业化为方向""改革竞赛制度"等指导性意见，提出要进一步开拓体育竞赛市场，同时提出了要在"信贷和税收政策等方面给予与教育和文化部门相同的待遇"等政策意见。

　　1993 年，国家体委颁布的《关于竞赛体制改革的意见》和《关于培育体育市场，加快体育产业化进程的意见》均为《关于深化体育改革的意见》的配套文件。其中，《关于竞赛体制改革的意见》除了对全国综合性运动会和单项运动会的改革方案进行说明之外，还提出了要"培育竞赛市场，发展竞赛产业"，并将"推进竞赛的社会化、产业化，使竞赛产业成为体育产业中的支柱产业"作为改革的主要目标；《关于培育体育市场，加快体育产业化进程的意见》提出要"鼓励各界承办国内外高水平体育竞赛和表演，逐步建立各种体育竞赛服务经济实体和体育经纪人制度"。1994 年，针对一些单位和个人以赢利为目的，在不具备条件的情况下，搞集资、拉赞助，举办一些粗制滥造的体育表演活动，国家体委颁布了《关于加强体育市场管理的通知》，规定"凡举办全国、省、市、县级的各项营业性体育竞赛、表演、各类体育培训班（国家计划内除外），必须向相应同级政府体育行政管理机关申报，经审核批准后方可经营，各地经营国际性、全国性、跨省市的营业性体育竞赛、表演，需经当地人民政府同意，报国家体委审核批准"。

　　总之，随着计划经济向社会主义市场经济体制的转换，体育事业开始朝着社会化和市场化的方向迈进，包括竞赛表演业在内的各项体育事业逐步启动了产业化发展的尝试，国家从政策层面、制度层面出台了一系列指导体育事业改革的重要文件。这些文件的出台，既为当时我国体育的转型发展提供了重要支撑，同时也为未来我国竞赛表演业的兴起奠定了基础。

续　表

表 3-4　我国竞赛表演业部分法律、法规和规范性文件一览

序号	时间	文件名称	颁布单位
1	1984	《关于进一步发展体育运动的通知》	中共中央
2	1987	《关于社会各行业与体委系统合办体育竞赛的管理办法》（已失效）	国家体委
3	1987	《关于举办国际国内大型体育活动的规定》（已失效）	国家体委
4	1992	《关于加快发展第三产业的决定》	中共中央国务院
5	1993	《关于深化体育改革的意见》	国家体委
6	1993	《关于竞赛体制改革的意见》	国家体委
7	1993	《关于培育体育市场，加快体育产业化进程的意见》	国家体委
8	1994	《关于加强体育市场管理的通知》（2007 年废止，已失效）	国家体委
9	1995	《体育产业发展纲要（1995—2010）》	国家体委
10	1995	《中华人民共和国体育法》	全国人大常委会
11	1996	《关于进一步加强体育经营管理活动的通知》（2007 年废止，已失效）	国家体委
12	2000	《2001—2010 年体育改革与发展纲要》	国家体育总局
13	2000	《全国体育竞赛管理办法》	国家体育总局

续　表

序号	时间	文件名称	颁布单位
14	2002	《关于进一步加强和改进新时期体育工作的意见》	中共中央国务院
15	2003	《关于第 29 届奥运会税收政策问题的通知》	财政部、国家税务总局、海关总署
16	2006	《体育产业"十一五"发展规划》	国家体育总局
17	2007	《关于推进服务标准化试点工作的意见》	国家体育总局等六部门
18	2010	《关于加快发展体育产业的指导意见》	国务院办公厅
19	2011	《体育产业"十二五"发展规划》	国家体育总局
20	2011	《关于规范大型综合性运动会申办与筹办工作的意见》	中共中央国务院

二、竞赛表演业政策的起步阶段（1995—2010）

1995 年，《体育产业发展纲要（1995—2010）》正式颁布实施。这是指导我国体育产业发展的中长期规划，具有深远的现实意义。该纲要首次以政府文件的形式提出了"体育产业"这一概念，并指出"争取用 15 年左右时间，逐步建成适合社会主义市场经济体制、符合现代体育运动规律、门类齐全、结构合理、规范发展的体育产业体系"的发展目标，纲要强调要大力发展体育竞赛表演市场。在竞赛活动管理方面，《中华人民共和国体育法》第 31 条明确规定，国家对体育竞赛实行分级分类管理，从法律层面赋予了全国及地方综合性运动会、单项竞赛活动组织管理权限的归属问题。1996 年，针对竞赛表演市场中出现的一些扰乱市场秩序的现象，国家体委发布的《关于进一步加强体育经营管理活动的通知》中规定：举办体育经营活动（包括各类竞赛表演活动），应当事先经过相应的地方各级体育行政部门同意；在我国境内举办全国性、国际性的体育经营活动，应当经国务院体育行政部门的同意。

进入 21 世纪，随着国民经济的持续增长，人民生活水平普遍提高，我国经济结构开始战略性调整，特别是加入 WTO 后，包括体育产业在内的第三产业面临着新的发展机遇与挑战，在这一历史背景下，国家体育总局于 2000 年研究并颁布了《2001—2010 年体育改革与发展纲要》，提出要"开放体育竞赛市场，通过招标、申办等形式，鼓励社会各界积极承办各类体育竞赛，同时鼓励和支持各系统、行业、社会组织及个人组建各种类型的体育俱乐部"。可以说，这是重视社会力量介入体育竞赛表演业发展的重要指导性意见。同年，国家体育总局颁布《全国体育竞赛管理办法（试行）》，严格规定了全国及地方赛事活动的计划与审批制度，各级政府分别负责不同级别的赛事活动的审批、督察等事务。2001 年，北京获得夏季奥运会主办权，为我国体育事业的发展创造了难得的发展契机，中共中央国务院客观分析了国内外形势，继 1984 年颁布了《关于进一步发展体育运动的通知》后，于 2002 年下发了《关于进一步加强和改进新时期体育工作的意见》，提出要努力开发体育的无形资产，加强对商业性赛事的管理，大力发展体育产业，积极培育体育市场，不断增强体育发展的动力和后劲。

2006 年，国家体育总局颁布了《体育产业十一五发展规划》，提出要大力开发竞赛表演市场，积极引进国际知名品牌赛事；认真研究探索职业体育的发展道路，规范各类职业体育俱乐部的建设，完善法人治理结构，健全职业联赛赛制；鼓励、支持、引导社会资本投资体育产业，保障各种所有制的企业在同等条件下参与市场竞争。2007 年，国家标准化管理委员会、国家发改委、民政部、商务部、国家体育总局和国家旅游局等六部门联合发布《关于推进服务标准化试点工作的意见》，提出要加强"体育服务标准化"的工作力度，以健身休闲、竞技表演和运动训练等体育活动为主要内容，制定实施体育场所的开放条件、体育场馆的等级划分和体育活动组织等服务标准，保证体育服务安全，提升体育服务质量水平。

总体而言，自《体育产业发展纲要（1995—2010）》颁布实施以来，我国竞赛表演业政策的制定开始起步，一方面，国家倡导大力发展竞赛表演业，针对在境内举办的各级各类赛事活动的管理进行了规范，积极鼓励社会力量参与体育赛事的举办，强调不同所有制形式企业的公平竞争，扶持和鼓励运动项目实体化进程；另一方面，明确了体育要走产业化的发展道路，鼓励引进国际知名体育赛事，支持和引导社会资本投资体育产业，强调包括竞赛表演市场在内的体育服务标准化问题等。

三、竞赛表演业政策的发展阶段（2010至今）

2010年，国务院印发了《关于加快发展体育产业的指导意见》（以下简称《指导意见》），该意见共分为三大部分，重点阐述了未来10年促进体育产业发展的主要战略及基本方针，提出了推动体育产业发展的具体政策和措施，在政策内容与手段上相较之前有了大幅度地完善。在竞赛表演业方面，《指导意见》提出要大力扶持各省市举办各类具有自身特色的体育赛事活动，积极鼓励社会力量加入我国竞赛表演业的发展中来，探索引进各种商业性赛事和具有国际影响力赛事的新模式，努力实现赛事活动的品牌化发展。2011年，《体育产业"十二五"规划》正式颁布，这是《指导意见》颁布以来的第一个五年规划。《体育产业"十二五"规划》提出要以"体育竞赛表演业"与"体育健身休闲业"为先导，带动"体育用品业、体育中介业"共同发展；充分利用体育运动休闲项目、体育赛事活动、大型体育场馆等体育资源，大力发展体育旅游业，创建一批体育旅游示范区，鼓励各地建设体育旅游精品项目；同时提出了包括"投融资""税费""无形资产开发"等方面的政策。近年来，随着一系列国家层面指导意见和文件的出台，各省（自治区、直辖市、计划单列市）相继出台了与之配套的政策文件；此外，各省市还相继出台了《体育竞赛管理办法》《体育经营活动管理条例》等文件。

第四节　我国竞赛表演业政策的理论依据与主要内容

一、我国竞赛表演业政策的主要内容

从全国及各省市的实际情况来看，我国竞赛表演业的政策内容主要包括市场规范管理、税费、投融资政策等。

（一）市场规范政策
由于我国竞赛表演业刚刚起步，尚属于幼稚产业，竞赛表演市场中存在着

许多不规范的现象，为此，各级政府先后制定了关于规范竞赛表演市场行为的各类政策措施。特别是在 20 世纪 90 年代，国家体委相继颁布了《关于加强体育市场管理的通知》《关于进一步加强体育经营管理活动的通知》，这些政策文件强调了国务院体育部门及省市政府体育主管机构对体育竞赛表演活动的审批权与督查权，强调开展体育赛事活动所必须具备的各种条件，特别是对于射击、探险、攀岩、登山和漂流等具有一定危险性的运动项目，在场地器材、通信、安全保卫和人员等方面进行严格审查，确保赛事活动的安全性。相应的，全国各省市均依照以上政策文件，研究并制定了地方竞赛表演业市场规范的法律法规（见表 3-5）。

表 3-5　全国部分省市竞赛表演市场规范政策文件一览

省市名称	政策文件名称	颁布时间（年）	颁布机构
安徽	《安徽省体育经营监督管理办法》	2005	省政府
	《安徽省体育市场管理办法》	1997	省政府
	《合肥市体育市场管理条例》	2001	市人大
北京	《北京市体育竞赛管理办法》	2006	市政府
广东	《广东省体育市场管理暂行规定》	1996	省政府
	《广州市体育竞赛表演市场管理办法》	2005	市政府
	《广东省高危险性体育项目经营活动管理规定》	2006	省人大
广西	《广西壮族自治区体育市场条例》	2003	区人大
广西	《南宁市体育市场管理规定》	1998	市政府
贵州	《贵州省体育经营活动管理办法》	1999	省政府
	《贵阳市体育市场管理规定》	1999	市政府

续 表

省市名称	政策文件名称	颁布时间（年）	颁布机构
河北	《河北省体育经营活动管理办法》	1996	省政府
	《河北省体育竞赛管理办法》	2007	省政府
	《石家庄市体育经营活动管理办法》	2006	市政府
河南	《河南省体育经营活动管理规定》	1999	省政府
	《洛阳市体育经营活动管理条例》	2005	市人大
黑龙江	《黑龙江省体育竞赛管理规定》	2000	省政府
	《黑龙江省体育经营活动管理条例》	2005	省人大
	《黑龙江省体育场所管理条例》	1997	省人大
湖北	《湖北省体育市场管理条例》	1996	省人大
	《武汉市体育市场管理规定》	1995	市政府
湖南	《湖南省体育经营活动管理条例》	1997	省人大
吉林	《吉林省体育经营活动管理条例》	2004	省人大
江苏	《江苏省体育经营活动监督管理规定》	2003	省政府
江西	《关于公布江西省体育经营活动项目的通知》	1998	省政府
辽宁	《沈阳市体育市场管理规定》	2005	市政府
内蒙古	《内蒙古自治区体育市场管理条例》	1999	区人大

续　表

省市名称	政策文件名称	颁布时间（年）	颁布机构
宁夏	《宁夏回族自治区体育市场管理规定》	1996	区政府
	《宁夏回族自治区体育竞赛管理办法》	1998	区政府
山东	《山东省体育市场管理条例》	2000	省人大
	《青岛市体育竞赛管理办法》	2002	市政府
山西	《山西省体育经营活动管理条例》	2006	省人大
	《山西省体育赛事资源管理办法（暂行）》	2011	省政府
陕西	《陕西省体育竞赛管理办法》	2002	省政府
上海	《上海市体育竞赛管理办法》	1999	市政府
天津	《天津市体育竞赛管理办法》	2001	市政府
	《天津市体育经营活动管理办法》	1999	市政府
新疆	《新疆维吾尔自治区体育经营活动管理办法》	1999	区政府
浙江	《浙江省体育竞赛管理办法》	2007	省政府
重庆	《重庆市体育市场管理条例》	2005	市人大

（数据来源：根据国家体育总局官方网站资料搜集整理）

　　从政策内容来看，省（自治区、直辖市）的各类竞赛表演市场规范条例或制度与国家层面关于竞赛表演市场的有关政策的体例基本一致，主要内容包括：界定体育竞赛表演市场的范围；明确体育竞赛活动的审批、备案与监督等权限；赛事承办权的获得与转让限制；规定承办或申请赛事的主要条件；界定举办危险项目赛事活动的种类及特殊要求；明确相应的法律责任和惩罚措施等。部分竞赛表演市场相对活跃的地区，如上海、广东等地的政策内容则相对更加具体和全面，如《上海市体育竞赛管理办法》规定，体育竞赛活动经准予登记后，方可进行广告宣传、出售门票、接受赞助和收取报告费；对冠以上海市行政区域名举办体育竞赛或者参赛的，应当报市体委批准，而冠以区、县行政区域名举办体育竞赛或者参赛的，应当报区、县体育行政部门批准。《广州市体育竞赛管理办法》明确了赛事举办方的权利义务关系，明确规定：赛事举办人对体育竞赛表演活动的名称、徽记、吉祥物、标识等依法享有专有权利，未经举办人同意，不得对体育竞赛表演活动进行录音录像和广播电视转播等。

（二）投融资政策

投融资是推动我国体育竞赛表演业可持续发展的重要因素。尤其是在产业发展的初期阶段，投融资的规模与效益是实现竞赛表演业迅速兴起的重要杠杆。一方面，投融资的规模与效益源自体育竞赛表演业自身的发展潜力和行业利润率；另一方面，政府制定的各类投融资优惠政策也是吸引资本进入竞赛表演市场的主要因素。

在国家层面，各类法律法规和指导性意见均为竞赛表演业投融资政策的制定指明了方向，例如，《中华人民共和国体育法》第1章第3条规定，国家推进体育管理体制改革。国家鼓励企业事业组织、社会团体和公民兴办和支持体育事业。这是国家从立法的高度鼓励民间资本进入体育事业；国务院办公厅《关于加快发展体育产业的指导意见》也提出了一些政策措施，如通过政府资助的力量促进包括竞赛表演业在内的体育产业的发展，扶持有一定条件的市场主体借助资本市场筹措发展所需的各类资金等，从而有效拓宽竞赛表演业的资金来源渠道。

在地方层面，全国部分省（自治区、直辖市）已经开始尝试建立各种吸引资本投资体育产业的良性机制，从而充分发挥政府投资的调控、引导和放大作用，扩大体育产业发展的投资规模，坚持"谁投资、谁所有、谁受益"的原则，鼓励各类资本投资体育产业。例如，截至目前，我国已有包括江苏、福建、北京在内的8个省（自治区、直辖市）设立了政府出资设立的"体育产业引导资金"，15个省（自治区、直辖市）正准备设立。江苏省常州市武进区体育局出台了体育类社团扶持补助办法，设立专项扶持资金鼓励建立体育社团和鼓励体育社团组织、参加各级各类体育比赛，推动体育社团的规范化、社会化、实体化建设。扶持办法明确了体育类社团的补助范围、基本条件和补助标准。凡经民政部门批准后成立的体育社团，均可获得开办补助金1万元；承办体育赛事并进行市场化运作的，根据赛事级别可获得1—8万元不等的办赛补助金；经区级体育部门批准代表本地区参加区级以上体育比赛的，给予5000—20000元参赛补助；浙江省体育局已和中国银行浙江省分行开展战略合作，于"十二五"期间在符合国家法律法规和金融监管部门的规章制度及优秀企业信贷政策的前提下，中国银行浙江省分行对全省体育及其相关产业授信额度不少于100亿元的支持资金，重点支持包括重大体育设施建设、运动休闲基地建设、体育用品制造业示范企业、体育服务业示范企业、职业体育发展、体育培训业拓展、运动休闲路线开发、海洋体育项目开发、体育用品交易平台建设、体育博彩创新等在内的符合产业规划的项目，提供项目贷款、流动资金贷款等金融服务，在资金规模和贷款利率上予以倾斜。同时积极探索以门票收益权、电视转播权、版权等为抵押物，为体育竞赛表演业和电子竞技等产业提供贷款创新服务。

整体而言，无论是国家层面的宏观引导，还是地方层面的具体政策手段，不可否认的是，对处于幼稚产业发展期的我国竞赛表演业而言，需要大量资本的介入才能使其获得可持续发展。从当前各省（自治区、直辖市）的做法和经验来看，各级政府采取"引导资金"的方法吸引和撬动更多的社会资本介入竞赛表演产业，将是未来我国竞赛表演业投融资政策选择的重要内容和发展趋势。

（三）税收政策

目前，我国没有专门针对体育产业的税收政策，更谈不上专门针对体育竞赛表演业的税收政策。现行的税收法律法规对竞赛表演业没有具体而明确的税收优惠，一些临时性税收优惠政策只是针对具体赛事活动而言的。

首先，在赛事税收政策方面，2003年，财政部、国家税务总局和海关总署联合发布了《关于第29届奥运会税收政策问题的通知》（财税〔2003〕10号）；2005年，发布了《关于第6届亚洲冬季运动会税收政策的通知》（财税〔2005〕24号）；2009年，财政部、国家海关总署和国家税务总局联合发出了《关于第16届亚运会等三项国际综合运动会税收政策的通知》（财税〔2009〕94号），规定了在我国举办的2010年广州第16届亚运会、2011年深圳第26届世界大学生夏季运动会和2009年哈尔滨第24届世界大学生冬季运动会这三项国际体育赛事的税收政策。这些文件的政策内容主要涉及减免税、全额扣除和暂准进口等措施。

其次，在运动项目的经营税率方面，我国部分体育运动项目按照娱乐业征收高税率税收，大部分运动项目没有明确税率。根据《财政部、国家税务总局关于调整部分娱乐项目营业税税率的通知》（财税〔2001〕73），经国务院批准，从2001年5月1日起，夜总会、歌厅、舞厅、射击、狩猎、跑马、游戏、高尔夫球、保龄球、台球等娱乐行为的营业税统一按20%的税率执行。《财政部、国家税务总局关于明确调整营业税税率的娱乐业范围的通知》（财税〔2001〕145），进一步明确了按20%税率征收营业税的娱乐业范围：歌厅、舞厅、卡拉OK歌舞厅（包括夜总会、练歌房）、音乐茶座（包括酒吧）、台球、高尔夫球、保龄球、游艺（如射击、狩猎、跑马、游戏机、蹦极、卡丁车、热气球、动力伞、射箭、飞镖等）。2004年，《财政部、国家税务总局关于调减台球保龄球营业税税率的通知》（财税〔2004〕97），经国务院批准，调减台球、保龄球营业税税率：对台球、保龄球减按5%的税率征收营业税，税目仍属于"娱乐业"。2009年，财政部和国家税务总局联合发文将以上两个文件废止。新的营业税税率依照修订后的《中华人民共和国营业税暂行条例》（国务院令第540号）和《中华人民共和国营业税暂行条例实施细则》（财政部、国家税务总局令第52号）执行。从省市层面来看，自2011年10月1日起，山东省政府将高尔夫球娱乐业营业税税率由20%调整为10%，其他娱乐业项目营业税税率由20%调整为5%。

表3-6　营业税税目税率表

序号	税目	税率
1	交通运输业	3%
2	建筑业	3%
3	金融保险业	5%
4	邮电通信业	3%
5	文化体育业	3%
6	娱乐业	5%～20%
7	服务业	5%
8	转让无形资产	5%
9	销售不动产	5%

（资料来源：国务院令，中华人民共和国营业税暂行条例）

《国民经济行业分类》国家标准于 1984 年首次发布，共修订三次。1994 年对其进行了第一次修订，2002 年和 2011 年分别进行了第二次、第三次修订。国民经济行业分类（GB/T4754–2011）中，文化、体育与娱乐业归属于"R"类，其中，体育行业包括体育组织、体育场馆、休闲健身活动和其他；娱乐业包括室内娱乐活动、游乐园、彩票活动、文化、娱乐、体育经纪代理（含体育经纪人）和其他娱乐业。因此，从当前国民经济行业的分类来看，包括高尔夫、保龄球、射箭等体育项目在内的赛事活动及体育经纪代理活动仍属于娱乐业范畴。

总之，在税收政策方面，无论是从国家层面还是地方层面，针对竞赛表演业的税收政策仍是空白，临时性的税收优惠政策只是针对个别赛事举办期间而单独研究并制定的，它们对一定时期内我国竞赛表演业若干市场主体的培育和完善起到了促进作用，但对整个竞赛表演业却没有普遍的应用和推广价值，加之若干市场化程度较高的运动项目被归入娱乐业范畴，其营业税税率较高，客观上阻滞了我国竞赛表演业的发展。

二、我国竞赛表演业政策的主要问题

通过回顾与总结我国竞赛表演业政策的发展历程，并从竞赛表演市场规范政策、投融资政策和税收政策三个角度描述和梳理我国竞赛表演业政策的现状，结合对各省（自治区、直辖市、计划单列市）体育产业主管人员的问卷调查分析，本研究对当前我国竞赛表演业政策存在的主要问题归纳如下。

（一）政策内容缺乏针对性和可操作性

政策内容的针对性与可操作性是产业政策发挥作用的重要前提。如果政策内容过于宽泛而缺乏可操作性，则会大大降低产业政策的有效性。纵观我国体育产业政策的发展与演化历程，不难发现：一方面，我国体育产业政策多为引导性的宏观政策，较少涉及包括竞赛表演业、健身休闲业和体育用品业在内的专门性政策。全国各省市体育产业主管人员的调查问卷显示，在总计 23 位受调查者中，回答"本级政府已经编制促进竞赛表演业发展的专门性文件"的受访者为 1 人，回答"正在制定"的受访者为 1 人，其他均回答"未制定"。具体而言，浙江省宁波市体育局与财政局共同研究出台了《宁波市大型赛事补助办法》，广东省深圳市正在研究出台《深圳市竞赛表演业市场管理办法》，其他省市均未编制专门针对竞赛表演业的政策文件。近年来，包括《关于加快发展体育产业的指导意见》的出台，并没有改变体育产业各业态独立性政策缺失的现象。2003 年，由财政部、国家税务总局和海关总署联合发布的《关于第29 届奥运会税收政策问题的通知》也只是临时性政策措施。由此可见，我国竞赛表演业的政策还亟须完善。

另一方面，这些宏观指导性政策内容并不具体，往往缺乏可操作性。现有政策内容更多的是从宏观层面界定了竞赛表演业发展的主要原则性问题及主要发展方向，而较少涉及市场培育、激励和具体扶持政策等中观或微观层面的政策内容。此外，由于我国幅员辽阔，各省（自治区、直辖市）的自然地理环境差异较大，经济发展水平参差不齐，体育竞赛表演业的发展状况更是不可同日而语，特别是沿海发达省份（城市）与中西部省份（城市）之间的差距明显，这给我国竞赛表演业政策的制定带来了困难，国家层面的宏观指导性政策必须通过各省（自治区、直辖市）制定具体的实施意见才能得到真正落实，这也是宏观政策缺乏针对性和可操作性的重要原因。

因此，为了有效提升我国竞赛表演业政策的针对性与可操作性，政府各级部门应根据本地区竞赛表演业发展的经济社会环境与发展现状，研究制定促进本地区竞赛表演业发展的专门政策，特别是要加强对本地区各类赛事活动的申办、审批、评估和资助等重要事项的进一步规范，从而理顺各级竞赛表演业的市场秩序、避免垄断等市场失灵现象的出现。

（二）立法层次与政策效力较低

立法层次的高低决定了产业政策的不同效力。从体育产业政策立法的层级来看，效力最高到最低依次为：全国人民代表大会及其常务委员会制定的法律和规范性文件、国务院制定的行政法规和规范性文件、国务院主管体育的部门（国家体育总局）制定的规章和规范性文件、地方性法规和规范性文件。整体而言，我国竞赛表演业政策的立法层次较低，基于对我国竞赛表演业政策演变历史的回顾，《中华人民共和国体育法》是由全国人民代表大会常务委员会制定的，因而具有最高效力，但其中关于我国竞赛表演业的政策条款却非常少；《关于进一步发展体育运动的通知》（1984）、《关于进一步加强和改进新时期体育工作的意见》（2002）、《关于加快发展体育产业的指导意见》（2010）均是由国务院制定并颁布的，但这三份文件中关于竞赛表演业政策的内容均具有宏观引导性，政策内容不够具体。

值得注意的是，国家关于政策制定主体有较为严格的规定：例如，就税收政策而言，我国《税收征收管理法》第 3 条规定："任何机关、单位和个人不得违反法律、行政法规的规定，擅自作出税收开征、停征及减免、免税、退税、补税和其他同税收法律、行政法规相抵触的决定。"由于缺乏国家层面关于竞赛表演业税费等政策的保障，各省市及地方层面制定的所有税费政策的政策效力就明显不足，在实施过程中会遇到各种阻力。

因此，为了提高我国竞赛表演业政策的立法层次和效力，必须考虑从国务院的层面来研究和制定促进我国竞赛表演业发展的指导性意见，特别是对于税费政策等牵涉多部门的政策问题，为各省市政策的制定提供前提和保障。

（三）政策内容存在滞后性

产业政策的制定要与产业发展的实际紧密结合，要针对新形势下产业发展存在的新问题适时调整产业政策，以期适应和促进产业的可持续发展。从我国竞赛表演业政策的内容来看，无论是国家层面的宏观指导性政策，还是省市地方层面的规范性文件，均存在不同程度的政策内容滞后于竞赛表演业发展的实际。

全国各省市体育产业主管人员调查问卷显示，在总计 23 位受调查者中，认为"本级政府现有体育产业政策能够适应竞赛表演业发展需要"的受访对象只有 2 人，认为"不适应"或"完全不适应"的受访对象为 19 人，而回答"不清楚"的为 2 人。由此可见，从政府主管部门而言，现有竞赛表演业政策内容并不适应当前行业发展的需要。进入 21 世纪以来，我国竞赛表演业发展较快，一方面，突出表现为各类竞赛表演活动频繁举办。特别是随着北京奥运会的成功举办，国内城市引进和举办各类国际大型赛事的积极性空前高涨，以北京、上海、广东等为代表的省（自治区、直辖市）举办了大量国际性赛事，国内二、三线城市也纷纷申办各类综合性运动会。这些赛事的频繁举办需要政策手段予以规范、引导和激励，例如，在赛事成长期的扶持与资助政策，如何有效形成赛事市场化的运作机制，如何依据赛事类别的不同明确政府在赛事中的主要定位与作用等；另一方面，随着我国职业体育联赛体制改革的逐步深入，包括足球、篮球、排球在内的职业联赛市场遇到了很多新问题，例如，赛事的电视转播权问题、赛事市场开发问题、赛事专业人才的培养问题等。因此，无论是引进国际赛事、申办各类综合性运动会，还是职业联赛管理体制改革，均会出现很多无法依照既有政策就能够解决的新情况，为了避免出现既有的政策阻碍竞赛表演业发展的现象，就必须要及时根据我国竞赛表演业的发展现状，研究和调整既有的政策措施，从而确保政策的有效性和及时性。

　　总之，我国竞赛表演业现有的政策内容无法满足我国竞赛表演业发展的需要。无论是从政策的针对性和可操作性，还是从政策的立法层次与效力而言，现有政策均存在很大需要的完善空间。加之我国竞赛表演业起步较晚，发展基础较为薄弱，在竞赛表演业的发展过程中，新的问题会不断涌现，如近年来暴露出的政府越位与缺位、赛事承办权与电视转播权垄断、民间资本进入竞赛表演业的困境、竞赛表演业行业利润率低、国内竞赛表演业市场主体培育滞后及全球竞争力较弱等问题，这些问题的解决均需要政策层面的引导和扶持。因此，在建设体育强国的历史进程中，我国竞赛表演业政策的制定要针对现有政策中存在的这些问题为基准，结合竞赛表演业发展现状和趋势，以解决制约当前竞赛表演业的发展的主要问题为目标，有计划、分步骤地予以完善。

第四章 体育强国建设背景下我国竞赛表演业的发展与政策目标

第一节 体育强国建设的目标要求

任何一项经济政策都有其时效性，它总是在特定的时期内发挥作用。因此，科学有效的政策制定离不开产业所处的政治、经济和社会环境，这些历史背景决定了产业自身的发展定位与政策取向。《国务院办公厅关于加快发展体育产业的指导意见》（2010）提出了未来10年我国体育产业发展的主要目标与重点任务，这是我国竞赛表演业政策制定的重要依据。与此同时，胡锦涛同志提出的由"体育大国"向"体育强国"迈进的宏伟目标对我国竞赛表演业的发展提出了新的要求。另外，在文化大发展、大繁荣的背景下，作为文化产业组成部分的体育产业遇到了难得的发展机遇。因此，我们从体育强国建设、文化大发展与大繁荣的历史背景出发，结合国务院办公厅关于加快发展体育产业的指导意见，研究我国竞赛表演业的发展定位与政策目标。

一、体育强国建设中我国竞赛表演业发展定位

从体育强国的内涵来看，从体育大国向体育强国迈进，就要努力实现体育产业与体育事业的协调发展。一方面，竞赛表演业是体育产业的核心业态和重要组成部分，体育产业的发展必然要求我国竞赛表演业起到引领作用，要通过竞赛表演业市场的带动，既要促进健身休闲、场馆服务、体育中介服务等体育相关产业的发展，又要实现竞赛表演业与文化和旅游等相关产业的互动与融合；另一方面，竞赛表演业的发展是建设体育强国的重要标志和内容之一，发展竞赛表演业既是促进体育发展方式转变和体育管理体制创新的必然要求，同时也

是优化我国体育产业结构、满足群众体育赛事观赏需求的重要途径。全面提升竞赛表演业在体育产业乃至国民经济中的比重是体育强国建设的重要任务。

从国内外竞赛表演业的比较来看，我国竞赛表演业全面落后于西方发达国家。以美国、英国和意大利等为代表的西方国家职业联赛市场较为成熟和发达，如美国四大职业联赛、意大利足球甲级联赛等；体育产业在各国国民经济中的地位尤为突出（见表4-1）；具有全球影响力的大型体育赛事主要是在这些经济发达国家举行，如网球四大满贯、足球世界杯、奥运会、F1等。毫无疑问，无论是竞赛表演业的整体规模，还是竞赛表演市场的成熟度及影响力，西方发达国家均遥遥领先。因此，在全球经济一体化趋势的推动下，我国竞赛表演业的发展与强大必须基于产业后发优势，通过制定合理的产业政策，保护和扶持我国竞赛表演业的可持续发展。

表4-1　部分国家体育产业在国民经济中的地位比较

国家	产值（亿美元）	占GDP比重（%）	国内产业排名	年份
美国	2125.3	2.40	6	1999
英国	218.57	1.49	5（1990年）	1995
意大利	167.75	1.04	—	1995
日本	528	3.89	6	1997
加拿大	88.58	1.10	8	1994

（资料来源：李江帆等，我国体育产业在国民经济发展中的地位和作用研究，国家体育总局体育哲学社会科学研究课题，731SS04131）

总之，在建设体育强国的背景下，我国竞赛表演业在国际竞赛表演市场中的地位明显较低，与体育强国的发展目标存在较大差距。作为体育产业的核心业态，体育竞赛表演业的发展在优化体育产业结构、创新体育事业发展模式、推动我国经济发展方式转变等方面具有举足轻重的地位和作用。竞赛表演业的发展要以市场需求为导向、以重视和发挥市场在体育资源配置中的作用为前提、以逐步提高竞赛表演业在体育产业增加值中的比重及其在全球范围的影响力和竞争力为主要目标。

二、文化大发展背景下我国竞赛表演业发展定位

2011年10月18日，为了积极推进新时期我国文化体制的改革，中共中央审议并颁布《关于深化文化体制改革推动社会主义文化大发展大繁荣若干重大问题的决定》，该文件进一步明确了未来我国文化事业发展的总体战略和重要方针，对于指导我国文化及相关产业的发展具有重要的指导意义。国家统计局认为"文化及相关产业"是指为社会公众提供文化、娱乐产品和服务的活动，以及与这些活动有关联的活动的集合，根据提供文化、娱乐产品和服务活动的属性特点，可以将其划分为公益性文化活动和经营性文化活动两大类。相应地，体育作为文化的组成部分，既有文化的一般特征，又具有自身的鲜明特征。在现代社会，体育已经成为不同地域间人民进行沟通的桥梁和纽带，也成为国际文化交流和传播的重要载体。因此，融入文化大发展大繁荣的历史背景中去，也是体育强国建设中我国竞赛表演业发展的重要定位。

在文化大发展、大繁荣的背景下，客观上要求我们树立"大体育产业观"的发展理念，要"跳出体育看体育""跳出体育产业来发展体育产业"。体育竞赛表演业既是体育产业的重要组成部分，同时与文化、旅游、餐饮、传媒等产业存在密切的互动关系。有研究表明，体育赛事活动的开展能够成为城市的重要名片，从而有效提升城市品牌与国内外影响力，丰富城市的文化内涵；体育赛事的举办还能在短时期内吸引大量的现场观众，从而带动城市旅游业的发展；体育赛事活动对建筑、餐饮、住宿和传媒等相关行业同样具有推动作用。因此，"大体育观"的建立就是要立足于国民经济整体发展的角度，促进体育竞赛表演业与文化产业等其他行业的融合发展。另外，在文化大发展、大繁荣的背景下，体育竞赛表演业应坚持公益性和经营性相结合的发展思路，以实现和维护好广大人民群众的赛事观赏与参与需求为重要目标，做到经济效益与社会效益的有机统一。

总之，在体育强国建设的大背景下，结合文化大发展、大繁荣战略，我国竞赛表演业的发展应以满足人民群众的赛事观赏需求与参与需求为出发点，以

市场为导向，坚持树立"大体育观"的发展理念，逐步提升竞赛表演业在国民经济中的地位与作用，有效提升我国竞赛表演业在全球的影响力与竞争力。

第二节 我国竞赛表演业的发展概述

竞赛表演业是体育产业的核心组成部分，在整个体育产业中最具影响和辐射力。我国竞赛表演业是20世纪90年代兴起的一类新兴产业，且日益成为政府、媒体、理论界和大众关注的热点。当前，随着世界经济一体化进程的加快，全球范围内政治、经济、文化等的交流与融通趋势愈来愈明显，城市发展的国际化进程正逐步加快，越来越多的城市以扩大全球影响力、提升城市全球竞争力为战略发展目标，并希望借助国际重要会议、国际重要文化活动等事件的影响力推动城市的国际化进程。其中，顶级体育赛事的举办往往是这些城市努力的方向。正是在这样的国际背景下，我国各类城市对申请举办各种赛事活动的热情和积极性也随之日渐高涨。

一、赛事活动数量与影响力不断提升

近年来，包括北京、上海、广州等城市在内，全国部分大型城市举办了各类颇具影响力的赛事活动。如北京奥运会等一系列国际体育综合性赛事的成功举办，向世界人民展示了我国的综合实力和办赛水平。北京市以第29届奥林匹克运动会为契机，举办了一系列国际级的大型体育品牌赛事，如世界斯诺克中国公开赛、中国网球公开赛、北京国际马拉松赛、NBA季前赛、意大利超级杯赛、国际场地自行车邀请赛、国际铁人三项联盟世界杯等；上海作为国际化大都市，以举办各类国际顶级赛事为城市的重要名片和宣传平台，其中，上海F1大奖赛、上海ATP大师赛、世界斯诺克大师赛（上海站）、上海国际田联黄金大奖赛，以及上海国际马拉松赛等诸多赛事活动的举办进一步提升了上海在全球范围内的知名度和影响力。统计数据显示，2002年至2009年期间，广州市共举办了100多项国际性和全国性的体育赛事，其中国际赛事80多项。除此之外，包括环青海湖公路自行车赛、厦门国际马拉松赛等赛事也日渐成为亚洲乃至世界顶级的赛事活动，并有力地带动和提升了举办城市相关产业的协调发展。

表 4-2　近年来我国举办的部分赛事活动一览表

赛事类型	赛事名称	类别
国际大型综合性赛事	北京奥运会	一次性
	广州亚运会	一次性
	世界大学生运动会（北京、深圳、哈尔滨等）	一次性
	中国网球公开赛	周期性
	北京国际马拉松赛	周期性
	上海 F1 大奖赛	周期性
	上海网球大师赛	周期性
	世界游泳锦标赛（上海）	一次性
国际大型单项赛事	世界斯诺克大师赛（上海）	周期性
	国际田联钻石联赛（上海）	周期性
	环青海湖国际公路自行车赛	周期性
	世界乒乓球锦标赛（上海、广州等）	一次性
	厦门国际马拉松赛	周期性
国际大型单项赛事	中国足球协会超级联赛（CSL）	周期性
	中国男子篮球职业联赛（CBA）	周期性
国内职业联赛	中国乒乓球俱乐部超级联赛（CTTSL）	周期性

赛事类型	赛事名称	类别
国内职业联赛	中国女子排球联赛（WCVA)	周期性
国内其他赛事	全国运动会	周期性
	全国城市运动会	周期性

全国运动会、全国体育大会、全国农民运动会及城市运动会等综合性体育赛事一直为全国人民所瞩目。而包括篮球、排球、乒乓球、羽毛球等项目职业联赛规模和影响不断扩大，经济效益和社会效益不断提高，品牌效益日渐显现，已经成为我国竞赛表演市场的有机组成部分。与此同时，各地区举办的小规模且具有一定特色的赛事活动也在不断增多，如河南省举办的世界传统武术大会、宁夏回族自治区举办的国际摩托车旅游节、青海省举办的抢渡黄河极限挑战赛、湖北省举办的长江三峡国际龙舟拉力赛等。

在赛事运作上，上海 ATP1000 大师赛、F1 大奖赛等商业性赛事的运营方式已经逐渐向市场化和规范化的方向迈进，政府在赛事运作中的直接干预不断减少，赛事观众数量稳步增加，赛事活动在带动城市旅游业等相关产业的发展方面也发挥了一定的作用，体育赛事活动的经济效益和社会效益也在逐渐提升。

从赛事举办层次和举办数量来看，我国竞赛表演业发展较好的城市主要集中在北京、上海、广州等经济发达的少数城市中，而经济相对落后的地区和占中国人口 80% 的农村却没能形成竞赛表演市场。因此，从整体而言，我国竞赛表演业发展速度较快，特别是部分经济发达城市申办各类国内外大型赛事的热情较高，赛事活动的数量不断增加，这些赛事的举办对提升举办城市的知名度、促进城市经济社会发展方面起到了一定的积极作用。

二、我国竞赛表演业尚属于幼稚产业

当前，国内普遍将以竞赛表演业为核心的体育产业定位为"新兴产业"或"朝阳产业"，甚至将体育产业描述为我国"新的经济增长点"。这一界定的依据主要是基于我国体育产业的增速明显高于我国 GDP 的增长速度，同时也高于我国第三产业的增速。在这一产业定位的引导下，全国各省市均将发展体育产业作为新时期体育事业发展的重要组成部分，并分别制订了各自的体育产业发展规划，体育产业俨然成为与竞技体育、群众体育并驾齐驱的体育事业重要组成部分。在这一背景下，我国竞赛表演业是否也已成为所谓的"朝阳产业"或"新的经济增长点"？这一问题的解答将直接决定我国体育竞赛表演业发展战略与规划的制定，因而具有重要的现实意义。

本研究认为，目前我国竞赛表演业还无法具备"朝阳产业"的显著特征，同时也无法定位为国民经济"新的经济增长点"，竞赛表演业在我国仍是处于萌芽期或探索期的"幼稚产业"，主要基于如下原因。

首先，从我国体育产业的整体发展状况来看，竞赛表演业的发展水平不仅经济总量和规模较低，而且远远低于体育用品制造与销售等其他产业门类。例如，由国家统计局、国家体育总局公布，2019 年全国体育产业总规模（总产出）为 29483 亿元，而体育竞赛表演活动的总产出为 308.5 亿元，可以明显看出，与体育产业其他门类相比，我国竞赛表演业的增加值仍明显较低。

其次，从我国居民的生活水平和消费习惯来看，我国竞赛表演业的市场需求并不旺盛。近年来，我国国民经济持续快速增长，人民生活水平有了较大提高，但人均国民生产净值（GNP）仍处于世界中等偏下水平，按照消费机构与需求结构的变化规律，需求结构的变化引起产业结构的变动是渐进式和梯度式的，而不是一蹴而就的，因此我国竞赛表演业不会在短期内获得跨越式发展。产业结构变动理论认为，人均收入水平的高低将影响产业结构的变动与演进方式，包括劳动力在内的生产要素将随着人民收入水平的提高而逐步从第一产业和第二产业流向第三产业，这就是著名的配第·克拉克定理，而当人均收入达到很高水平时，资源配置及产出结构大部分集中于第三产业，这便是诺贝尔经济学奖得主库茨涅兹通过对 100 多个国家的分析得出的结论。竞赛表演业的发展最终取决于民众对其产品的消费水平，而居民的消费水平又取决于两方面因素，即消费能力和消费偏好。一方面，生活水平决定了我国居民的消费结构，由于人均收入水平的制约，居民的消费重点仍集中在食品、服装、住宅等生活必需品上，而对于文化、娱乐等发展层次的消费需求明显不足。竞赛表演业属于第三产业，是满足人们娱乐需求的高层次行业类别，其消费需求同样呈现不足的态势。另一方面，整体而言，我国居民的体育参与意识较为薄弱，将体育作为生活方式的观念尚未形成。一般来讲，人们的体育偏好并不是与生俱来的，而是在社会环境中逐渐养成的，这不仅与国民经济发展水平有直接关系，同时还与生活习惯、文化背景等深层次的因素有关。因此，除了上海、北京、广州等若干经济发达城市之外，我国大部分城市居民对于赛事观赏的需求仍然存在着广阔的提升空间。

再次，从体育竞赛表演业的国内外竞争态势来看，发达国家在全球竞赛表演市场的领先与控制力，在很大程度上制约了我国竞赛表演业的发展。竞赛表演业发端于西方国家，兴盛于北美和欧洲等发达国家。以美国为首的西方发达国家在职业体育的发展上遥遥领先于中国，其中美国、加拿大、澳大利亚和英国等西方发达国家的体育赛事产业发展最快。2005 年，美国五大职业联赛的年度平均现场观众人数达到了约 38369000 人次。相比之下，中国最火爆的 CBA 联赛的现场观众总人数创纪录也才达到 1288745 人次。随着全球一体化趋势的加剧，国内竞赛表演业的竞争力明显处于劣势，即便就体育用品业而言，国内企业的规模效益与科技含量均与国外差异明显。

最后，从竞赛表演业的区域布局来看，我国地域辽阔，地区经济发展水平差异较大，特别是东西部地区差异明显。就发展态势而言，竞赛表演业在我国只是"星星之火"，尚未形成"燎原之势"。竞赛表演业的发展需要一定的经济基础和发展条件，只有在经济相对发达且服务型经济占据主要比重的城市或地区，竞赛表演业才能形成良性的发展态势。在这样的背景下，除了上海、北京、广州等个别经济发达的城市之外，其他城市的竞赛表演业基本处于萌芽状态，从而造成我国竞赛表演业的区域发展极不均衡，而且这一状态短时间内还无法有效改观。

因此，我国体育竞赛表演业增加值规模偏小，占体育产业增加值比重较低；居民生活水平还相对偏低，居民消费结构仍以生活必需品为主；居民的体育参与习惯与体育消费意识不强；竞赛表演业的国际竞争力明显不足。综上所述，在这些内外部条件的约束下，我国竞赛表演业的产业发展明显处于探索和起步阶段，属于"幼稚产业"。

第三节 我国竞赛表演业的发展趋势

全面、科学地把握我国竞赛表演业的发展趋势对行业政策的制定具有重要的现实意义。当前，随着经济全球化步伐的加快及我国经济体制改革的逐步深入，我国竞赛表演业在迎来难得发展机遇的同时，也正经历着一场发展方式的革新与蜕变。全国各省市体育产业主管人员调查问卷结果（N=23）显示，针对"我国竞赛表演业发展趋势体现在哪些方面"这一问题，回答"竞赛表演业的全球化""赛事运作的规范化""赛事活动的社会化"的调查对象分别为N=21、N=20、N=18，由此可见，从政府主管部门的认识而言，我国竞赛表演业的发展趋势主要体现在以上三个方面，结合实地调研和访谈情况，本研究认为，随着世界经济一体化进程的加快，我国竞赛表演业的发展趋势集中表现为：竞赛表演市场生产要素的全球化、赛事活动关联主体的多样化、赛事运作的市场化与规范化。

一、竞赛表演业的全球化

当前，竞赛表演业的全球化趋势日益明显，集中表现在两个方面。

一是竞赛表演业生产要素的全球化。首先，各国运动员和教练员在世界范围内的流动已经愈来愈频繁。特别是随着各国职业联赛市场的不断发展，运动员和教练员已经不再仅仅属于某国的专有资产，他们以"转会""外援"等形式在国际竞赛表演市场上自由流动。其次，国际重大赛事的申办与承办摆脱了地域和国别的限制，不同国家和城市均可以根据自身情况选择申办各类国际赛事。例如，奥运会、世界杯足球赛、世界乒乓球锦标赛等赛事的举办城市已经遍布全球。最后，带来竞赛表演业市场主体的业务范围日益全球化，包括运动员经纪、赛事策划与组织、赛事赞助权交易等业务的开展均呈现出国际化的发展态势。例如，随着赛事承办权市场的全球化，IMG（国际管理集团）、NIKE等国际体育公司的业务范围均已遍布全球；而NFL、NBA等国际体育组织已经正在逐步开拓包括中国在内的亚洲市场等。

二是竞赛表演业消费群体的全球化。随着科学技术的不断进步，电视转播技术与互联网通信技术日新月异，国际赛事的观看已经突破了地域限制，世界各地的体育爱好者均可以通过电视转播和网络收看世界各地举办的各类赛事。在这一背景下，竞赛表演业的消费群体呈现出全球化的发展趋势。例如，西方职业体育俱乐部（如西班牙皇家马德里、意大利巴塞罗那等足球俱乐部），以及球星（如网球运动员费德勒、足球运动员贝克汉姆）的支持者遍布全球，而不仅仅局限于本国区域范围内。

对于我国而言，竞赛表演业的全球化是一把"双刃剑"，为我国竞赛表演业带来发展契机的同时，也带来了巨大的挑战。因此，如何在竞争激烈的国际竞赛表演市场中充分利用好后发优势，通过各种政策的制定有效提升我国竞赛表演业的全球竞争力显得尤为重要。

二、赛事活动的社会化

赛事活动的社会化是指，随着社会分工的不断细化，赛事活动的关联主体也日益丰富和多元，包括赛事主办方、媒体、观众、城市居民、政府、赞助商等在内的利益主体都与赛事活动产生或多或少的联系。赛事活动的社会化要求赛事的举办必须充分考虑到赛事能够带来的社会效益。一方面，由于政府在我国竞赛表演业发展中的独特地位，赛事活动的举办应该以满足政府的需求（如提升城市形象及影响力等）为重要目标；另一方面，赛事在提升居民自豪感和满意度、丰富居民生活方面能够起到一定的作用，这也是赛事活动外部性的表现。

赛事活动的社会化还要求赛事的举办必须协调好各利益主体的矛盾与冲突：一是媒体与赛事参与者的利益冲突。媒体报道需要如实反映新闻事实，但是由于各种原因，媒体关于体育赛事参与者的报道难免偏离实际，甚至存在对赛事参与者的负面报道。例如，网球比赛中的"诈伤"退赛或"诈伤"调整现象，经常成为各类媒体炒作的焦点，这给真正因受伤而退赛的运动员带来了负面影响。二是观众与赛事参与者的利益冲突。包括主场观众对客队的不公正待遇及球迷干扰正常比赛等。三是包括赛事举办带来的交通管制、交通拥挤、噪声污染等，体育赛事往往会聚集大量的现场观众，汽车等交通工具也会集聚于赛场周边，这都会大大增加二氧化碳和汽车尾气的排放量，赛事现场观众和游客往往会伴随大量生活垃圾，客观上也会对自然环境造成污染。

由此可见，赛事活动的社会化带来了关联主体的多元化，从而引发了关联主体间的利益协调问题。赛事各利益主体之间的协调需要政府在政策层面予以有效引导和解决。赛事活动社会化带来的这些问题（特别是政府与市场主体的关系）如果得不到有效解决，竞赛表演业的市场失灵问题将会愈加凸显。

三、赛事运作的市场化和规范化

赛事运作的规范化是赛事效益提高的关键，主要是指赛事运作的市场化与专业化。随着我国经济体制改革的逐步深入，市场在竞赛表演业中的主体地位将日渐突显，政府在赛事运作中的角色定位会随之发生改变，这主要体现在：一是赛事运营主体的转变。多年来，政府机构是我国各类赛事的主要运营主体，赛事运作并不规范，制约了我国竞赛表演业的发展。随着越来越多商业赛事的引进，包括上海、北京和广州在内的赛事运作主体正在发生转变，政府机构正逐步从赛事运作中脱离出来。二是赛事资源配置方式的转变。在赛事门票销售、无形资产开发等方面，越来越多的赛事开始进行市场化改革，赛事资源配置的方式不断优化，这也是我国竞赛表演业发展的必然趋势。三是赛事人才队伍的优化。随着人才培养机制的创新与完善，我国赛事人才队伍的结构将会发生改变，赛事运营方面的专业人才比例将逐步提高，由此促使人才队伍得到优化。

在赛事运作规范化的进程中，政府与市场的角色转换仍是决定我国竞赛表演业发展的重要因素，这一关键问题的解决离不开政策层面的引导，特别是要通过政策的制定，有效吸引和扶持市场主体（民间资本）介入我国竞赛表演业的发展中来，进而优化我国竞赛表演业发展的结构，实现我国竞赛表演业的可持续发展。

四、体育强国建设中我国竞赛表演业产业结构的优化

产业结构一般是指产业内部构成及产业间的比例关系。产业经济学理论认为，产业结构与经济增长具有密切的关系，产业结构的优化既是实现产业长远发展的重要影响因素，也是产业政策的主要作用之一。由于我国竞赛表演业统计数据较为缺乏，本研究主要从竞赛表演业内部所有制结构、区域发展结构两个方面的优化进行分析。

（一）竞赛表演业产业结构现状的定性分析

1. 民间资本的介入缺乏动力机制

改革开放40余年来，我国民间资本总量不断增加。以浙江为例，其民间

资本量在 2010 年达到 8500 亿元人民币。近年来，民间资本进入体育产业已经成为理论界和政府部门关注的热点领域之一。民间资本的介入是有效提升我国竞赛表演业发展活力和后劲的重要支撑。如果仅仅依靠政府的力量或国有资金，而没有民间资本的深度介入，我国竞赛表演业的发展将成为无源之水、无本之木，无法实现产业的长远发展。

2010 年，《国务院关于鼓励和引导民间投资健康发展的若干意见》中指出"鼓励民间资本投资生产体育用品，建设各类体育场馆及健身设施，从事体育健身、竞赛表演等活动"。国务院办公厅出台的《关于加快发展体育产业的指导意见》中明确指出积极鼓励民间资本"投资体育产业，兴建体育设施"。体育产业"十二五"规划进一步明确了支持非公经济发展、扶持中小企业、建设体育产业基地等具体任务和措施，旨在进一步落实鼓励民间投资的政策导向。在《关于加快发展体育产业的指导意见》出台后，国家体育总局积极鼓励地方体育局结合当地经济社会的发展情况，推动本地区体育产业政策的突破。在各省市体育局的积极推动下，各地政府高度重视，有些地区在制定区域整体规划时也将体育产业纳入其中。截至 2011 年 4 月，已有 7 个省（区、市）以政府名义出台了实施性文件，对《关于加快发展体育产业的指导意见》进行细化落实。尤其是在扶持资金、税收优惠等方面，各地政策的出台切实体现了政府部门对民间资本参与体育产业的重视。

全国各省市体育产业主管部门负责人（N=23）调查问卷数据显示，针对"您认为我国竞赛表演业应该采取哪种发展模式"，选择"市场主导，政府扶持"的调查对象为 N=17，选择"政府主导，市场参与"的调查对象为 N=3。由此可见，充分调动和发挥市场在我国竞赛表演业发展中的主导作用已经成为政府主管部门的重要共识。

从现实情况来看，即便是在非公有制经济比重较高的浙江省，2000 年体育服务产业中，虽然非公有制经济类型的企业数目占总数的 86.8%，但其营业收入只占总营业收入的 49.4%，国有和集体所有制仍占据主导地位。因此，通过制定各种鼓励措施和优惠条件，吸引民间资本介入体育竞赛表演业，是摆在我们面前的重要任务。结合问卷调查结果和专家访谈的情况，我们认为，除了法律法规不完善、民间资本融资困难等共性原因外，当前制约民间资本进入我国竞赛表演业的主要问题侧重体现在以下两个方面。

（1）我国竞赛表演业对民间资本的吸引力较弱

所谓民间资本是指掌握在民营企业及股份制企业中属于私人股份和其他形式的所有私人资本的统称，也可以称作民间资金。资本对利润的追逐是资本的天然属性，与国有资本不同的是，民间资本进入任何领域的最重要的目的便是获得利润。行业利润率的高低将是影响和制约民间资本进入与否的关键因素。当前，我国竞赛表演业刚刚起步，市场发展并不成熟，稳定的盈利模式尚未真正形成，许多企业举步维艰，面临着行业利润率较低的问题。

首先，我们从2008年全国经济普查数据来看，2008年，全国体育服务业企业法人实现主营业务利润84.79亿元，其中，体育组织管理活动与体育场馆管理活动的利润分别占总利润的10.75%和0.25%，因此，从统计数据来分析，2008年我国竞赛表演业企业法人主营业务利润约为9.32亿元，占体育服务业利润总额的11%，略低于体育中介活动，并且远远低于体育健身休闲业的比重（见表4-3）。与此同时，第二次全国经济普查数据显示，2008年我国体育服务业企业中，平均每个企业的主营业务收入仅为246万元，主营业务利润只有100万元，足以说明我国体育服务业企业规模过小、盈利能力较弱。第四次中国经济普查2018年数据显示，体育组织管理活动和体育场馆管理活动的营业利润均为负数。

表4-3 2008年我国体育服务企业法人主营利润一览表

类别	主营业务利润 （千元）	比例 （%）	企业数 （个）	平均每个企业主营利润 （千元/年）
总计	8478581	100	8462	1001.96
体育组织管理活动	911281	10.75	1417	643.11
体育场馆管理活动	21461	0.25	443	48.44
体育健身休闲活动	6355479	74.96	4918	1292.29
体育培训活动	233978	2.76	448	522.27
体育中介活动	956382	11.28	1236	773.77

（数据来源：国务院第二次全国经济普查领导小组办公室、国家体育总局体育经济司，中国体育产业发展研究报告，中国统计出版社，2012：33）

其次，从国内具有影响力的商业性赛事的经营状况来看，我国竞赛表演业的盈利模式与盈利能力同样不容乐观。我们以中国网球公开赛（见表4-4）、

F1 大奖赛上海站、上海网球大师杯赛和厦门国际马拉松等赛事数据为例，来分析我国竞赛表演业的盈利水平。

表 4-4 中国网球公开赛历年收入、成本与利润一览表（单位：RMB 万元）

年份	2004	2005	2006	2007	2008	2009	2010	2011
赛事收入	3953	3170	4074	5044	5715	7500	8382	11238
赛事成本			6633	6184	5760	10325	11135	11644

（数据来源：根据中国网球公开赛组委会提供数据整理）

表 4-4 显示，自中国网球公开赛举办以来，从总量来看，虽然赛事收入基本处于逐年增长的趋势，但是赛事成本同样连年攀升，中国网球公开赛一直处于亏损状态，这给处于赛事成长期的中国网球公开赛无疑带来了巨大压力。另外，F1 大奖赛上海站同样亏损严重。根据上海市政府公布的数据，上海赛车场一期建设费约为 26.45 亿元人民币，F1 的申办费用 7 年共计约人民币 11.62 亿元，每年购买电视转播权费用约为 1.5 亿元。据此，可以计算 F1 大奖赛 7 年总成本约合人民币 50 亿元，平均每年回收额需达到 6.25 亿元才能实现收支平衡。2009 年以来，上海网球 ATP1000 大师赛通过不断调整和完善运营模式，虽然取得了显著成效，但也仅仅是略有盈余。厦门国际马拉松赛的市场运作在前几届的举办中对体育赛事的赞助均未达到理想化的状态，前两届基本上处于亏损的状态，但是经过多方面的努力，越来越多的企业开始关注并赞助赛事，到第 5 届才逐渐开始盈利（方千华，2011)。另外，全国各省市体育产业主管部门负责人（N=23) 调查问卷数据显示，针对"您认为民间资本进入我国竞赛表演业的主要障碍是什么"，选择"行业利润率较低"的调查对象为 N=19。由此可见，竞赛表演业行业利润率较低已经成为当前制约民间资本进入的重要因素。

综上所述，我国竞赛表演业的行业利润率较低，大部分赛事的举办还需要政府的大量资助。当然，体育赛事活动具有正外部性，除了经济效益之外，体育赛事在提升城市品牌形象、促进就业、提高居民生活质量等方面均具有一定的推动作用，而这些正外部性的存在既是民间资本介入体育竞赛表演业的阻碍，同时也是政府制定资助或其他鼓励性政策、吸引民间资本介入赛事活动的理论依据。

（2）民间资本参与竞赛表演业的门槛较高

如前所述，我国竞赛表演业存在着某种程度的政府垄断，包括赛事承办权垄断及赛事电视转播权垄断等。全运会、农运会、城市运动会等国内举办的大型综合性运动会均是由各级政府主办和承办的，民间资本难以介入；而中国职业联赛（足、篮、乒乓球）同样存在政府垄断的问题，虽然一些联赛俱乐部具有民间资本的性质，但联赛的所有权和决策权仍为政府部门所有，故民间资本介入的难度较大；就其他商业性赛事而言，无论是从赛事引进、举办权购买、还是赛事承办权的分配，对于民间资本而言，均有较高的进入门槛（见表4-5）。

表4-5　我国部分商业性赛事主办单位及承办单位一览表

赛事名称	主办单位	承办单位
中国网球公开赛	国家体育总局	北京中国网球公开赛体育推广有限公司（北京青年报社全资子公司）
	北京市政府国家体育总局	
上海网球大师赛	上海市人民政府	中国网球协会、上海市体育局、闵行区人民政府、久事公司（国有投资经营控股公司）
厦门国际马拉松赛	中国田径协会	中央电视台体育频道、厦门市体育局、厦门市广播电视集团
	厦门市人民政府	
环青海湖国际公路自行车赛	国家体育总局	中国自行车运动协会、中央电视台体育中心、青海省体育局、甘肃省体育局、宁夏回族自治区体育局
	国家广播电影电视总局	
	青海省人民政府	
钻石联赛上海站	钻石联赛有限责任公司	上海国际田径黄金大奖赛有限公司

与此同时，全国各省市体育产业主管部门负责人（N=23）调查问卷数据显示，针对"您认为民间资本进入我国竞赛表演业的主要障碍是什么"，选择

"政府控制赛事资源"的调查对象为 N=18。由此可见，政府控制赛事资源带来的民间资本进入门槛较高已经成为当前制约民间资本进入我国竞赛表演业的主要因素。

因此，由于我国竞赛表演业的行业利润率较低，加之我国竞赛表演业的进入门槛较高，从而民间资本介入竞赛表演业的难度较大。为此，一方面要研究如何进一步降低国有资本对我国赛事资源的垄断程度，以鼓励更多的民间资本介入赛事活动；另一方面要研究当前形势下民间资本介入竞赛表演活动的切入点，通过政策扶持提高行业利润率并补偿因外部性而产生的社会效益，进一步建立和完善民间资本介入我国竞赛表演业的动力机制。

2. 竞赛表演业区域发展的不平衡

近年来，我国竞赛表演业的发展以东部经济发达省市为主要依托，特别是北京、上海和广州等城市的赛事活动较为频繁，赛事的影响力逐步扩大，是我国竞赛表演市场的排头兵。与此同时，除了东部沿海之外的经济欠发达地区竞赛表演业发展较为滞后，无论是在赛事运作理念、赛事活动数量和规模，还是赛事运作机制的探索和完善等方面，均存在着不小的差距。

首先，从赛事举办层次和举办数量来看，我国竞赛表演业发展较好的城市主要集中在东部沿海城市或经济发达省市，特别是北京、上海、广州等经济发达的少数城市，竞赛表演业活动较为活跃。而中西部地区的赛事活动则相对较少，区域发展差异十分明显。与此同时，大量具有国际影响力的顶级赛事，如 F1 大奖赛、世界大学生运动会、中国网球公开赛等，几乎全部集中于北京、上海、广州、深圳等城市，这表明了我国竞赛表演市场的区域发展结构还有待于进一步改善。

其次，从我国体育服务业从业人员规模来看，我国华东、中南、华北等经济发达地区的统计数值明显高于全国其他地区。由于竞赛表演业是体育服务业的核心业态，因此这在很大程度上反映了竞赛表演业的区域分布状况。据2008 年全国体育及相关产业统计数据显示，我国体育服务业的从业人员主要集中在中南、华东和华北三大区域。中南地区和华东地区体育服务业的从业人员排前两名，分别为 128733 人和 127419 人；华北地区体育服务业从业人员数排名第三，从业人员数为 83742 人；西北地区体育服务业的从业人员数最少，只有 24016 人，区域差距十分明显。

表 4-6　2008 年体育服务业不同区域从业人员分布一览表（单位：人）

	体育组织 管理活动	体育场馆 管理活动	体育健身 休闲活动	体育培训	体育中介活动	合计
东北	22406	3128	8098	1169	247	35114
华北	42099	5982	28552	2901	3615	83742
华东	75685	8215	33502	6720	2939	127419
中南	66270	9178	40958	9780	2121	128733
西南	32224	3117	8705	1215	342	45638
西北	18854	1153	3493	477	16	24016
合计	257537	30772	123306	22261	9280	444662

因此，依据不同区域的自然条件和资源禀赋，结合各区域经济发展状况和需求状况，通过产业扶持政策的制定与实施，有序推进各地竞赛表演业的协调发展，对于有效改善我国竞赛表演业的区域发展结构具有重要的现实意义。

（二）竞赛表演业产业结构优化的政策思路

依据产业经济学理论，产业结构的变动的影响因素主要包括两大类：一是供给因素，二是需求因素。供给因素从广义上来说包括自然条件和资源禀赋、人口规模与结构、知识与技术创新、资金供应、环境因素等；而需求因素则主要包括消费需求、投资需求等。为了进一步优化我国竞赛表演业所有制结构和区域发展结构，各种政策思路的制定应从供给因素和需求因素两个角度入手。

1. 所有制结构的优化

民间资本是保证国民经济平稳较快发展的积极推动力量，是重要的市场主体和提供就业岗位的主要渠道，是发展实体经济的坚实基础。随着我国经济体制改革的逐步深入，民间资本在国民经济发展中的作用日益凸显。鼓励和引导民间投资，有利于推动各种所有制经济平等竞争、共同发展；有利于建立公平竞争的市场环境，促进社会的和谐稳定。2005 年，国务院颁布《国务院关于鼓励支持和引导个体私营等非公有制经济发展的若干意见》，明确提出了非公有资本可以进入垄断行业、公用事业和社会事业（含体育事业）等产业领域。2011 年，由国家发改委、商务部联合颁布的《外商投资产业指导目录（2011年修订）》规定了外商可以投资的产业类别及目录，其中"文化、体育和娱乐业"位列鼓励外商投资产业目录中，包括"演出场所经营（中方控股）"和"体育场馆经营、健身、竞赛表演及体育培训和中介服务"。当前，我国竞赛表演活动的承办主体的性质多为国有或集体所有制机构或企业，容易造成赛事资源配置效率的低下等一系列问题。通过各种优惠政策的实施，引导民间资本进入我国竞赛表演业，是实现市场导向、提高竞赛表演业发展活力的必由之路。

在吸引民间资本方面，文化产业有很多可供借鉴的经验。2004 年，文化部下发了《关于鼓励、支持和引导非公有制经济发展文化产业的意见》；2009年 9 月，为了贯彻落实《文化产业振兴规划》关于积极吸收社会资本进入文化产业领域的要求，文化部研究并出台了《文化产业投资指导目录》，在吸引民间投资文化产业方面列出了详细的指导纲目，有力地促进了民间资本进入文化产业。在竞赛表演业发展方面，国内一些省市也在吸引民间资本介入竞赛表演业方面做出了有益的尝试。例如，2011 年 8 月，海南省文化广电出版体育厅颁布了《关于鼓励和引导民间投资进入文化体育领域的实施办法》（琼文发〔2011〕141 号），办法明确提出要"鼓励引导民间资本投资体育产业"，通过招标、入股等形式吸引民间资本成立"环海南岛国际公路自行车赛、环海南岛国际大帆船赛、海南'金椰子'高尔夫球公开赛"专业赛事公司，推动三大赛事市场化、国际化进程；鼓励引导个人注册组建文化体育企业；允许以商标、品牌、技术、科研成果等多类型知识产权以无形资产形式评估作价出资组建或入股文化体育企业。

根据产业结构理论，竞赛表演业的投资结构是指一定时期内竞赛表演业总投资在行业内的分布情况。为了优化竞赛表演业的投资结构，必须充分利用产业政策的引导作用鼓励民间私营企业投资竞赛表演业，特别是一些便于市场化运营的赛事活动。同时应鼓励和支持非公有资本（包括国外资本）进入竞赛表演业的发展领域。另外，全国各省市体育产业主管部门负责人（N=23）调查问卷数据显示，针对"您认为政府如何促进民间资本进入我国竞赛表演业"，选择"减少政府直接干预，强化政府服务职能"的调查对象为 N=20，选择"研究设计优惠政策吸引民间资本进入"的调查对象为 N=21，选择"加大赛事专业人才培养力度"的调查对象为 N=18。可以看出，弱化政府直接干预、制定优惠政策及加快培养赛事运作的专业人才等是当前吸引民间资本的重要途径。

因此，本研究认为，为了有效吸引民间资本介入竞赛表演业，应重点从以下几个方面入手：一是按照"市场主导、政府扶持、社会参与"的模式，实行举办比赛形式市场化、投资主体多元化、竞赛组织多样化；合理配置赛事资源，充分借鉴国外专业公司与机构的运作模式，创新赛事专业人才培养机制，培养规范化和高水准的专业赛事运作实体和运作团队。二是创新赛事管理体制，进一步理顺政府、社会、市场三者在赛事举办中的角色定位，在政府各部门、各行业之间建立相应的协调机制，努力为赛事创造一个健康、稳定、有序的市场环境。三是鼓励民间资本对体育事业进行捐赠，企业、个人和其他社会力量向体育赛事活动、优秀运动队等捐赠，符合税法有关规定的，可以在计算应纳税所得额时扣除。四是设计和制定有利于吸引民间资本介入的各种优惠政策，例如，可以考虑将竞赛表演业列入国家扶持发展的服务业指导目录中去。

2. 区域发展结构的优化

产业经济学理论认为，自然条件和资源禀赋、人口因素、技术进步、市场需求等因素对产业结构变动具有显著影响。我国幅员辽阔，东、中、西部的自然环境、人文环境和经济发展环境均差异较大，各地竞赛表演业的发展水平更是参差不齐。总体而言，依据产业结构的演进规律，作为第三产业的组成部分，竞赛表演业的兴起与发展必须以居民人均收入水平的提高为基础。因此，不同省市的竞赛表演业发展目标并不相同，相应的政策选择也具有较大差异，各地必须因地制宜，根据自身资源特色开展不同的赛事活动，培育具有自主知识品牌的本土赛事。

一方面，各级政府应研究出台本地区竞赛表演业发展规划。为了进一步优化竞赛表演业区域发展结构，各地应避免赛事活动的重复举办，不同城市、不同地区的赛事活动应从自身实际出发，不宜一味追求国际性或大规模。北京、上海、广州等经济发达的大型城市可以通过举办具有国际影响力的各类赛事活动进一步提升城市知名度，如中国网球公开赛、上海大师杯赛、广州亚运会等；而中西部地区的城市则可以通过举办富有地域特色的赛事活动，促进地区竞赛表演业的兴起。例如，海南通过举办环海南岛国际大帆船赛，促成了一座世界级的帆船港落户海南，半山半岛帆船公司投入资金近 7 亿元人民币，在三亚修建了拥有 340 个大帆船泊位和游艇俱乐部、高档餐厅、宾馆、购物街、游泳池、网球场、帆船学校等为一体的帆船港。由于设施完善，此帆船港正逐步成为世界帆船爱好者的运动、休闲基地和沃尔沃帆船赛的经停港。此外，亚洲第一、世界第二的冲浪俱乐部即海南万宁日月湾冲浪俱乐部已建成并投入运营，打造"中国冲浪都，世界冲浪胜地"，以满足中外游客冬季观赛、休闲度假的需求。西藏利用地理优势与特点，已经成功举办了 6 届"拉萨国际半程马拉松挑战赛"、2 届"拉萨至加德满都汽车集结赛"、10 届"西藏登山大会"、3 届"喜马拉雅攀岩邀请赛"等特色品牌体育赛事和活动。内蒙古自治区地域辽阔，东西、南北跨度较大，拥有森林、沙漠、草原、湖泊、冰雪等多种自然资源，结合这些得天独厚的自然资源和该区的一些民族体育项目，可以努力打造具有地区特点的品牌体育赛事，包括呼伦贝尔冰雪那达慕、通辽赛马节、沙漠汽车越野赛、环多伦湖自行车赛等活动。这些差异化、特色化的发展战略与政策选择是我国竞赛表演业区域结构优化的重要路径。

　　另一方面，优化竞赛表演业区域结构的核心是注重赛事良性运作机制的培育及产业链的形成。不同城市、不同地区赛事活动的定位虽然不尽相同，但其根本任务均是注重市场导向，以促进竞赛表演业的可持续发展为宗旨。竞赛表演业的可持续发展要求各地区实现市场主体的培育、政策环境的优化及产业链的形成等。因此，政府主管部门必须摒弃短视的观念，要将竞赛表演业作为整个国民经济的组成部分，促进竞赛表演业与其他行业的融合发展。例如，宁波市坚持走"政府支持、市场运作、协会承办、社会参与"的办赛路子，努力开发赛事冠名权、门票销售权、体育广告经营权等各类无形资产，努力培育一批有发展前景、有持续能力、被广大市民群众所接受的重大赛事项目，形成每个县（市）区、每个体育协会和市级体育直属单位都有 1—2 个可持续运作和有特色的体育赛事项目，形成点面结合的优质赛事格局。青岛市注重海上赛事的开展，帆船运动经济不断做大做强，以克利伯环球帆船赛（青岛站）、沃尔沃环球帆船赛（青岛站）、青岛国际帆船周等赛事和活动为依托，带动了青岛市会展业、船舶制造业、航海培训、工艺品经贸及文化创意等关联产业的发展。创办于 2003 年的中国国际航海博览会是我国国内唯一的以航海为主题的专业展会，随着海上赛事的蓬勃发展，博览会的规模和影响力不断扩大，资本和人才等高端要素不断集聚青岛，进一步放大了帆船运动的经济效应。目前，青岛市初步形成了帆船竞赛表演、休闲娱乐、培训、展会、制造一条完整的产业链。甘肃省体育局和旅游局打造四条精品旅游线路，重点开发和推广了酒泉敦煌全国沙滩排球邀请赛、兰州国际马拉松比赛暨全国马拉松记分赛、丝绸之路汽车自行车越野拉力赛、嘉峪关国际铁人三项洲际杯赛暨全国铁人三项冠军杯系列赛、张掖中国汽车拉力锦标赛、甘南玛曲格萨尔赛马会、临夏"全国龙舟月"永靖黄河三峡龙舟邀请赛等品牌赛事。另外，吉林省结合自身优势，注重旅游与冰雪赛事活动的互动发展，以赛事和节庆活动为重点，带动了竞赛表演业的本土化发展。

表 4-7   2005—2010 年吉林省春节长假旅游游客数量统计表（单位：万人）

2005 年	2006 年	2007 年	2008 年	2009 年	2010 年
145.21	156.10	167.96	201.23	254.15	316.41

（数据来源：全国体育产业工作座谈会）

　　总之，优化竞赛表演业的区域结构是我国经济发展不平衡条件下的必然选择，地域间资源禀赋、经济条件等因素的差异客观上要求竞赛表演业的差异化发展。与此同时，各地必须立足于产业结构演进的角度来重新认识和发展竞赛表演业，注重培育市场主体和竞赛表演业产业链的形成，促进竞赛表演业与其他行业的互动发展，而不是仅仅将其视为举办若干场赛事活动，用以提升城市形象与知名度等狭隘的赛事观。

　　产业结构的演进与优化是产业发展的重要驱动力。本章首先对我国竞赛表演业产业结构现状进行定性分析，指出由于民间资本介入竞赛表演业缺乏动力机制，导致我国竞赛表演业所有制结构严重失衡；与此同时，我国竞赛表演业区域发展极不均衡，东西部地区发展存在较大差异。为此，在所有制结构优化方面，政府应通过政策措施鼓励和扶持民间资本的进入，既可以借鉴文化产业吸引民间资本的经验，又可以通过政府放权、投资优惠和税收优惠等政策营造有利于民间资本进入的市场环境。在区域发展结构优化方面，各地应从本地区的自然条件和资源禀赋入手，结合市场需求，营造竞赛表演业差异化的发展格局，侧重竞赛表演业产业链的打造和培育。

第四节　体育强国建设中我国竞赛表演业的政策目标

从理论角度而言，产业经济学理论认为，产业政策的主要作用体现在五个方面，即弥补市场失灵的缺陷；实现产业超常规发展；调整和优化产业结构、实现产业资源的优化配置；提升产业的国际竞争力；在经济全球化过程中保障国家经济安全。产业政策的目标体系则主要包括实现经济振兴、产业结构合理化及增强产业国际竞争力。因此，结合我国竞赛表演业的经济活动特征，从理论角度来看，弥补市场失灵、优化产业结构和提升产业全球竞争力是竞赛表演业政策的主要目标。

从实践领域来看，虽然近年来我国赛事活动较为频繁，影响逐步扩大，但我国竞赛表演业仍属于"幼稚产业"，产业良性发展的机制尚未理顺，特别是政府和市场在竞赛表演业中的角色定位并不合理，市场失灵与政府失效同时存在，这是影响我国竞赛表演业可持续发展的重要问题。与此同时，随着经济全球化进程的逐步加快，赛事活动已经突破了地域限制，实现了国际范围内的互动与融合，加之体育强国建设对我国竞赛表演业提出的发展定位和目标，客观上均要求进一步提升我国竞赛表演业的全球竞争力。另外，我国竞赛表演业的区域发展结构与所有制结构严重失衡，优化我国竞赛表演业的产业结构也成为体育强国目标下的重要任务之一。

此外，全国各省市体育产业主管部门负责人（N=23）调查问卷数据显示，针对"体育强国建设中我国竞赛表演业政策目标"这一问题，选择"弥补竞赛表演业市场失灵""优化竞赛表演业产业结构"和"提升竞赛表演业全球竞争力"的调查对象分别为 N=22、N=20、N=20。由此可见，这三个方面的作用也是当前政府主管部门对于体育强国建设中我国竞赛表演业发展目标的普遍认知。

当然，作为体育产业的核心业态，我国竞赛表演业发展过程中遇到的问题涉及面很广。既包括产业发展战略层面的问题，也包括产业组织、产业布局乃至产业规制等层面的问题。相应地，若要全面、系统地研究竞赛表演业的政策问题，则应该对所有这些涉及的问题进行深入剖析，但由于研究时间等的约束和局限，我们以产业政策理论、我国竞赛表演业的现状及问卷调查的结果等为依据，有重点地选择如下三个方面的问题作为本研究的主要内容。本研究认为，在全面建设小康社会和体育强国建设的目标下，2010—2020年我国竞赛表演业的政策目标应主要集中在以下三个方面。

一、弥补竞赛表演业市场失灵

产业经济学理论认为，弥补市场失灵是产业政策的主要作用之一，也是产业政策形成的重要逻辑起点。从体制机制来看，我国竞赛表演业良性的管理体制与运行机制尚未真正建立，包括职业联赛在内的竞赛表演业市场管理仍不规范，以市场为主导的产业化发展道路仍未最终形成。具体而言，这些问题集中表现在：赛事承办权市场垄断、赛事电视转播权市场垄断、微观市场主体的培育滞后、赛事资源配置与产品交易的良性机制并不健全等。因此，一方面要通过产业组织政策和产业结构政策的作用，限制赛事承办权及电视转播权等市场的垄断行为，促进我国竞赛表演业产业组织的完善，以及我国体育竞赛表演业市场化运行机制的形成。另一方面要通过政府职能部门改革，进一步放宽竞赛表演市场的准入门槛，营造更为公平合理的竞争环境，逐步形成以市场为导向的赛事资源配置与交易机制；要通过税收、政府资助等政策手段，积极培育更多的微观市场主体。

二、优化竞赛表演业产业结构

从结构方面来看，虽然我国竞赛表演业已经初具规模，并且呈现稳固增长态势，竞赛表演业增加值的增长速度明显快于第三产业和我国国内生产总值的增长速度，但是竞赛表演业的区域结构与所有制结构均严重不协调。一是从赛事举办层次和举办数量来看，我国竞赛表演业发展较好的城市主要集中在北京、上海、广州等经济发达的少数城市中，而经济相对落后的城市没能形成竞赛表演市场；二是从我国竞赛表演业增加值和从业人员规模来看，我国东部沿海经济发达地区的上海、江苏、浙江、福建和广东五省市的统计数值明显高于全国其他地区；三是从我国竞赛表演业增加值和从业人员占体育及相关产业总增加值和从业人员总数来看，我国东部沿海经济发达地区的江苏、浙江、福建和广东等省市的统计数值明显低于全国其他地区；四是从企业所有制结构来看，我国竞赛表演业组织类型较为单一，以国有企业和集体企业为代表的内资企业占绝大多数，包括有限责任公司、股份有限公司和私营企业等的其他企业类型极为少见，结构比例不尽合理，亟待进一步改善。因此，要通过产业扶持政策的制定和实施，吸引民间资本投资和进入竞赛表演业，进一步提升非公有制经济在竞赛表演业所有制结构中的比重。通过制定扶持政策，进一步平衡竞赛表演业在全国东西部及城市间的地域分布，稳步提高竞赛表演业增加值在我国体育产业增加值中的比重。

三、提升竞赛表演业全球竞争力

从全球竞争力来看，无论是我国竞赛表演业的产值规模，还是赛事活动的全球影响力，均与西方发达国家存在较大差距。我国竞赛表演业市场整体规模小，项目普及程度低，能够真正进入市场运作的项目数量少。由于东西方文化的差异等因素，有些项目在国内开展较晚，加之一些项目对于场地、器材、技能有着较高的要求，从事此类运动的多为经济收入较高或运动技能较好的人群，普通居民较难从事该类运动，从而影响项目在国内的普及程度。因此，与我国体育强国建设的目标相比，竞赛表演业国际竞争力的提高显得尤为重要。因此，要通过产业政策的实施，促进包括文化、旅游、传媒、会展、建筑等产业在内的国民经济其他行业与体育竞赛表演业的互动与融合；积极培育职业运动项目的各类参与者与球迷群体；通过税收、贸易保护及资助等政策手段，鼓励和扶持国内竞赛表演业的市场主体参与国际竞争。

本章旨在明确体育强国建设中我国竞赛表演业发展的政策目标。基于对我国竞赛表演业发展现状的定性分析，本研究认为我国竞赛表演业尚属于"幼稚产业"，未来我国竞赛表演业将呈现业态全球化、赛事活动社会化、赛事运作规范化的整体发展态势。基于对体育强国建设目标要求的分析，结合文化大发展背景下我国竞赛表演业的发展定位，本研究在简要阐述理论依据和现实依据的基础上，明确了体育强国建设中我国竞赛表演业的政策目标，即弥补竞赛表演业市场失灵、优化竞赛表演业产业结构和提升竞赛表演业的全球竞争力。

第五章　体育强国建设背景下我国体育竞赛表演业发展的影响因素

第一节　国内外体育竞赛表演业发展的现状

一、国内体育竞赛表演业发展的现状

随着体育体制改革的不断深化，近年来我国体育产业发展迅速，总体规模不断扩大。

作为中国体育改革的突破口，中国足球率先走上了职业化之路，相比国内其他体育项目而言，中国足球目前的商业化程度是最高的，但规模却不大。截至 2014 年，中超联赛一年的总收入也不足 4 亿元人民币，而国字号的 7 支队伍一年总收入也刚过 1 亿人民币；而篮球方面，2014—2015 赛季结束之后，一家致力于职业篮球联赛发展 20 年的俱乐部悄然退出，出售 70% 的股权仅获得 5000 万人民币，几乎同时期，洛杉矶快船队以 20 亿美元（约 130 亿元人民币）的价格出售给史蒂夫·包尔曼，两支球队价值相差 200 多倍。

（一）国内 CBA 产业

1.渊　源

1995 年，中国篮球协会创办了"中国男子篮球甲级联赛"（China Basketball Association，简称 CBA），开始了职业化进程。创立之初就有 12 支球队，目前为止，有 20 支球队。中国职业篮球逐步走上专业化和市场化道路。

2.现　状

相比于 NBA 70 多年的发展历史，CBA 还很年轻，因此也缺乏经验，经历了多年的亏损后，CBA 终于意识到了品牌塑造的重要性，开始学习 NBA 的成

熟经验，实施"选秀"制度，从全国范围内选拔优秀的大学生球员加入 CBA。同时斥巨资引进外援，提高了 CBA 联赛看点，增加了比赛结果的趣味性与不确定性。随着对品牌重视度的不断提升，CBA 提出了新的比赛口号，旨在形成 CBA 的联赛文化。但由于 CBA 的品牌意识和品牌推广起步晚，目前仍处于不完全开放状态，这一方面远远落后于 NBA。

3. 收入情况

转播：从品牌影响力来看，CBA 仅次于中超联赛，甚至在总决赛时，一票难求，火爆程度超越中超、亚冠等足球赛事，但目前大部分 CBA 赛事仍处于俱乐部花钱买转播的情况。目前仅有像辽宁、北京、广东等实力强劲的球队在地方台转播时不需要支付转播费用，其余大部分球队仍处于花钱买转播的境遇。相比 NBA 赛事的出售转播权获取高额收入而言，国内 CBA 转播市场的开发和规范，亟待改善与提升。

赞助：2012—2013 赛季，辽宁队从本钢集团得到的冠名赞助为 1500 万元，广东队 1200 万元，北京队、山西队、江苏队和佛山队等球队能得到了 1000 万，而吉林队、上海队、东莞队和福建队分别得到了 400 万—800 万不等。此外，北京队还有 2000 万的政府支持收入，辽宁队则在 1000 万左右，其他球队要么没有政府支持收入，要么很少，只有一两百万。由于近年来 CBA 发展趋势进步缓慢，2014—2015 赛季获得的赞助与 2012—2013 赛季相差不大。

（二）国内汽车运动产业

1. 渊　源

关于汽车产业发展，我国早已成为产销量第一的汽车大国，但我国的汽车运动的发展却赶不上汽车产业发展的脚步。根据国际惯例，尖端的赛车前沿技术慢慢会向民用车技术转移，而国内现阶段也未曾有过尖端的赛车技术。目前在国内的汽车运动领域，几乎每支车队的经营模式都还处于汽车厂商出资来组建和运营的阶段，这就严重制约了赛车运动走向市场化的脚步，不能由市场主导，更是为我国赛车运动的未来发展留下了隐患。

直到步入 21 世纪，汽车工业在我国蓬勃发展，汽车更多地走进寻常百姓家，汽车运动也得到了突破性发展，国家立法、机构成立日趋可待。2001 年，中国汽车联合会相继发布了《全国汽车运动管理规定》《中国汽车运动联合会 2001—2010 改革与发展纲要》，国家体育总局也于 2001 年成立了汽车摩托车运动管理中心。

　　中国汽车运动联合会目前拥有汽车拉力锦标赛（CRC）、房车锦标赛（CTCC）、汽车场地越野锦标赛（COC）、汽车越野系列赛（CCR）、卡丁车锦标赛（CKC）及汽车漂移、直线竞速赛、卡车场地赛等国内赛事。这其中作为中国赛车运动第一品牌的当属中国房车锦标赛（CTCC），中国房车锦标赛是FIA 国际汽联唯一支持的国家级房车赛事，同时也是作为 A 类赛事被国家体育总局纳入年度比赛计划的。因此，中国房车锦标赛的发展情况不仅是影响到单一赛事的未来发展，作为中国汽车运动的标杆赛事，更是代表了整个中国汽车运动的未来发展走势。

　　2. 现　状

　　截至 2013 年，我国汽车运动以国际汽车运动管理模式为标准，建立汽车运动管理框架已初见成效。据统计，注册团体会员已达 266 家，取得赛车执照运动员 3337 人，俱乐部 181 家。

　　相较于职业汽车运动来讲，卡丁车有更容易上手和更低消费的门槛和便捷性。国外卡丁车运动是职业汽车运动发展的基础，而青少年参与卡丁车运动更是决定本国职业汽车运动发展的前提。近几年来，我国青少年卡丁车注册运动员约 30 人左右，能够顺利跑完全年锦标赛的更是不足 10 人。限制青少年参与卡丁车运动的主要原因是无法突破成绩的选手主动放弃和有成绩选手今后发展又无更好、更多的平台可选，不得不被动放弃。

　　相较于其他运动而言，汽车运动需要更多其他因素来支持参与及训练。比如车辆、场地等，目前我国注册车手仅有 3000 人左右，能顺利参与每年各类赛事中的车手更是少之又少，许多国际性赛事看重中国市场却又找不到符合标准的车手而不得不放弃整个赛事计划。

　　一场专业级赛车比赛以一级方程式为例，全场大约需要各类工作人员约1000 名，目前我国除了北京、上海、珠海这三个地方以外，几乎再无专业裁判和其他方面的专业性人才，场地工作人员大部分来自社会志愿者和学生志愿者，这也严重制约着竞赛质量、无法把控竞赛平稳运行。

　　著者曾参与 2016 年中国环塔（国际）拉力赛比赛前线报道工作，环塔拉力赛至今已有十多年历史，本届拉力赛由中国汽车摩托车运动联合会、新疆维吾尔自治区体育局、新疆维吾尔自治区旅游局、宝钢集团八钢公司联合主办。在为期近 20 天的报道工作中，著者发现整个赛事规模空前，赛段也时隔 5 年重回南疆，行驶赛段高达 6500 千米，其中不乏国内外顶尖车手和一流赛车参赛，比赛规范性和后勤保障能力就国内现状而言也称得上顶级，同时此项赛事也被外界誉为"东方达喀尔"。唯独比赛宣传报道未能达到与赛事水平相当的层次，主流电视媒体不予关注，主流网络媒体不予直播或录播，移动端媒体更是无法参与赛事报道，只有极个别省市级电台以"新闻快讯"的形式予以播报；著者也曾参与2016年丝绸之路拉力赛后方报道工作，该赛事贯彻落实我国"一带一路"思想由中俄两国主办，于俄罗斯首都莫斯科发车，途径哈萨克斯坦，最后收官于北京鸟巢。赛事历时两周，工作中著者也发现与"环塔"赛事一样未能做好赛事前期宣传和后期媒体输出。

CTCC中国房车大奖赛有超过半数多的收入来自汽车厂商的赞助，2014年全年厂商为全赛季车队投入多达5000万元。汽车厂商本身对汽车运动的推广无可厚非，也是其他类赞助商无法代替的，但是由于过度依赖厂商的决定影响了车队参加比赛的积极程度，导致组委会及赛事运营组织会"看面子"为厂商"开绿灯"，引发极多比赛过程中的不规范操作，这显然违背了体育比赛的公平性。没有公平性的比赛，关注度自然会下降，外界赞助商也不会大量投入赞助，长此以往恶性循环。作为我国顶级汽车运动赛事，CTCC中国房车大奖赛每年仅有8站比赛，无论从报道上还是从车迷的追赛程度上都很难形成规模，更无法培养车迷的观赛习惯。

第7届环塔（国际）拉力赛现场观众（样本数量133人）观赛动机的数据显示，其他原因有8人，占6.1%；亲朋好友的影响有17人，占13.5%；喜欢赛车运动有19人，占14.3%；为喜欢的车手加油有28人，占21.1%；来看喜欢的明星（非车手）有29人，占21.8%；休闲娱乐为主与关注比赛无关的人数则高达32人，占24.1%。

表5-1　第7届环塔（国际）拉力赛现场观众观赛动机的数据

观赛动机	亲朋好友的影响	喜欢赛车运动	为喜欢的车手加油	来看喜欢的明星	休闲娱乐	其他
人数（人）	17	19	28	29	32	8
占比	13.5%	14.3%	21.1%	21.8%	24.1%	6.1%

3. 收　入

目前在国内举办的顶级赛车赛事非F1上海站莫属，常年跟踪赛事报道的资深记者表示"2004—2010 年，上海方面同 F1 总裁签署每年 3500 万美元承办费用合同 7 年"。而第二个 7 年合同在双方多次协商中才妥协至 1500 万每年。相比之下，亚洲的 F1 日本站和马来西亚站每年承办费用只需 950 万美元，高额的承办费用加之上海国际赛车场的建设费用总耗资 18.5 亿元，而第一个 7 年合同中 F1 上海站总收入只有尴尬的 4 亿元人民币。

本土赛事方面，CTCC 中国房车锦标赛官方统计表明，2015 年全赛季持票观众达到 100837 人次，相比 2009 全赛季增加近 3 万人次，但从整体来看，这一比例与其他体育赛事的参与人数相比是少之又少。CTCC 房车锦标赛整体关注度仍然处于低迷状态，收入与高昂的成本支出也显得杯水车薪。

（三）国内冰球运动产业

1. 渊　源

我国冰球运动与北美相比，历史甚短，最早的文字记载证明我国有人从事冰球运动的是 1927 年出版的《跑冰术》一书，从出版时间分析，这项运动应该是通过殖民国家在我国传播开展的。随着中华人民共和国初期"发展体育运动，增强人民体质"的号召，冰球运动在 1953 年首届冰上运动会得到真正开展，到如今已走过 60 余年。

自 1949 年中华人民共和国成立后，冰球运动就相继在东北、华北一些省市以各种形式得到发展，他们纷纷组建自己的冰球队。随着冰球运动的发展，参与冰球项目的人越来越多，也掀起了群众参与的浪潮。以东北为主的哈尔滨、长春、吉林、沈阳等地，甚至许多业余爱好者如学生、工人、教师自己动手制作冰球用具、护具等，同时开始组建了许多打出成绩的业余冰球队，如哈尔滨冰雪队、哈尔滨秋林队、长春白熊队等。这些业余爱好者们的参与对我国冰球运动的发展起到了重要作用，从 1953 年至 1956 年，参加冰上运动会的冰球队数量从 5 支增加到了 13 支。

20 世纪 80 年代开始，随着国家成立冰球队、冰球协会、冰球教练委员会等组织机构，加之采用"送出去""请进来"的教练员培训体系，科学化的管理和系统的训练方式使得我国冰球运动无论从技战术还是培养方式上都取得了明显的进步。处于黄金期的 80 年代，我国冰球水平有了突飞猛进的势头。中国冰球甲级联赛异常火爆，八一队、哈尔滨队、齐齐哈尔队连续多年争夺冠军，领头的几支球队实力水平相当，每场比赛热闹非凡，上座率甚至突破 100%。国际方面，中国冰球队在 1980 年间与日本全国冠军西武铁道队进行了

6 场比赛，最后以 6：4 的总比分夺得胜利。1981 年，在北京举行的世界冰球 C 组锦标赛上，中国队又先后战胜丹麦、保加利亚、法国和匈牙利、英国、朝鲜，7 场仅负奥地利最终夺得亚军晋级 B 组。在 80 年代的大环境下，冰球项目取得的成绩极大的鼓舞着普通百姓，更是在国内掀起了一股冰球浪潮。

到了 20 世纪 90 年代，越来越多的娱乐方式走进人们的生活，冰球运动也开始走下坡路。政府支持缩减，联赛门票、广告收益不足，各球队经费及球员工作待遇不足，冰球人才大量流失，20 多支专业球队只剩下哈尔滨、齐齐哈尔、佳木斯 3 支专业队。这样的境况让我国冰球运动水平一蹶不振，冰球人才急剧锐减，竞技水平甚至达不到参加冬奥会的资格。

2. 现　状

近几年，在冰雪项目独特的魅力下，冰雪运动在我国多个省市尤其以北方为主逐步兴起。我国在历届冬奥会的运动水平成绩也逐渐取得突破，随着"三亿人上冰雪"的项目落地，冰雪运动在全国范围内也逐渐普及。在 2022 年申冬奥成功的大背景下，全国各地室内外冰雪场地也如雨后春笋般诞生。冰雪运动的消费日渐增长，冰雪体育产业初具规模。为体育产业冰雪项目打前站的"全国大众冰雪季"已于 2014 年全面启动，冰雪体育竞赛表演业作为冰雪体育产业的主题，冰雪竞赛表演活动也具有庞大的市场价值和开发潜力，同时也会成为我国发展冰雪体育产业的强心剂。

二、国外体育竞赛表演业发展的现状

世界上体育产业最发达的国家当属美国，其四大联盟更是美国职业体育产业的核心，拥有巨大的财富创造力和国际影响力。其中近 1/3 的美国人是橄榄球联盟的球迷，1/10 的美国人是棒球联盟的球迷，2015 年联盟总收益高达 240 亿美元。同时，还有数据表明全球赞助市场总额的 1/4 全是对北美的体育赞助，而且这一比例进入 21 世纪后就几乎没有变化。

美国体育产业能发展至如此规模，绝非偶然，是在近百年的摸索中探寻出适合自己国情的体育产业发展之路。竞赛表演、体育资产、体育媒体、场馆、赞助商、体育营销公司和体育特许商品等产业相互配合，形成了六大主体的体育产业链。

上述的六大体育产业以竞赛表演为核心，其他版块也都是业务彼此交织，每一方都对另外五方有着巨大的影响力，他们相互成为不可或缺的"主角"。

据统计，2014 年，美国体育产业核心竞赛表演业的收入为 605 亿美元（不包括体育附属产业产值），主要来自以下方面：门票收入 177 亿美元，占比 29%；媒体版权收入 146 亿美元，占比 24%；体育赞助收入 147 亿美元，占比 24%；体育特许产品收入 135 亿美元，占比 23%；体育产业总产值更是达到了 4410 亿美元，占当年美国 GDP 约 3%。

（一）美国 NBA 产业

1. 渊　源

美国职业篮球联赛（National Basketball Association，简称 NBA），于 1946 年 6 月 6 日在纽约成立（NBA 的前身 BAA 在美国成立）。成立之初仅有 11 支球队，现如今球队数量已达到 30 余支，成为世界上最具影响力的职业篮球联盟。

2. 现　状

NBA 篮球赛事经过 70 年的发展，已经成为世界重要的体育赛事，现已形成一套完善的以竞赛产品为核心的管理和经营体系。NBA 注重赛事质量，着力于打造赛事品牌。例如，每年一次的"选秀大会"制度，从世界范围选拔、引进优秀球员；同时，NBA 允许球队之间进行球员交换，以达成资源互补和最优化配置，实现双赢目标。这些举措直接提高了球队质量和联赛的精彩度，吸引了消费者的持续关注。

此外，NBA 还注重打造比赛的娱乐性、技术性和观赏性，比赛激烈而富有氛围，比赛结果充满悬念而有趣味，让现场的球迷既享受了视觉盛宴，精神上又得到了放松和升华。在这种狂热而有趣的氛围中，NBA 不仅是一项顶级篮球赛事，还被赋予了精神和文化的内涵。

3. 收　入

转播：1997—1998 赛季，NBA 的比赛在全世界 109 家电视台，195 个国家，以 41 种语言播出，有超过 6 亿户家庭收看，收入将近 40 亿美元。2003—2004 赛季，NBA 赛事及节目以 42 种不同的语言透过 151 个不同的电视台在 21 两个国家和地区播放，涉及家庭超过 75 亿户，观众 31 亿人，收入超过 50 亿美元。世界各地的球迷都能通过卫星电视转播欣赏到精彩的 NBA 赛事。

赞助：凭借精彩的赛事和良好的品牌，NBA 逐渐获得了众多大牌赞助商的青睐、赞助商的规模和数量十分可观。下表是 2011—2015 赛季 NBA 获得赞助收入一览表（见表 5-2）。

表5-2　2011-2015赛季NBA获得赞助收入一览表

年份	赞助收入（亿美元）
2011	5.72
2012	6.10
2013	6.42
2014	6.79
2015	7.39

（二）美国汽车运动产业

1. 渊　源

F1属于"贵族"运动，走的是高端路线，而美国纳斯卡则更加亲民，虽然从影响力和知名度上讲纳斯卡都无法与F1相抗衡，但凭借其平民风格与激烈的比赛成了最受美国观众欢迎的汽车赛事。

纳斯卡起源于20世纪三四十年代在美国南部地区一些地下酒贩子对自己汽车性能的业余较量。为了保证比赛的公平与公正，他们在农庄中画出一条400米的泥土赛道，制定一些简单的比赛规则，最初的赛车就这么偶然诞生了。汽车运动成为这些酒贩子们"工作"之余借用"劳动工具"发展而来的民间游戏。

这些酒商之间自发的比赛从开始就吸引了成千上万人的关注，他们开始排队观看比赛情况，农场主自然不会错过这样的赚钱机会，他们在农场的赛道边修筑篱笆和大门，并开始售票，这就是最初美国赛车产业的雏形。当酒商们发现参加比赛所赢得的奖金和贩酒的利润差不多时，有些人便改行成为"专业"赛车手。同时，组织者为了比赛的规范性和安全性，也开始制定一系列简单的竞赛规则。这样一来，竞技运动需要的场地、参赛选手、规则和观众都已经具备，美国的赛车运动就这样"意外"的诞生了。

2. 现　状

纳斯卡从1948年成立至今，为了追求和突破赞助投资的需要，在车手（团队）、车迷和赞助企业之间逐渐形成了下图的关系，如图5-1所示。从图中不难看出，其实这三者之间早已达成相互"赞助"、相互"配合"的共赢模式。

发展至今，纳斯卡赛车不仅是赛车活动，更是一项扩展到非赛车市场的娱乐体育产业，多元的市场不断吸引新车迷的关注，车迷作为运动的基础促使赛事发展。纳斯卡发展的第一个50年是将混乱非法的地下赛车整治有序，那么下一个50年是将赛事推向商业化和娱乐化。在纳斯卡委员会看来，赛车更是一种文化娱乐产品，其商机远远超过赛事本身。

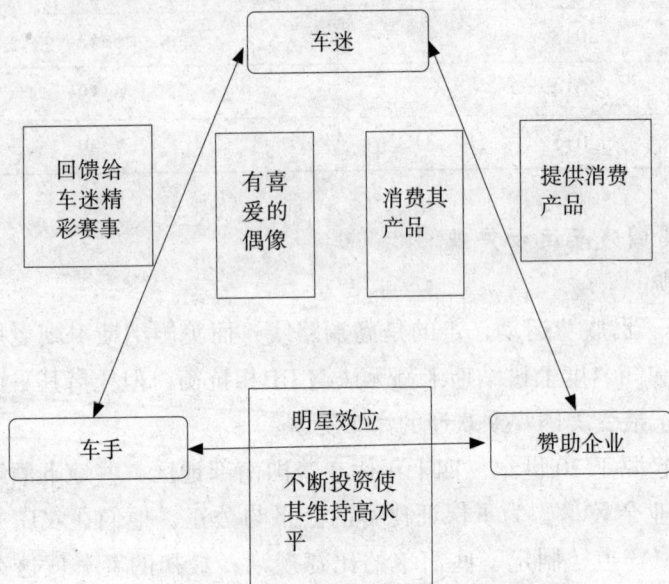

图 5-1　纳斯卡赛车车迷、车手、赞助企业关系

从美国纳斯卡赛车运动中我们不难看出，随着比赛规模的扩大和越来越多车手的参与，不同场地的规则也不同，无法统一，为了使赛车运动继续发展下去，就需要一个有权威性的组织，纳斯卡全国赛车联合会便在此种情况下诞生了。纳斯卡管理委员会为了更好地运作发展该赛事，制定了一系列比赛规则和章程。整个过程中，纳斯卡组织和管理从无到有，从临时到固定的一届届转变使得汽车运动的游戏成分越来越少，严肃性越来越多。

3. 收　入

在纳斯卡发展的多年间，车迷深知，比赛所有的支持来自赞助商。车迷对赞助商的回报就是购买产品或服务来支持赞助商，同时也间接作为支持者为整个赛事作贡献。有资料显示，2010年有超过8100万的车迷购买赞助商旗下的汽车、汽油、啤酒甚至生活用品，如金霸王推出的冠名手电筒等相关授权商品总价值达20亿美元。"赞助第一"的意识不仅存在于车迷当中，车手们也是如此，车手在比赛练习的空闲期会参加赞助商举行的各种活动，在正式比赛前也会接受车迷的签名，并且与车迷互动。因此，纳斯卡也被广大车迷誉为"最容易接近选手的体育比赛"。纳斯卡这种赞助商投入大、赛事获得车迷认可度高、赞助商回报率高、更多优秀车手的加入呈现了更精彩的比赛已成为良性循环。有统计显示，2011 年，美国女赛车选手丹妮卡从印地赛车转战纳斯卡，在某场比赛中获得首发位置并最终进入前八，这场比赛的视听人数直线增加22%，同时丹妮卡还以 10.2 万人的博客访问量登上纳斯卡年度车手博客访问量的冠军宝座。赞助商也明白，车迷的增加直接关系着自身的利益，他们也会积极协同纳斯卡开发整个市场。

纳斯卡的营销表明，知名赛事品牌是通过赛事的时间、地点、观赏性和比赛规格的不断创新突破形成的。纳斯卡在 60 多年的发展历程中所做的无数改变也证明了这一点。

（三）北美（美、加）冰球运动产业

1. 渊　源

长曲棍球加以冰上场地，就是现代冰球的雏形。曲棍球起源于 500 多年前的北欧，被驻扎在加拿大的英国军队引入北美。由于加拿大大部分地区处于高纬度地区，士兵们就在脚上绑起冰刀在冰冻的湖面上用球棍追打圆木制成的冰球，这就是现代冰球的起源。

19 世纪中叶，人类历史上第一次冰球比赛在加拿大举行。最初比赛使用的冰球是用橡胶制成的。1875 年初，加拿大蒙特利尔的维多利亚冰场举行了第一次正式的冰球赛，冰球规则在此次比赛中诞生。

在加拿大，冰球是最流行的体育项目。1885 年，加拿大成立了第一个业余冰球协会，吸引了广大冰球爱好者的踊跃参与。

2. 现　状

全球各类冰球赛事中，影响力最大的当属北美的北美职业冰球联赛。北美职业冰球联盟（NHL）是目前世界上冰球运动最高水平的联赛，它是由北美冰球队伍所组成的职业运动联盟，队伍共分成东、西两个大区，每个大区下属为3 个分区。1917 年，联盟诞生于魁北克蒙特利尔，目前已发展有 30 支球队。

美国全国大学生体育联盟（NCAA）中冰球项目的质量很高，其中青少年冰球联盟是冰球教学结合最成功的发展联盟。1980 年，以 NCAA 大学生冰球队组成的美国队在普莱西德湖冬奥会上战胜了三连冠职业冰球队苏联队，成为

体育史上和冰球史上的传奇之战。现如今在职业联赛 NHL 中，约有 38% 的运动员来自 NCAA，几年间这一比率仍在增长，可见 NCAA 在整个美国冰球梯队体系中发挥的巨大作用。

3. 收　入

在美国与加拿大，冰球的电视转播收入与其他联盟对比并不十分丰厚，所以俱乐部的利润大多来自门票收入。尽管球馆座位数有限，由于每支队伍在常规赛需要打 84 场比赛，而且很多队伍还有季后赛，所以整体收入还算可观。门票收入能占球队总收入的 65%，近几年来这一收入都在持续稳定增长。据统计，2011 年年底，美国职业冰球球队评价估值约 2.4 亿美元，同比 2010 年增长 5%。

第二节　我国体育竞赛表演业发展的宏观因素分析

著者结合案例和专家访谈归纳出，影响我国竞赛表演业发展的宏观因素为政治因素、经济因素和社会文化因素，以下是对每种因素的简要分析。

一、政治因素

（一）政策因素

体育产业及竞赛表演业发展的政策制定是体育产业健康、快速发展的重要保障。我国现行体育产业相关政策是根据体育产业发展的自身特点和客观需要所采取的各种经济手段和规划、引导、干预体育产业发展的经济政策。

在党的十一届三中全会上，我们把工作重点转移到社会主义现代化建设中来，此时我国经济进入飞速发展的良好时期。国家总结新中国成立以来特别是改革开放后的体育工作经验颁布了《关于进一步发展体育运动的通知》，该通知中提出我国如何加快发展体育事业的指导思想和具体措施。1986 年，国家体委提出体育场馆实施多种经营，从行政管理到经营管理专门颁布了《关于体育体制改革的决定》。作为我国体育产业的起步阶段，该阶段着力解决两方面问题：一是鼓励体育相关单位扩大服务范围、向市场转型积极增加收益；二是广泛吸引社会资金，以多种形式办赛和组建高水平运动队，以缓解体育系统资金不足的问题。

1992 年，体育产业在国民经济中从模棱两可的地位得到国家体育部门的认可，国务院颁发了《中共中央国务院关于加快发展第三产业的决定》一文，明确提出将体育列入国民经济第三产业中。1995 年，国家体委颁布了《体育产业发展纲要（1995—2010）》的十五年计划，计划中首次提出体育产业的性质和其经济属性，确定了体育产业的概念，并对国家体育产业提出了指导思想和发展目标。在 1992 年至 1997 年间，国家也陆续提出有关体育产业具体发展办法的文件，要求改革体育管理体制，积极推行体育项目协会机制和俱乐部机制，强调国家与社会协调发展体育事业的格局，并推动体育事业社会化、产业化。2014 年，国务院《关于加快发展体育产业促进体育消费的若干意见》的出台，更是提出我国体育产业至 2025 年的发展目标，要求我国体育产业体系更加完善、要求产业环境优化和产业基础更加坚实。随后出台的《体育总局关于推进体育赛事审批制度改革的若干意见》一文明确取消了商业性和群众性赛事的审批权，促进了我国体育竞赛表演业的多样化发展。

从 1997 年至今，国家不断出台明确体育产业概念和体育事业改革、发展体育产业的相关政策，通过实践摸索和市场需要，国家已将体育产业深化改革放在新的工作高度。

（二）制度因素

1998 年 4 月，国家体育运动委员会改名为国家体育总局后，各地方体育运动委员会也更名为体育局，国家体育总局下设多部门、中心，也有市场开发部和企业形式的组织，如篮球的中篮公司和足球的福特宝公司。这种格局下，体育场馆、体育信息、体育资源等相对集中在政府体育职能部门，其他部门和企业等团体想要进行体育产业开发和市场运作，就具有明显的难度，这也使得我国体育产业市场化进程缓慢。

目前，我国职业体育的运行模式大致可分以为两种：一是中心和协会直接进行联赛的模式，如排球、乒乓球等，这种模式实际是管办不分的；另一种是中心、协会通过所属公司进行职业联赛运作，如足球、篮球等项目，运行模式属于管办分离。实际上，由于中心和协会仍属于公司，并且公司是大股东，要真正做到管办分离还是有一定难度的。以 CBA 为例，在管理上管办不分，以行政管理为主阻碍了职业化改革和球员的自由转会、自由流通，在严格意义上不能称之为职业联赛。因此，应当弱化行政机构对职业联盟的干涉，加强职业化改革，与国际接轨。

二、经济因素

改革开放至今，我国经济发展迅猛，民众生活水平日渐提高，体育产业经济也取得了逐年增长的成效。虽然与发达国家体育产业相比仍有极大差距，但快速发展的经济势头给我国竞赛表演业带来了发展的契机。

我们不得不面对的现状是，通过了解财政部公布的《全国公共财政支出》来看，2008 年"体育"才被财政部化作单独支出的一项，之前一直归为"体育文化与传媒"中，2013 年"体育"在全国财政支出里仅占 0.21%，最高一年的支出也仅有 0.33%，人均群众体育财政支出仅为 2 元人民币。

（一）经济增长

改革开放 40 余年，我国社会主义现代化建设取得了辉煌的成就，人民生活水平逐步达到小康。我国在国际舞台上话语权和地位更是空前提高。1978 年，我国 GDP 约 3645 亿元，在国际排名仅第十。从 1978 年到突破第一个 1 万亿用了 8 年时间，到 1991 年突破第二个 1 万亿用了 5 年时间，此后的 10 年间几乎每年上升 1 万亿，2015 年，我国 GDP 总量达到 676708 亿元人民币。其中投资、生产和消费均占有很大比例，我国经济的高速增长为体育竞赛表演市场的培育和发展奠定了良好的经济基础，同时也推动了竞赛表演业供给增多和需求水平攀升。

（二）产业结构

产业结构合理化是实现供需平衡的前提，可以促进经济的发展，充分利用人力、物力、财力保持国民经济持续、健康的发展。从 2011 年国家颁布的《产业结构调整指导目录》来看，国家首次将体育服务单独提出，其中第 36 条教科文卫体中提出体育竞赛表演、体育场馆设施建设及运营、大众健身休闲服务。从产业结构来看，国家已经确立了体育产业尤其是竞赛表演业的地位，这种产业结构不断优化、不断调整也为我国体育竞赛表演业的发展创造了有利条件。

（三）居民收入与消费情况

国家经济增长和个人收入持续增高是繁荣体育市场、促进体育消费的基本前提和重要保障。有研究显示，人均 GDP 超过 3000 美元时，是居民消费结构转型的临界点，有着从降低物质需要向满足服务消费过度的特征。2014 年，我国城镇人均可支配收入为 28844 元，但是人均体育消费仅有 645 元，美国

1988年人均体育消费就已超过220美元，在我国这一比率远低于欧美发达国家。在城乡居民收入水平大幅提高的同时，恩格尔系数下降，表明发展和享受型消费比重上升。个人较高的支付能力和追求更高的生活质量是促进我国竞赛表演业市场开发甚至体育产业发展的重要因素。

三、社会文化因素

美国赛车运动历经"非法""半地下式"的阶段到如今由全美赛车联合会完全按照国际主流赛事打造的美国"全民赛车"活动，是以其纳斯卡组织的合法性作为前提的。同时，美国汽车文化历史悠久，美国民众对汽车的认知也不仅停留在交通工具这个层面。厚重的历史底蕴加之赛事供给方优秀的管理组织能力，使得每一个在赛场的比赛日都是节日，同时也不可忽视车迷在整个纳斯卡赛事中起到的核心作用，博取了更多消费者的眼球，同时也使消费者获得了精神满足。

（一）体育观念

健康作为幸福的基石，我们每个人都渴望健康，追求健康也是人类的终极目标。体育正是促进人们健康最有效的方法，参与体育活动可以增强体质、愉悦身心。兴趣，是人类最好的导师，参与体育活动不应是受人强迫而是自发性的，增强对体育运动的兴趣从而克服参加体育活动的困难。当今应试教育的大环境下，无论是社会、学校还是家庭，更看重对青少年智育、智力的教育，而忽视了体育的发展，取消体育课或每周体育课时间不足早已是中小学的"传统做法"，而体育课中单一的教学模式、传统的教学思维也使得许多学生抵触体育课，甚至逃课。2013年，全国健身活动和体质状况抽测调查结果表明，缺乏兴趣是制约群众参与体育活动的最主要因素。参加体育运动应当作为人类终身的兴趣，从小培养运动的良好习惯显得尤为重要。

（二）社会余暇时间

社会劳动时间以外的时间称之为余暇时间，可供个人休息和娱乐，时间自由支配。保障群众参与体育活动的前提就是要有充足的余暇时间，有调查显示，制约群众参与体育活动第一因素就是余暇时间不足。时间不足有主客观原因之分，主观原因是中国人余暇时间是有的，但是主要集中在非体育活动中，如看电视、上网等；而客观原因就是越来越多的人尤其是中青年面临快节奏的生活方式和更激烈的社会竞争环境，大家不得不放弃参与体育活动而进行其他方面的学习工作。

毋庸置疑，高度发达的竞赛表演业不但具有顶级竞技运动水平，健康良好的运营环境也能带来极大的商业价值。每个成功的案例都是不可复制的，但是每个成功案例背后都有不尽相同的因素。从国家角度来讲：相关政策的制定是保障竞赛表演业健康发展的前提；从经济因素来讲：良好的经济环境是保障竞赛表演业健康发展的必备条件；从社会文化角度来讲：提高自身对体育的认知、积极参与体育活动是保障竞赛表演业健康发展的基础。

第三节　我国体育竞赛表演业发展的微观因素分析

决定体育产业和竞赛表演业发展是否良好，不仅体现在宏观方面，微观层面是否合理更是尤为重要。根据体育产业结构和产业经济构成，本节将影响竞赛表演业的微观因素，按照竞赛表演的组成部分，分为核心产品——赛事、赛事从业者、群众参与、明星效应和媒体与赞助等方面。

一、赛事质量

高水平的体育竞技是竞赛表演业的核心，没有了高质量的竞技，竞赛表演就丧失了激烈的对抗、未知的结果，失去了观赏价值。纵观中国竞赛表演业市场的发展，具有广阔市场的项目仅限于乒乓球、羽毛球等传统优势项目，在普及率更高的足球、篮球项目上，竞赛水平一向偏低。相比国外的竞赛表演市场，NBA、欧冠、英超、法网、纳斯卡、F1 等职业联赛拥有极高的市场占有率，精彩的对决、激烈的争夺、高额的奖金让全世界的优秀运动员趋之若鹜，也吸引了全球观众的目光。

根据新浪体育的一项调查显示，当中超和英超联赛赛程重叠时，有83.22% 的球迷选择观看英超联赛而放弃中国的联赛。当 NBA 和 CBA "撞车"时，80% 的球迷也会选择观看 NBA。中国观众放弃国内赛事转而追逐国外联赛，其中一个很重要的原因就是国外赛事具有更高的吸引力，这种吸引力来自赛事几十年来延续不断的知名度和影响力，来自赛事超高的竞技水平和扣人心弦的观赏性，来自著名球星的个人魅力和表现张力。塑造赛事品牌，打造赛事特色，提高赛事水平，是竞赛表演业成功的关键。在这一点上，中国没有培育出具有国家品牌的精品赛事，没有大量培养出德才兼备的超级巨星，自然难以吸引群众参与其中。

中国体育产业化起步较晚，无法与世界著名赛事相提并论，但近几年开始引进国外成熟的经验，举办具有延续性的、国际化的商业赛事，如北京国际马拉松、上海喜力网球公开赛、F1方程式等收到了良好的效果，群众对赛事的认知度和参与度有了卓越的提升。引进赛事必不可少，打造具有中国本土特色的品牌赛事势在必行，只有依托本土文化、具有群众基础的赛事才能具有长久的生命力。

以美国纳斯卡赛车为例，其核心产品必然是精彩纷呈的赛车赛事。研究发现，纳斯卡的赛程设置上不同于其他项目（如 NBA 的季后赛）把最精彩的赛事作为收官作，而是以"首推最精彩赛事"为原则，将最高水平和最精彩、最激烈的戴通纳 500 作为新赛季的揭幕战，不难想象车迷期待一年的新赛季将会在现场迎来最多的关注和顶级的赞助商，这也为整个赛季定下格调。同时纳斯卡也将"密集的赛事"作为自己的原则，整个赛季从 2 月开始至 11 月结束，在美国 39 个洲和加拿大数地共计 100 条赛道里进行比赛，全赛季共计 1500 场级别比赛，平均每天 4 场之多。在赛道设置上，为保证其"高速和让车迷全程可见"的特点与美国人对赛车的理解（激进、追逐），特将赛道设计成左低右高的椭圆形左转样式。少弯角、多直线、转弯角度尽量大这些特点使得赛车可以在全程保持 300 多公里的时速而不需太多的减速，现场观众在高侧的看台上可以将场内情况一览无余。纳斯卡一场比赛中的超车次数超越了 F1 全赛季的超车次数，这样一个高强度、高对抗的赛事结果更具有不可预见性，这也是吸引车迷的地方。

二、明星效应

随着我国竞技体育的迅猛发展和竞技项目的多样化，体育明星也成为群众追捧的对象。姚明在 NBA 的成功让更多中国人开始关注篮球，关注 NBA，也让更多青少年开始学习篮球，促进了中国篮球事业的进步和大众体育篮球项目的发展。刘翔在雅典奥运会上突破世界纪录成为"亚洲飞人"，价值不菲的商业广告代言接踵而至，让刘翔备受瞩目。刘国梁带领的国家乒乓球队因为霸气的成绩和可爱的个性，受到国人的喜爱和崇拜，再度引发"乒乓热"，将国球的影响力推向更高的层次。

2008年北京奥运会中，中国以51枚金牌、100枚奖牌的优异成绩位居奖牌榜榜首，中国竞技体育取得了令世界瞩目的成就，人们对于体育比赛的关注也不再仅仅停留在奖牌上，此后开始将注意力转移向运动员，泳坛"小鲜肉"宁泽涛、"洪荒少女"傅园慧、最帅旗手雷声等年轻活泼的运动员走进人们的视线。国家游泳队队员孙杨、击剑队队员董力更是因为参加了"真人秀"节目而火遍全国、圈粉无数。在这种势头的影响下，越来越多的人去学习游泳、击剑等运动项目，运动员的身价也水涨船高，成为新晋体育明星，创造了更多的商业价值。年轻体育明星的崛起和发展有利于推广竞赛项目，吸引大众注意力，但是必须注意的是，体育明星的本职还是提升竞技水平，创造出更好的运动成绩，增强国际影响力和知名度，吸引更多的群众参与竞赛表演，为中国打造品牌赛事。

拥有高水平的竞技能力和卓越表现能力的体育明星是竞赛表演的核心和灵魂，是体育赛事的品牌和无形资产。NBA、欧冠、英超、德甲、温网、法网等知名赛事能吸引全世界球迷的关注，主要原因就在于这些赛事聚集了众多具有一流竞技水平的优秀运动员，如科比、贝克汉姆、桑普拉斯、费德勒等，他们凭借个人魅力吸引了众多忠实的粉丝和观众。在赛场上，他们精彩的表现是保证上座率和收视率的关键；在场外，他们背负的众多品牌代言让消费者义无反顾地为商品买单。

三、群众普及程度

群众体育参与程度是体现我国群众体育事业发展水平高低的重要指标。国家出台了《全民健身计划》等一系列推动群众体育发展的政策，鼓励城乡居民积极参与体育运动，使我国群众体育近年来快速发展。权威数据显示，2013年，我国城乡居民参加体育活动的比率较2007年提高了4.5%。这表明我国群众体育呈现良好发展势头，但目前我国群众体育发展水平和发达国家相比还有较大差距，主要体现在以下几个方面。

（一）群众参与体育活动兴趣缺乏

群众参与体育健身活动的重要前提是对体育活动的兴趣。《我国群众体育现状调查与研究》的数据显示（见表5-3），城乡居民在余暇时间最喜爱的休闲娱乐活动是看电视（21.4%），其次才是参加体育活动（19.4%），还有25.4%的城乡居民选择上网和棋牌作为休闲娱乐活动。由此可见，我国群众在余暇时间参与体育活动的兴趣不足，看电视、上网、打牌这些低质量的娱乐活动对居民的吸引力更强。

表5-3 居民休闲活动方式一览表（%）

体育活动	读书	上网	种花	棋牌	听广播	收藏	其他
19.4	17.7	12.9	8.2	12.5	5	2.2	0.7

（二）群众体育活动场地有限

人类的一切活动都是在自然环境中进行的，群众体育活动的开展同样离不开一定的空间和场馆设施，场馆设施是体育参与的基础保障。目前我国体育场馆资源仍然十分匮乏，尽管近些年国家建设体育设施的步伐在不断加快，但现有的场地不能满足人们体育锻炼的需要。

数据显示，国内各类体育场馆设施数量约100多万个，平均万人拥有7.1个，与西方发达国家有较大的差距，如芬兰每万人有45.7个，德国是24个，瑞士是2个，意大利是21.2个。同亚洲邻国相比，日本每万人拥有场馆设施26个，是我国的3.6倍；韩国为10个，也远超过我国的人均数量。

人才短缺，是任何运动项目的"绝症"。2002年盐湖城冬奥会，全中国只有一支女子冰球队，说是国家队倒不如说就是哈尔滨女队，全国唯一一支球队可供挑选的队员仅有24人，比赛成绩可想而知。现如今冰球运动不像20世纪那么火爆，许多孩子的家长对冰球仅持"兴趣爱好"的态度让孩子参与，而不能制订未来规划。项目人口基础差，竞技水平上不去，练球的人看不到未来前景放弃训练，这一恶性循环使得该项目越来越难健康地走下去。相比之下，全加拿大近乎拥有60万冰球运动员，占全世界的1/2，每户人家平均拥有一套冰球器材装备，全国更是有3300多座冰球场馆。北美的自然条件得天独厚，冰球又有着丰厚的历史底蕴、深入寻常百姓家的普及程度、成熟的梯队培养体系、成功的联赛模式、高度发达的媒体参与。这样的特征下，北美冰球运动得以经久不衰，同时也不难看出，如果没有消费者和梯队运动员的积极参与，外部工作做得再佳，整个运动项目未来的发展也是毫无希望的。

（三）群众体育消费水平低

根据国际标准，一国人均 GDP 达到 5000 美元时，体育产业就会呈现"爆发"态势、目前我国人均 GDP 已达 8000 多美元的水平，但人均体育消费仅有全球平均水平的 1/10。

21 世纪经济研究院联合京东大数据发布的《2016 年中国体育消费生态报告显示》，从 2012 年开始，国内运动品牌企业全线进入"关店潮"。据各大运动品牌 2012 年统计，在李宁、安踏等六大国产运动品牌关店总数接近 5000 家。这一颓势维持到 2014 年，体育类消费创新低，由此可见，2012 年到 2014 年这一时期，我国体育消费处于低迷状态。

从全国体育消费规模扩张来看，只有中部 8 个省实现了增长，其消费额占全国的比重由 2013 年的 13.8% 提高至 2015 年的 18.3%。作为更有消费潜力的东部地区，和较为偏远的西部地区的体育消费比重则从 2013 年的 65.4%、20.8% 下降至 2015 年的 61.2%、20.5%。

以美国纳斯卡赛车为例，全美有约 7500 万纳斯卡车迷，超过 1.5 亿人次每年会去现场观赛，电视、网络的收视率更是远超篮球、棒球等运动，纳斯卡产业链每年市场规模可超过 20 亿美元。纳斯卡车迷以已婚中年男士为主，他们的年收入大多集中在 3.5 万—5 万美元区间，不算高收入却有比较好的商品购买力，他们就是赞助商的目标客户，因此赞助商也会不遗余力的支持纳斯卡赛事。如果没有车迷给赞助商的回报、没有车迷对赛事的关注，纳斯卡赛车也不会有今天的成功。

四、赛事从业者水平

竞赛表演业的组织者一般是行政部门或者具有赛事资源的企业，他们向社会提供赛事产品，组织协调比赛顺利进行。现阶段，我国体育赛事的组织者已经逐步由行政部门主导向企业主导及行政部门与企业合作发展。供给方中还包含竞赛直接参与者运动员、教练员及裁判。目前我国绝大多数体育项目运动员职业化素养不高，梯队培训体系不完整，出现"断档、断层"状况。加强运动员职业化素养，培育优质裁判员和教练员及行业相关人员也是促进我国竞赛表演业发展的重要工作。

五、媒体转播

消费者参与竞赛表演业不仅是通过购买门票到现场观赛，同样通过电视、网络及层出不穷的新媒体关注赛事，也是群众参与的表现手段。门票收入在20世纪80年代之前是职业体育组织者收入来源的主要渠道，随着大众媒体尤其是电视媒体的兴起，热门的赛事资源也成为各大媒体争夺的一块"蛋糕"，他们需要支付给竞赛组织者的转播费也屡见新高。

在我国，2000年，国家新闻出版广电总局出台文件，表示所有国际大型赛事如奥运会、世界杯及国际单项锦标赛、世锦赛等，电视转播权由中央电视台与赛事所有方进行商谈，在央视购买版权之后，可根据其他电视台的需要转让转播权，无任何市场竞争行为。这种垄断导致的直接后果就是，国内CBA赛事转播仍处于俱乐部花钱买转播的情况，地方省台高昂的转播要价令球队俱乐部望而却步。目前也仅有几支发展较好的CBA球队实现了赛事零转播费用，依靠转播权创收，CBA还需要漫长的过程。

转播商一方面通过购买赛事转播权益向赛事组织者支付费用，为体育赛事提供了坚实的财务基础；另一方面，通过电视、网络等渠道转播和相关新闻报道，提高了赛事的受关注程度和知名度。我国转播商市场目前处于逐步开发阶段，预计在未来转播商将会成为体育竞赛表演市场的重要企业消费者。

六、赞助商

赞助商通过购买赛事赞助权益向赛事组织者支付费用，是体育赛事成功运营的重要组成部分，其不仅为赛事提供大量资金，同时还会匹配性投入一定的人力、物力及财力，缺乏赞助商的体育赛事很难获得较大的经济效益。

职业篮球的发展离不开赞助商的支持，常规的赞助支持方式有：金钱的赞助、赞助商产品的赞助。而NBA赞助形式多元化、赞助伙伴全球化，为其发展提供了源源不断的动力。

以CBA为例，赞助商为CBA及联赛组委会提供主要的经济保障，俱乐部过于依赖赞助收入。但与NBA相比，CBA的赞助处于赞助金额少、赞助商规模小的状态。以2014—2015赛季为例，CBA赞助总金额是NBA的3.6%、5.3%，CBA各球队平均赞助不到NBA的1/10（见表5-4）。

表5-4　NBA与CBA赛事2014—2015赛季赞助收入比较（单位：万元）

	赞助总金额	各球队平均获得赞助
NBA	479906.1	15996.87
CBA	17600—25600	880—1325

CBA联赛中，赞助、门票、转播权三大收入比重不合理，过分依赖赞助收入，导致俱乐部亏损，无法长久发展。要改变这种现状，需要经营者和管理者改变陈旧的运营模式，提升赛事质量，提高服务球迷意识，培养球队后备人才，提高俱乐部的知名度，形成独具特色的俱乐部文化。

目前我国体育赛事赞助不够成熟、不成体系。首先，国内企业对体育赛事赞助的认知水平总体偏低，赞助的最终目的是提高企业知名度，实现业绩增收。其次，企业对体育赛事信息了解不充分，主动获取赞助信息的积极性不够，大多数企业仍是被动向主办方提供赞助。最后，赞助商对体育赛事的回馈需求较高，一旦不能满足其赞助目的，就会制约和影响企业对体育赛事的持续赞助投入。

总体来说，相较于国外的竞赛表演发展而言，我国绝大多数竞赛表演仍处于初级阶段，甚至说还在摸索前进方式的阶段。缺少高标准、高质量的赛事资源直接决定了我国竞赛表演业的定位。媒体转播权的限制使得竞赛表演业未能充分发挥应有的市场价值，同时也限制了赞助商的利益，使得企业与赛事仍保持一定距离。赛事经纪公司专业水平有待提高，使竞赛表演能创造更多商业利润。

第六章　体育强国建设背景下我国竞技体育优势项目的创新驱动

第一节　技术创新驱动：优势项目形成与演进的动力

从系统的角度去分析优势项目产生、发展的过程，我们会发现：优势项目本身由诸多项目组成，每个项目的发展系统可以看作是优势项目集群发展系统的子系统，每个子系统同时也受若干要素和更小的子系统的影响，具有层次性；优势项目系统不是子系统单一因素的简单作用，是综合集成效果；优势项目发展系统中，各要素对系统结果的影响具有非线性、不确定性、动态性和适应性；优势项目的发展也受外界环境如政治、经济、社会、文化等的发展制约，同时推动社会的进步、产生经济效益和政治影响，奥林匹克运动中优势项目的夺冠、为国争光是文化现象，对于推动文化的发展和繁荣有积极的意义，表现出优势项目制胜系统的开放性。钱学森说："开放的，不仅意味着系统与环境进行物质、能量、信息的交换，接受环境的输入和干预、向环境提供输出，而且还有主动适应和进化的含义。"鉴于以上，本研究认为优势项目形成与演进的问题研究具备复杂系统的特征，以复杂系统的视角进行分析和考察，会获得新的认识。

关于系统动力学研究有如下认识：唯物辩证法认为事物发展的动力是矛盾，内部矛盾是根本，外部矛盾是条件。系统科学认为，系统内部诸要素的非线性相互作用是推动系统向有序发展的内部动力。"动力学"一词实际上表明了一种不同于动力研究的思路，动力学关注的不是事物变化的动力，而是动力推动变化的过程：事物从一种状态过渡到另一种状态的内部运动过程和机制。在系统内任何要素的发展都是以其他要素的发展为前提的，如果某一个要素的发展超过其他要素可能的协同度，就会破坏系统的结构，引起系统的裂变。协调发展不是诸要素绝对平衡，而是各要素的不平衡控制在系统可接受的范围内。

在复杂性科学中，协同学基本上是解决自组织的动力学问题。哈肯提出的协同理论，从根本上回答了自组织系统的微观动力学机制问题，它主要研究某种事物或系统自组织地或自动地走向有序的内在机制。协同或称协作，即协同作用之意，协同理论强调协同效应，是指在复杂的大系统内，各个系统的协同行为产生了超越各自要素自身的单独作用，从而形成整体系统的统一作用和联合作用。协同作用是任何复杂系统本身所固有的自组织能力，是形成系统有序结构的内部作用力，是与外界进行物质、能量、信息交换的条件下，通过各子系统非线性的相干作用，就能产生各系统相互作用的系统现象。这使得系统能在宏观上产生空间、时间或功能上的有序结构，出现新的稳定状态。

按照协同理论的思路，优势项目形成和演进中各子系统之间的协同，才能使得优势项目发展内部系统走向有序，宏观上实现优势项目系统的稳定发展和持续发展。然而，子系统之间真正实现协同必须依靠集成创新，《奥运科技（2008）行动计划》曾明确指出："加强集成创新，调动全国科技资源，应用国内外先进技术，在集成已有科技成果的基础上大胆创新。"集成创新是指以系统思想方法主动将不同创新主体的知识、技术、市场、管理、文化以及制度等要素进行创造性的综合集成而实现创新目的的实践过程。现代经济探讨集成创新是为了实现"1+1>2"的集成效应，将要素在高度协同的基础上优化组织集成，集成创新是技术的集纳，形成新的技术或者能力及管理方式。可见，影响优势项目形成和演进的优势要素的集成创新是实现优势项目发展系统自组织过程的主要动力。

我国作为竞技体育大国，不断谋求发展的战略目标，要求加强集成创新。特别是在具有较强技术关联性和产业带动性的重大体育科技问题上，大力促进各种相关体育科技的有机融合，实现关键科技的突破，提高体育科技的活动效率，加快体育科技向现实生产力的转化都离不开集成创新。集成创新更有利于从宏观上把握体育科技的发展方向，促进体育大学科的发展。我国有自己的理论、技术、训练方法和手段，如何使现有的体育科技与国际接轨，需要不断加强资源和制胜过程的集成创新。

我国竞技体育优势项目的形成与演进是有系统集成特点的创新实践活动，集成创新理论和方法是分析和解释复杂开放系统的主要手段。本研究拟从集成创新的视角，对优势项目的形成与演进的动力系统进行研究。在文献研究和访谈中对推动项目的创新要素进行提炼，通过问卷和访谈的形式调研，获得对优势项目发展中诸多优势要素的正确认识。经统计，优势项目创新动力要素调查统计表（见表 6-1），将权重较高的七个因素作为优势项目创新动力因素进行研究。

表 6-1　优势项目创新动力要素调查统计表

制胜动力要素	很重要	比较重要	一般	不太重要	不重要	总数	权重
技战术、器材的创新	34	10	—	—	—	210	0.1275
战略、政策激励	28	15	1	—	—	203	0.1233
资源配置机制创新	24	19	1	1	—	201	0.1220
竞赛、竞争	24	18	1	1	—	197	0.1196
优秀的教练员及能力	22	17	4	1	—	192	0.1166
组织结构创新	14	26	3	I	—	185	0.1123
管理方式创新	12	18	13	2	—	175	0.1063
广泛的群众基础	6	13	14	9	1	143	0.0868
优异的运动成绩	6	14	10	12	1	141	0.0856

优势项目的发展系统是动态的、复杂的开放系统，是诸多动力要素综合作用，在不同的制胜环境中共同发挥集成作用，不断创新维持系统结构协调，功能稳定。所以，优势项目形成与发展中的诸多优势要素的集成创新才是项目保持长盛不衰的核心能力，构建优势要素的集成创新的驱动，推动优势项目的持续发展，通过资源的优化配置，获得优势发展和优势转移（原优势项目被淘汰），最终走向世界前沿。结合前期的调研和访谈结果，本研究认为优势项目的形成与演进的集成创新应该从理论创新、实践创新和制度创新三个维度进行分析。实践是源头活水产生理论；理论是指路明灯，反过来指导实践。在实践中证明行之有效的做法上升为制度，三种创新形式三位一体，是优势项目成功

的秘诀和特色所在。在调查的动力因素中，战略驱动、政策适应驱动、技术创新驱动、竞争驱动、管理方式、组织结构和评价机制的创新等动力要素分别从不同侧面反映了三种创新形式的互动。

整个创新理论的起源可以追溯到熊彼特时代。熊彼特（1942）在对经济发展的观察和认识后提出了"创新是经济增长最重要的驱动力"的论断，这是创新理论研究的一个突破。

运动技术创新是指主体根据竞技需要，变革运动技术的空间结构和序列方式的活动。技术创新是竞技体育发展的不竭动力，是竞技项目获取竞争优势的有效途径，所谓取得了竞争优势就是取得了先行一步的成功创新。获得了先行一步的制胜权力。谁率先将创新成果投入实际比赛中，谁就获得了出奇制胜的优势。所以技术创新是获得领先地位的重要因素。应该指出，中国优势竞技项目在博弈实施中的创新是全方位的，其中包括打法、战术、技术、仪器设施（工具）、训练方法等。一部竞技项目的兴衰史，往往和创新有着密切的关系。"流水不腐，户枢不蠹"，竞技体育优势项目的发展要想保持鲜活的生命力，必须适应制胜形态的发展，革故鼎新。优势项目长盛不衰就是坚持技术创新的实践体现。

袁伟民曾提出："体育本身就是一项创新的工作，长期以来，我国体育界形成了良好的创新传统，'有创新则兴，无创新则衰'是我国很多优势项目成功的一条重要经验，我国乒乓球项目的成功经验归结为不断地坚持技术创新。据最新统计，在世界乒坛37项打法与技术创新中，中国有21项，约占总数的57%，创新指标高居世界首位。"我国的羽毛球、体操、跳水等项目都有发明创造，积累了诸多创新经验。国家体育总局大力推动训练和管理创新，提出"推动竞技体育发展从要素驱动向创新驱动转变"的指导思想，认识到了技术创新在推动项目发展中的重要意义。

一、技术创新推动优势项目发展

基于对优势项目发展事实的观察，我们发现优势项目能够实现跨越式发展、实现长盛不衰，是优势项目不断追求技术进步的结果。从优势项目发展的历史进行考量，技术革新对优势项目的形成、发展都起到了重要的推动作用，按照优势项目技术创新的发展脉络，将技术进步大体划分为三个阶段：模仿阶段、由模仿向创新过渡阶段和创新阶段。

　　模仿阶段是以学习国外先进训练理念、训练方法和引进先进训练保障设备为技术进步的主要形式；创新阶段以自主创新和独立研发，推动技术进步，引领项目在世界上的发展轨迹，占据发展主导优势为主要表现形式。中间阶段即为由模仿向创新过渡阶段。

　　优势项目在最初的发展阶段，项目刚刚引入，对项目的认识不足，其技术发展水平通常会远离业界前沿，学习和模仿国外的先进技术且迅速提高技术水平，采取"走出去、请进来"的办法选派大批官员、教练员和运动员到国外学习其他优势项目国家项目发展的先进经验和训练方法等，同时请国外各个领域的专家到中国进行指导，利用技术上的"后发优势"，在短时间内对项目有了更深入的认识，技术水平大幅提高。

　　著名的社会学家英格尔斯在发现许多发展中国家在移植现代化国家的制度和工业管理遭到失败时指出：如果一个国家的人民缺乏一种能赋予这个制度真实生命力的广泛的现代心理基础，如果执行和运用着这些现代制度的人，自身没有从心理、思想、态度和行为方式上都经历一个向现代化的转变，失败和畸形发展的悲剧结局是不可避免的。模仿而来的后发优势显著递减，随着对项目的本质规律的把握，优秀的体育管理者、教练员有意识的逐渐尝试对项目管理、训练等进行创新，尤其在乒乓球、体操项目上，无论在技术、训练方法、手段包括训练器械上都进行了创新，技术发展进入了由模仿向创新过渡的阶段，优势项目实现了全面的超越，优势地位不断得到加强和巩固。

　　当项目的发展进入新的阶段，各国的竞技实力水平差距微乎其微，任何体育强国都很难占据项目发展的主导地位，依赖于模仿国外先进技术来很难推进本国的技术进步，必须依靠以自主创新为主的技术发展方式，结合竞技体育发展的中国特色，建立适合本项目发展的核心技术体系，优势项目才能走在世界前沿，并引领技术的发展。

二、优势项目的技术创新驱动路径

　　杜拉克说：创新是赋予资源一种新的能力，使它能够创造出财富。创新能获得最大化的效益，是技术进步的源动力，创新力是终极竞争力。"非核心竞争力—核心竞争力—终极竞争力"是完整的序列，核心竞争力不是竞争优势的根源，终极竞争力才是持续竞争优势的根源。

　　我国的竞技体育优势项目赖以发展的关键在于不断的技术创新，突破原有的技术定势，"以奇制胜"。运动技术创新是指在原理、结构等方面有别于原有技术，其价值能在运动竞赛中转换成优异运动成绩的技术，优势项目始终处于该项目世界发展的最前沿，在创新实践中一定会存在与时俱进的技术创新模式，按照特定模式的发展思路，不断持续发展。

技术创新的过程是在叠加了训练实践经验凝练的观念、知识和理论创新的基础上的，在训练实践中才具备了敏锐的观察力，能主动发现新的问题，研究训练方法和创新技术动作，从而获得运动成绩的突破。对存在的问题，通过比赛的检验进行反馈，积累经验，再进行知识创新和理论创新。

各国之间竞技体育的较量实质是技术创新的较量，无论什么项目，技术创新能力是衡量该运动项目竞技水平的核心指标。竞技水平的优势来源于创新的时间价值，而时间价值又取决于对时机的把握和利用，时机则又基于对时态的正确分析，三者相辅相成，互为基础，从而成为竞技体育创新活动中重要的时间因素，认真把握和运用好上述三项时间因素，对取得竞赛优势有着不可估量的积极作用。"先人一步""应时而变""深谋远虑"是从事竞技体育创新、争取竞赛优势必不可少的三个条件因素。中国的优势项目之所以在发展历程中始终处于世界先进水平，是不断进行技术创新并及时转化成果，最后运用到竞赛中，技术创新始终处于连续的状态，优势项目制胜系统要素的持续支持和推动起到至关重要的作用。

技术创新是制胜的动力源泉，只有持续地、不间断地对进行技术创新，发挥技术持续创新支持系统的作用，同时注重创新的转化效率，及时转化成核心竞争力，优势项目才能获得持续的竞争优势。

第二节　战略创新驱动：国家利益与项目发展的互动

一、非均衡发展理论视角

非均衡增长理论是赫希曼于1958年提出的。该理论认为均衡发展对发展国家经济并无益处，特别是在经济欠发达国家，各个产业部门同步发展所需要的各种资源比较缺乏，经济欠发达国家不具备采取平衡增长战略的能力。发展中国家应当从充分利用稀缺资源出发，运用有限的财力，实现非均衡增长战略。

非均衡发展是人们在资源稀缺的状态下对如何有效提高资源利用率以促进发展所做的考虑。从世界范围来看，社会不均衡发展是一个带有普遍性的现象。

唯物辩证法认为：由事物内部矛盾所决定的事物发展是平衡和不平衡两种状态的统一。平衡是暂时的、有条件的、相对的；不平衡是经常的、无条件的、绝对的。矛盾运动总是从不平衡到平衡再到不平衡的发展过程。

优势项目的发展符合事物发展平衡与不平衡的辩证规律，由于竞技体育各项目发展的基础条件不同，本身就存在客观上的不平衡现象，决定了不可能所有的项目都同时均衡发展，必定会存在个别有较好发展基础条件和得天独厚的资源优势的项目优先发展。竞技体育优先发展和优势项目的超前发展都是体育领域非均衡发展的表现形式。非均衡发展是项目持续发展的初级阶段或者过渡阶段，从我国竞技体育项目发展的实际来看，非均衡发展是长期的战略，其他奥运项目要在短期内赶超，实现所有项目的均衡发展需要长期的发展过程。全面均衡发展是理想的极限状态，只能无限的接近。

二、战略抉择是国家需求与优势项目发展的互动

战略是谋划和指导全局的方略，体育战略是中国体育发展的动力引擎。对于一个国家来说，体育发展战略就是根据自己的社会发展状况，通过对本国及国际社会未来发展的预测做出的体育发展方面的总体规划和设计。竞技体育发展战略就是对竞技体育的发展全局进行筹划和设计的方略。

我国体育事业的发展经历了"普及和提高相结合""缩短战线、重点发展""竞技体育优先发展"和"各类体育协调发展"战略的演变。这一战略转变是在充分考虑了当时的社会发展状况和体育发展需要，对体育总体发展的规划。竞技体育优势项目就是在这种战略博弈的推演下，通过选择战略先导领域，为实现带动整体发展的战略目的酝酿、产生和发展的。

中华人民共和国成立初期，在相当长的时期，国内经济基础薄弱，为了实现竞技体育的优先发展这一政策的有效落实，调整项目布局，重点发展优势项目，竞技体育内部实现"缩短战线、重点发展"的发展思路。"侧重抓提高"战略和"奥运战略"是在契合我国竞技体育总体战略目标的框架下，与国家需求和优势项目发展有直接关系的战略选择。充分考虑实现强国强种、救亡图存、伟大民族复兴、宣传和树立高大形象的需要。在项目的选择上重点考虑其他国家不重视、投资少、见效快的项目优先发展。

战略调整推动优势项目发展，在实现战略转移的途径上，"为国争光"战略目标导向的驱动对提高运动技术水平提出了更高的要求。我们不断依据时代背景和现实条件调整发展战略、创新发展模式，推进项目发展，"缩短战线、保证重点"的发展思路源于资源的短缺。在举国体制背景下，实现竞技项目的可持续发展，竞技体育资源不足的现状仍会长期存在；实现竞技体育项目的全面发展需要一个相当长的时期，重点发展优势项目的战略仍然是当前竞技体育发展战略的主流思想。实行"奥运战略"为优势项目的发展提供良好的机遇和广阔的空间。体育事业纳入国家计划，随着对"奥运战略"的逐步重视，国家《奥运争光计划》的出台，竞技体育实行以政府承担竞技体育发展的管理体制，实行对奥运项目的重点布局，对奥运优势项目加大资金投入，也要注意扩大对见效快，效益大的项目的投入。为实现金牌的增加，调动所需的国家资源全面投入，确保金牌的获得就是确保优势项目的稳定持续发展。

三、优势项目的形成与演进的战略驱动路径

研究认为，基本的战略管理思路就是匹配的思路，最基本的战略分析思路就是进行内外部环境的分析。在内部环境分析中，重点对项目发展的实际情况存在的优劣势和特色竞争力进行分析。在外部环境中，分析可能影响项目发展的机会和威胁，以及影响项目发展的宏观要素。

杰克·韦尔奇说：战略意味着做出有关如何竞争的明确选择，那最先弄清楚的应该是："我们现在处于什么位置？"优势项目现在的发展状况、具备的能力和竞争优势；"我们想去哪里？"发展目标定位。结合发展实际，确定发展目标。为了实现目标，应该如何创造竞争优势，形成核心竞争力等。"我们怎样才能实现目标？"战略制定和战略实施。从现在的位置向既定目标推进。

发展中国家在发展体育事业过程中都面临着一个首要的共同任务，就是通过体育树立国际威望，摆脱体育弱国形象，由体育弱国向体育大国与体育强国迈进。最大化实现"为国争光"的国家利益才是竞技体育优势项目发展的最终战略目标，在赶超战略的影响下，为了实现这一目标，按照时间序列，分别采取了"缩短战线、重点发展""竞技体育优先发展"和"奥运战略"等战略重点，分步骤的推动战略目标的实现。

战略举措保障战略目标和战略重点的实施。战略实施过程中，每一个战略环节对推动了优势项目的发展和竞技体育整体实力的提升都发挥了重要作用。

通过战略实施确保竞技体育这类高精尖的事业在资源上进行有效的配置，采取的主要手段有两个方面：一是实施重点项目布局，保障重点项目优先发展，优先发展是为了最终的全面均衡发展。二是要坚持举国体制，通过两项举措，充分调动资源拥有者的内在积极性，保障资源的拥有者和需求者实现不同利益的权利，确保优势项目发展的资源需求在战略实施中获得充分保障。

是否获得竞争优势是战略成功的检验标准，好的战略能够培育和建立可持续的竞争优势，保持这种优势，战略的威力和吸引力也就越大。事物总有差异性，战略的艺术在于要找出哪些差异是最关键的。亚伯拉罕·林肯说："如果我们能知道自己目前所处的位置和如何才能达到那样的位置，我们可能会看到自己的发展趋势，如果这个优势是不可接受的，那么就要及时更新。"基于以上，在战略实施后要对出现的战略问题进行反馈，及时调整战略目标、战略重点和战略举措。

第三节　资源配置创新：优势项目发展的保障机制

优势项目的制胜问题是个系统问题，优势项目的持续发展取决于系统的结构合理和功能稳定。系统的稳定要求各制胜要素间的动态关系处于均衡状态。需要系统对各制胜要素的调节机制的完善来实现稳定和均衡发展，随着环境的变化，各制胜要素始终处于动态变化中，制胜系统的外在均衡也是动态的均衡。如果制胜系统内发生细微变化，那么，这种变化应该被系统的自身调节所化解，系统会表现出了对环境变化的适应，系统依然保持平衡。若发生重大变化或一系列迅猛的变化，会使系统失去平衡，从而严重削弱系统的活力。发挥资源配置的创新调节机制，整合各制胜要素的关系，是维系优势项目发展始终处于动态平衡和可持续发展的保障机制。

一、优势项目资源配置的"马太效应"现象

"马太效应"一词的最早使用者是科学社会学家罗伯特·默顿。他借用《圣经·马太福音》中耶稣的警喻"凡有的，还要加给他，叫他有余，没有的，连他所有的也要夺过来"一语的含义，表征科技共同体中客观存在的"强者愈强、弱者恒弱"现象。早在 2000 多年前，老子就说："天之道，损有余而补

不足；人道则不然，损不足，奉有余。"从时间角度来看，"马太效应"是人们的已有成就通过转化为发展资源而实现再生增殖的过程，从空间角度来看，"马太效应"是竞争劣势者的利益或业绩向优势者集聚的过程。

"马太效应"有利于社会资源的最佳利用和保护。将社会资源投向那些经过反复淘汰留下来的最有能力、最勤奋的少数优胜者。和其他资源（利益）的投入分配机制相比，它能使稀缺资源得到最为可靠的利用，使它们发挥最大效益，从而加快社会发展的速度。在一个社会、一个领域的发展初期，"马太效应"能强化竞争，扶强抑弱，从而加快社会的发展速度。

优势项目的发展从宏观层面表现出了竞技体育领域内的"马太效应"现象，国家为保障优势项目发展，采取"专项划拨、重点支持、确保优势"等措施，为保障优势项目持续发展采取的适应机制，优势项目的"马太效应"是优势持续发展的保障，是内调节动力机制的表现形式的重要理论基础。

1979 年，国际奥委会恢复了我国的合法席位，为了迅速实现竞技体育的超前发展，我国确定了奥运重点项目布局，坚持以政府为主导，以"奥运争光"为主要目标的发展战略，选择能在短期内夺冠的优势项目在政策上给予支持，实行举国体制的管理模式，全民办体育，以政府投入为主，对优势项目在政策上追加投入，重点保障优势项目发展的能量越聚越大。为了使运动员能够再创佳绩，优势项目必定会获得更多的、持续不断的人力和资金的投入，从而形成了良性循环和优势积累。长此以往，优势项目与非优势项目的差距逐渐拉大。"马太效应"这种双面性的作用，是特定历史阶段推进我国竞技体育优势项目形成和发展的有效途径。

二、资源的优化配置与优势项目的形成

基于动态匹配能力的理论视角，广义的资源观理论认为，具有竞争优势的资源应该是稀缺性、难以替代性和难以模仿性、有价值的资源。资源的稀缺性决定了任何一个社会必须通过一定的方式将资源合理地分配到社会需要的不同领域，以实现资源的最佳利用。在我国的竞技体育管理体制下，国家负责体育事业的发展和投入，源源不断的资源会因竞技体育战略投入优势项目发展的需要中，资源投入为推动优势项目的发展发挥了重要作用，同时优势项目自身经过历史的发展和演进也凝聚了发展的能量，如何更好地利用外在的资源投入和

优势项目本身的现有能力进一步推动优势项目的可持续发展，需要对资源投入进行有效的配置和动态管理，实现市场经济条件下的集约型资源配置的方式。

体育资源是针对体育活动主体而言的一切体育行为的条件集合或要素结构，包括人力、物资、资金、设施、信息。体育资源的应用需要对体育资源进行配置。系统理论提出，系统的结构对系统的功能起决定作用，系统的结构合理就能产生 1+1>2 的效果。体育资源的总体配置重要，结构配置更重要。在对体育资源的配置上为了实现竞技体育优先发展和"奥运战略"的需要，在结构配置上大量的体育资源集中在竞技体育领域和奥运项目上，在奥运项目上又集中在奥运优势项目上。国家战略的推动，资源的投入都指向了优势项目，这为优势项目的发展创造了坚实的条件。在以往的重点项目发展中，有的项目昙花一现，除了资源的投入之外，值得借鉴的是优势项目总是能结合自己的发展路径，恰当地选择竞争领域，不断地学习、调整、提高，在不断的摸索中，形成了有自身特色的发展道路，建立了竞争优势，实现了内外部资源的动态匹配和合理优化。

为了实现项目的自身条件与环境变化的动态匹配，对发展需要的资源和能力进行动态管理，优势项目的内部资源是其成长和发展的动力与源泉，优势项目的制胜关键是对其内部资源进行管理和运用。从战略角度来说，动态管理能力能有效地推进项目发展战略的实现。这种能力应该是有价值的，能够成为竞技体育制胜发展的动力来源；是唯一的，从未避免过度竞争；是难以被模仿的，创新成果不易被稀释，占据和保持竞争优势。在资源理论上，战略配置的主要对象就是"异质性资源"。"异质性资源"是获得竞争优势的源泉。所以，在优势项目的培育中重点对"异质性资源"的投入和产出，才能获得竞争优势。要获得持久的竞争优势，还需要在动态能力下对"异质性资源"进行优化配置创新，在竞争中产生持久的差异性。

基于以上认识，构建了动态能力与项目优势形成的模型图。动态能力包括评估能力、配置能力和学习能力。评估能力对项目的外部发展环境、战略、项目自身的条件进行评估和能力识别，选择竞争领域，确定重点发展的项目目标；配置能力是对重点项目进行资源的投入、优化和配置，提供项目发展所需要的资源，包括人力、物力、资金、信息等，对项目的竞争能力进行培育，这些项目本身以因发展的路径依赖和政府的"馈赠"、随机事件等形成了资源上的不对等和信息上的不对称的"异质性资源"，通过创新，构建项目的核心竞争力，初步形成项目的竞争优势：在一个动态的竞争环境里，持续简单的资源配置和资源投入不能构成项目持续的竞争优势，除了具备基础条件之外，还要不断创新和发展项目的核心能力，不断学习，协调好配置的各种资源，不断对核心竞争能力进行重构，更快构建适应竞争环境的能力。与竞争环境进行互动，在前一个竞争优势衰退之前，又获得新的竞争优势，如此往复。

第四节　竞争机制的创新驱动：优势项目发展的激励机制

乔治·斯蒂格勒说："竞争系个人（或集团或国家）间的角逐；凡两方或多方力图取得并非各方均能获得的某些东西时，就会有竞争，竞争广泛存在。"竞争说到底就是资源、能力与知识、创新的较量。谁拥有强大的资源和能力，并具有强大的配置资源和不断学习、创新的能力，谁就能在激烈的竞争中战胜对手。研究表明，在一个系统中，若没有竞争机制，系统内部的积极性和创造性最多只能发挥15%，内耗将大大增加，这对一项运动的发展是致命的。竞技体育竞赛的基本形式是竞争，竞赛的过程也充满竞争，竞争的最终目的是为了项目的发展，竞技体育的整个过程和环节都围绕竞争制胜的目标发展变化。

竞争推动项目的发展，竞争是优势项目竞争优势形成的动力。美国著名战略学家波特的竞争优势理论把国家优势形成的根本点归结为竞争，竞争有利于培育推进性因素。相对于一国先天拥有的或无须花太大代价就能得到的基本要素，推进要素是指通过长期投资或培育才能创造出来的要素，如高质量人才资源、高技术等。国家获得竞争优势的基本途径是竞争与创新。发达国家通过提高推进要素获得竞争优势，而发展中国家相比处于竞争劣势。所以，创造一个有利于形成竞争的环境和不断获得竞争能力是获取竞争优势的基础条件。

竞争由三个要素构成：竞争者，即竞争主体，也就是人或集团；竞争目标，这是竞争者开展较量要达到的目标；竞争场，是开展竞争的环境。竞争在本质上就是优胜劣汰，竞争这种优胜劣汰的根本属性使得它既是激励机制，又是一种淘汰机制。作为淘汰机制，它使得失败者失去了竞争目标，需要得不到满足，正是在竞争获胜奖赏的刺激和失败淘汰的压力下，才迫使社会成员不断进取、奋力向前、超越他人，从而最终融汇成社会进步的巨大洪流。

　　竞争按照事物发展过程的层级可以分为对抗竞争、合作竞争和超越竞争，对抗竞争是最直接、对基本的竞争，就是通常意义上为争夺有限的资源在人、财、物等方面的较量。在竞技体育领域，资源就是金牌，这种竞争表现为"零和竞争"，金牌唯一，非此即彼。合作竞争是为了实现双赢，是竞争主体实现竞争目标采取的竞争机理。宏观上，在项目发展过程中，学习竞争对手的先进训练、管理等方面的经验为我所用，以便对抗更高水平的竞争对手，既竞争又合作，推进项目发展；微观上，在国内、队内采取的竞赛，"国内练兵，一致对外"，如奥运选拔赛等，通过国内竞赛，提高竞争水平，是一种合作的竞争。超越竞争旨在赢得持久的竞争优势，"竞争"的意思是"找别人争"，超越竞争是在无视竞争对手的情况下超越自我的竞争，也就是实现价值垄断。1992 年爱德华·德博诺说："为了生存，你需要竞争；为了成功，你需要超越竞争。"

　　优势项目的竞争形式是超越竞争，作为竞争主体的优势项目超出其他国家同类项目具有相当高的竞争水平，部分优势项目最终奥运金牌的争夺成了本国队员的内部竞争，个别项目实现的包揽，这种差距可见一斑。优势项目就是在不断超越自己，自己同自己竞争。克服自身的后备梯队发展、文化发展的困难，使队员保持竞技运动寿命，解决运动员安置问题，实现项目自身的良性发展和良好运转就能在世界竞争中立于不败之地。

　　综合以上认识，竞技运动项目（主体）在时间序列上表现为因创新等实现自身的发展，在空间维度上表现为在竞争的共同作用下，聚集优势。经过对抗竞争、合作竞争最终实现超越竞争等不同形式的竞争内容，推动项目发展的优胜劣汰、新陈代谢和资源配置的优化，营造了优势项目的良好发展制胜环境。乒乓球是我国的传统优势项目，正是竞赛杠杆作用的不断刺激，使得项目整体水平不断提高。赛事内容从青少年到成年，从学校比赛到职业联赛，而且参赛人数较多，尤其是乒超联赛汇集了全国乃至世界的顶尖高手，通过国内高水平的竞赛，选拔人才磨合新技术，提高竞争能力，为参加国际比赛打下坚实的实战基础。

第五节　我国竞技体育优势项目形成与演进的过程和语境分析

熊斗寅先生是我国较早提出研究体育科学史的学者，他在 1996 年曾提到"当我们要认识一门科学的发展规律和特点时，我们必须研究它的历史"。一个项目的形成和发展有其独特的历史发展过程，受特定历史环境的诸多因素影响。马克思在《路易·波拿马的五月十八日》一书中指出："人民自己创造自己的历史，但他们并不是随心所欲的创造，并不是在他们选定的条件下创造，而是在直接碰到的、既定的、从过去继承下来的条件下创造。"所以，要了解优势项目发展的历史规律及内在逻辑，首先要尽可能全面了解它的历史现象及其影响因素，把握其形成和发展规律。其次是按照事物发展的特定规律，总结分析优势项目发展阶段的特点和阶段特征，科学的划分历史阶段；再次是努力寻找这一现象及不同历史阶段特点的根本原因，重点对特定历史阶段优势项目群发展的共性规律和特点进行提炼，找出相关事物间的发展联系，为后续的研究构建基础。我国优势项目是竞技体育发展特定历史阶段的产物，是在以国家需要为背景的竞技体育发展战略催生的项目群。

优势项目的制胜过程应该遵循事物发展的普遍规律，产生—发展—高潮—退出，进入下一个发展周期。根据对我国传统优势项目发展历程的考察，其演进过程应由项目的酝酿选择、探索发展和创新、传播为特征的成熟阶段，最后是转换和退出的过程，不断有项目进入优势项目群，也有原优势项目退出，周而复始，循环往复。本研究按照事物演变的规律和发展态势，以重要事件和运动成绩的明显改善为阶段，将优势项目的历史演进分为四个相互联系的发展阶段。研究跨度应该从新中国成立初的 1949 年至今这一历史阶段，将 1965 年界定为第一个历史研究的分水岭，1966 年之前新中国体育百废待兴，重新发展，并小有成就，之后进入了十年浩劫，体育事业发展停滞。第二个分水岭为 1979 年，中国奥委会恢复合法席位，各单项组织也恢复合法地位，我国的竞技体育事业重新回到世界竞技舞台。之前"文革"后的复苏与发展，之后的政策投入，战略搞整。第三个分水岭为 2000 年，进入 21 世纪后，经过几次世界大赛的历练，我国的优势项目在世界舞台上占据竞争优势，集团优势基本形成。

优势项目集群稳定发展，在奥运会等大赛上发挥稳定的金牌贡献率，形成了有中国特色的核心竞争力和集团优势，构建参赛、训练、管理、科技创新的有效机制，积累了制胜的经验，形成了有中国特色项目的发展道路。

一、我国竞技体育优势项目演变的历史分期

（一）引进酝酿阶段（1949—1965）

中华人民共和国成立初期是竞技体育项目的引进时期，这一时期竞技体育得到了迅速发展。现代竞技体操 1953 年引入我国，代表当时世界体操最高水平的苏联体操队访华，竞技体操在我国正式引进和开展起来。1952—1958 年是我国跳水运动的起步阶段，中华人民共和国成立后，跳水运动发展很快。1954 年，苏联跳水队来访，对我国跳水队的发展有一定的影响。1958 年，苏联专家来华讲学，并培养了一批运动员、教练员和裁判员，介绍了先进的技术和方法，对我国跳水运动起到了推动作用。1955 年，组建了中央体育学院竞技指导科举重队（国家举重队的前身），开始了正规系统的训练道路。1952 年，国家体委成立了"中央体训班"，目的是集中力量，提高水平，参加竞赛，短时间内提高运动成绩。

这个时期主要表现在各个竞技项目基本从零开始，通过聘请外教和派教练员和运动员到国外学习、训练，从而掌握和引进国外先进的训练理论、运动技术和方法，参加国际竞赛交流，迅速接受当时世界上最先进的东西。从 1953—1956 年，先后派出游泳、足球、排球、举重、体操等项目的运动员到苏联等国培训，受训的运动员后来成了该项目发展的中坚力量。海外华人在新中国体育事业的发展中也做出了贡献，除了捐赠修建场馆，还有大批优秀人才回国，为提高体育水平、缩短差距做了贡献。1956 年，汤仙虎等一批印尼华侨归国，引进了羽毛球最新的技术和战术，也为中国羽毛球运动向羽毛球强国迈进奠定了基础。

20 世纪 50 年代末，"大跃进"给社会主义建设事业带进了阻碍，中央提出了"调整、巩固、充实、提高"的八字方针。《国家体委关于 1961 年体育工作的意见》针对竞技体育提出了"缩短战线，保证重点"发展方针。经过整顿，全国优秀队伍整体上规模大大缩减，形成了两级办队（中央和省市）的专业队体制。在国家层面，在省、直辖市、自治区层面，要求各省级单位也依据自身条件，集中精力主攻在 3—5 年内可能攀上世界高峰的项目和兼顾几个在一定时期内确实能够赶上世界水平的项目，集中人力、物力、财力保证重点项

目的发展。做了调整竞赛思路，减少国内赛事的举措，20世纪60年代，提出按照"全国一盘棋"的原则来安排体育竞赛，"主要根据重点项目的优秀运动员提高运动技术的需要安排"，全国和省一级比赛大都围绕十个重点项目，举行适度规模的单项运动竞赛，以提高训练质量，保持运动水平，检验竞技实力。继续保持十个重点项目的发展，调整优秀运动员队伍，集中优势兵力攻尖端，明确了竞技体育"缩短战线，保证重点"的发展方针，确定了竞技体育发展的思路。初步形成了三级竞技体育后备人才训练网络，进一步完善了运动队管理制度，在训练上提出以"三从一大"为核心的训练原则和"三不怕""五过硬'的训练作风。

加强对项目的本质和训练规律的认识。1957年苏联专家回国，根据当时的情况，体操在训练上进行了改革，由隔日训练2—3个小时改为天天训练，每周训练18个小时，动作难度提高，双杠前空翻转体360度下法高难度动作就是在这一阶段出现的。20世纪60年代初制定"超苏赶日"的战略目标和"人人360"，个个下法难'的训练要求。1959年就能完成世界水平的难度动作，形成"动作难度大、翻腾速度快、打开技术和入水压花技术好"的独特风格，大大提高了中国跳水队在比赛中的竞争实力。20世纪60年代初，乒乓球快攻打法的"快、准、狠、变"训练指导思想已明确提出，击球速度快、落点准、力量大、变化多的技术风格已逐步成熟。1965年，中国队提出建立"中国乒坛小世界"，各种打法竞争激烈，提高了技术水平。羽毛球运动中，20世纪60年代的快攻是从"体能"起家的，强调"狠"；1964年，第一届全国羽毛球训练工作会议确定了"快、狠、准、活"的技术风格和"以我为主、以攻为主、以快为主"的发展方向，这也成为中国羽毛球运动的理论基础。1960—1962年期间，举重队总结经验，建立了以中国运动医学为主体的医务监督体系，形成了有中国特点的举重教学训练理论。

20世纪50年代，国家体委多次召开训练工作会议，总结经验，加强了科研工作，组织有经验的教练员编写包括体操、排球、乒乓球、举重、跳水、射击在内的11个项目的教学大纲，对于推动项目的发展有积极意义。1959年，广州《全国体操教练员座谈会》提出"难度大、质量高、形象美"的博弈思想及加强素质和基本功训练等要求，对我国体操的发展起了重大的定向作用，反映了我国体操界探索体操发展规律的愿望，是体操崛起的重要理论基础。1961年，《中国体育科技》发表了《挺举技术研究》的文章，否定了当时普遍流行的"塌腰式"推举，提出了"含胸式发力上推""山髋上推"的技术观点，对改进推举技术，建立适合中国人特点的技术训练，提高推举成绩，产生了深远影响。1962年，上海体育科学研究所集中力量对上海市重点项目的优秀运动员的训练和技术进行了较为深入的研究。1965年，体育工作会议要求："体育科学研究工作应深入第一线，密切联系实际，在普及群众体育运动、猛攻世界运动技术尖端中充分发挥积极作用。"

为了培养国家级的优秀选手，逐渐建立了运动员选拔制度、竞赛体系和优胜奖励制度，设置了专业队培养运动员的模式，拓展了对外体育交流。这一阶段成绩最为突出的就是1956年6月7日，陈开镜打破了轻量级举重世界纪录；1956年，戚烈云打破了100米蛙泳世界纪录；1957年，郑凤荣打破了女子跳高世界纪录；1959年，容国团获得世乒赛男子单打冠军，标志着我国乒乓球运动在世界的崛起。运动成绩的获得刺激了其他项目的进一步发展。1961年，第26届世乒球赛在北京举行，中国队夺得了3项世界冠军和4个项目的亚军。从此，中国乒乓球步入世界乒坛的前列，开启了国际乒坛的"中国时代"。1965年，第28届世锦赛上中国队又创佳绩，荣获5项冠军，其中女队在团体赛中击败日本，收获冠军，中国队从此进入全胜阶段，同时留下了宝贵的精神财富，成为后来发展的动力源泉。1965年，徐寅生受邀为乒乓女队做题目为《关于如何打乒乓球》的报告受到毛泽东主席的称赞，全国各行业包括体育领域在内掀起了理论学习、理论指导实际工作的思潮。这一阶段，在学习国外先进经验、探索项目发展规律、完善有中国特色的训练理论体系上做了大量工作，取得了较大进展，训练体系基本形成，技术队伍初具规模。

这一阶段，中华人民共和国成立初期，百废待兴，我国的竞技体育从零开始，中央和体育相关部门领导审时度势，积极开展国际体育交流，采用"走出去，请进来"的办法，积极引进了竞技体育世界先进国家的训练方法和理论、先进的技术。尤其是举重、体操、羽毛球项目得到了迅速发展。根据国内外形势，提出了"缩短战线，保证重点"的发展方针，采取措施保障包括乒乓球、羽毛球在内的10个重点运动项目的发展。"全国一盘棋"，集中人力、物力、财力保证重点项目的发展。采取积极的发展措施，逐渐建立了运动员选拔制度、竞赛体系和优胜奖励制度，设置了专业队培养运动员模式，拓展了对外体育交流，加强了对重点项目的科学研究和教材、训练大纲的撰写等。因为起点低，干劲大，中国的体操、举重、射击、乒乓球、羽毛球等重点项目在短时间内有了很大发展，向世界先进水平逼近，具备了向巅峰冲击的实力。为优势项目后续的训练打下了理论基础，为国家体委积累了实践经验。

（二）停滞复苏阶段（1966—1978）

"文革"爆发后，体育领域包括竞技体育受到冲击，体育管理体制被废除，训练和竞赛体系崩溃，各项目专业队被迫解散，体育工作者遭到迫害，训练场地关闭，杂草丛生，荒芜凄凉，整个竞技体育的训练工作完全处于瘫痪、停滞状态。

直到 1971 年后，中央逐渐恢复各项工作，竞技体育领域也出现复苏的迹象，以参加第 31 届世界乒乓球锦标赛为契机，体育界开始恢复和重建各个项目优秀运动队伍，为竞技体育的恢复和发展奠定基础。1971 年，有 12 人、28 人次打破了 14 项全国纪录，1973 年又有 57 人、128 次打破了 40 项全国纪录。

1971 年，开始恢复羽毛球训练，由于对制胜规律的把握不准确，片面突出"快、狠"，强调"一拍解决问题"，成绩滑坡。1978 年召开第二次全国羽毛球训练工作会议，修正认识，要求达到"快、狠、准、活"全面结合，正确运用多种技术。同时强调，要注意发展多种流派，做到百花齐放。1970 年，我国成立了国家跳水集训队。1973 年，我国西安试制铝合金跳板的成功，为我国跳水队攀登世界跳水高峰创造了条件。同时，我国一批运动员努力"走在世界难度表前面"，不到一年就掌握了世界难度表上难度最高的动作。这一转折使我国一跃成为亚洲最强、水平最高的国家。1975 年，中国男、女选手在第 8 届亚运会上包揽跳水项目的全部金、银牌，表演了许多在国际跳水难度表上还未有的超难动作，令世界泳坛刮目相看。

1972 年，全国训练工作会议后，开始恢复系统的正规训练和业余体校的训练及国内外的竞赛，促进了运动技术水平的恢复与提高。举行篮球、排球、足球、乒乓球、羽毛球五项球类运动会。此后，单项全国运动会接二连三地召开，促进了运动技术水平的恢复和提高。1972 年"乒乓球外交"是新中国成立后体育界、外交界的重大事件，生动地展示了体育在促进世界和平，增进国际友谊的积极作用。乒乓球又一次在世界舞台发挥了不可估量的作用。1973 年，亚运联理事会通过了恢复中国合法权利的决议。在 1974 年德黑兰亚运会期间，举重、羽毛球、射击、体操联合会等亚洲体育组织先后恢复了我国各单项运动协会的合法席位。国际单项体育组织也陆续恢复了中国的合法席位。

1979 年 2 月，国家体委在北京召开全国体育工作会议，提出了"在 20 世纪内把我国建成世界上体育最发达的国家之一"的奋斗目标。根据奥运会的项目设置和金牌分布，将当时技术水平较高，在国内受到群众广泛喜爱或国际影响较大、按照"全国一盘棋"的精神，组成代表国家最高水平的常设国家队，在人、财、物等方面给予支持，重点进行了项目的布局和调整并取得成效。第24届奥运会中运动员的75.1%，获前8名的运动员中有85.3%、前3名的运动员有95.7%来自重点项目布局单位，通过项目布局调整，水平不高的项目列为重点项目后，也进步明显。

1979年11月，国际奥委会恢复了中国的合法席位。1980年3月，国家体委在给国务院《关于加速提高体育运动技术水平的几个问题的请示报告》中提出："调整好运动项目的重点布局，集中力量把奥运会和有重大国际比赛的若干项目搞上去。"进一步提出："我们的项目设置应尽可能与奥运会对口，并突出重点，才有利于在体坛为国争光。"

1984年8月，北京召开体育发展战略、体育改革会议，会议上提出了实施"奥运战略"，要求全面落实"奥运争光"的战略部署，这一战略"以在奥运会上创成绩为发展竞技体育的最高战略任务"。随着我国不断在国际大赛上取得优异成绩，奥运战略不断强化，逐渐成为20世纪80年代乃至若干年后我国竞技体育发展的主导战略。1984年10月，中共中央确定了"在21世纪内把我国建设成为体育强国"的奋斗目标，为推动改革、促进体育事业发展指明了方向。此外，20世纪80年代对20世纪60年代"举国体制"的雏形进行了强化和完善，确定了"全国一盘棋"的项目布局，突出体现了奥运项目的重要性，国家把有限的人、财、物等方面的投入和政策实施主要用在优势项目上，集中保证奥运优势项目的发展。在各项政策和制度的支持下，逐步形成了"侧重抓提高"的项目发展战略，推动了优势项目的迅速发展。

在奥运战略的影响和实施下，"投资少，见效快"的个人项目和短时间内能达到世界水平的项目得到了迅速发展。如1985年后，柔道项目得到迅速发展，通过重点项目的布局，调动了各布局单位的训练积极性，促进了各布局单位优势项目的发展，在全国逐渐形成了重点项目训练网络。1982年，国际奥委会关于从1988年起把乒乓球列为奥运会正式比赛项目的决定。1996年，羽毛球也被列为奥运会正式比赛项目，推动了中国乒乓球和羽毛球运动更快的发展。

进入20世纪90年代，在市场化、职业化、产业化的发展模式中，先后有篮球、排球、乒乓球和羽毛球等项目走上了职业化的发展道路。以这些项目为引领，开创了中国竞技体育发展的全新格局。在管理体制改革上，中国乒乓球协会从1995年开始，推行以"双轨制"为核心的赛制和体制改革，乒乓球是市场化改革创新模式的典范，为其他项目市场化运行起到了引领作用。1995年，《奥运争光计划纲要》颁布，我国竞技体育明确提出调整战略重点的思路，采取的积极举措为竞技体育优势项目的发展提供了政策支持，营造了良好的发展环境。

在竞技体育发展机理和"奥运战略"的影响下，各项目积极探索，在训练、科学研究及对项目的认识上也逐渐深入。乒乓球在弧圈球技术的基础上不断创新，探索项目的制胜规律，取得技术突破；举重项目训练进入了多学科综合利用阶段，运动员的成绩突飞猛进；羽毛球加强了教练员培训和后备人才培养，并在探索训练规律和对项目的认识上下功夫，同时羽毛球项目也走向市场，推动了项目的发展；射击起步较晚，这一阶段在科研、赛制改革等方面效果突出，发展迅速；女子柔道1979年刚传入我国，采用"走出去，请进来"的办法，成绩提高较快，1992年列为正式比赛项目，2000年就获得两枚金牌；体操项目不断进行技术创新，20世纪80年代后就有以中国体操运动员名字命名的技术动作，中国体操也走上了独立、创新、有自己风格，并引领世界潮流的高水平训练道路；跳水也始终走在世界难度表前列，是稳定的夺金点。

这一阶段，我国竞技体育取得了突出的成绩，尤其是优势项目占据金牌的相当比重，在国际单项竞争中逐渐占据优势。1980年，莫斯科奥运会由于政治原因，中国没有派代表队参加。从1984年洛杉矶奥运会开始，中国体育代表团实现了金牌零的突破，并一举获得15枚金牌，列金牌榜第4。其中体操、射击、跳水、举重获得了金牌和奖牌的多数，确保了中国队本次奥运会的整体优势。

1988年汉城奥运会，因参与国家较多，也是真正反映中国在世界体坛地位的一次奥运盛会。但中国代表队只获得了5枚金牌，位列奖牌榜第11位，获得金牌的项目是体操、跳水和乒乓球。

1990年举办了北京亚运会，中国代表团包揽了体操、跳水、羽毛球大部分金牌，继续保持领先，其中跳水、女子举重更是包揽了全部金牌。乒乓球、体操、羽毛球、射击、举重等项目也获得了半数以上金牌。实现了优势项目的再次突破。1992年，巴塞罗那奥运会，我国竞技体育重新走出低谷，成绩实现了飞跃，整体方面也体现出强劲的竞争能力。乒乓球、体操、射击、柔道等传统项目也实现了强力反弹。中国获得 16 枚金牌，金牌和奖牌总数位列第 4。1996 年，亚特兰大奥运会中国获得奖牌 50 枚，金牌 16 枚，传统优势项目如乒乓球、跳水仍然势头猛劲，而举重和羽毛球也成为新的夺金项目。

　　这一时期是中国的改革开放和恢复国际奥委会合法席位的初期，提出了参加奥运会，完成既定奥运目标的主要任务。当时国内经济发展刚刚起步，基于我国国情和国际的形势，20 世纪 80 年代提出的竞技体育适度超前发展的战略思想和 90 年代围绕"奥运战略"提出的《奥运争光计划纲要》，为竞技体育的改革和发展奠定了思想基础，为优势项目的发展提供了政策支持。尤其是投资少、见效快的柔道项目发展迅速，乒乓球和羽毛球分别成为奥运会正式比赛项目，同体操、跳水、射击、举重分别在近几届奥运会上不断取得突破，这一阶段我国的竞技体育总体实力已经进入第一集团，竞争优势明显，优势项目成绩突飞猛进，发挥稳定，个别优势项目实现了包揽，初步形成优势项目的集团优势，成为中国参加奥运会金牌和奖牌的主要贡献力量。

（三）稳定成熟阶段（2000 年至今）

　　21 世纪，申奥成功后，备战北京奥运期间，为了实现备战效率的最大化，要实施优势项目的巩固和潜优势项目的突破，将大力发展本国的优势项目作为备战重点，国家体育总局坚持了"有所为，有所不为"的基本思路，确定了"以优势项目备战为重点，以实现潜优势项目突破为辅助，以带落后项目提高为基础"的战略导向。对优势项目重点保障，对重点项目和重点运动员给予重点关注，以保持和扩大我们的领先地位。

　　2002 年，国务院主持召开了新中国成立以来的第一次全国体育工作会议，体育总局制定了《2001—2010 年新奥运争光行动计划》和《2008 年奥运争光计划》，专门成立了领导机构。采取积极措施，实现中国竞技体育的再次突破，加强科技投入，提高运动员竞技能力，2000—2004 年间，国家体育总局为奥运备战提供 4800 万元，近 1500 人次直接参与 147 个国家队体育科研攻关和科研服务项目，经费比 1997—2000 年增加了 3 倍，直接参与人数和项目分别增加了 58% 和 65%。

　　在国家各项政策的支持下，优势项目不断采取积极举措，加大科研的投入，探索项目的制胜和发展规律，适应外界的变化，及时调整策略，发展稳中有升，确保项目的长盛不衰。

　　乒乓球：进入 21 世纪后，国际乒坛发生了非常大的变化：新规则的实施给乒乓球运动带来了深刻的影响，运动员们必须更加积极主动、快速多变、抢先上手、抢先变线，争时空、抢落点，对运动员的心理素质、身体素质、技战术能力等提出了更高的要求。不断致力于项目本质和制胜规律的探索和把握，已呈现出"凶、拼、抢、搏"和"技术精炼、全面、没有盲区"的制胜要点。

体操：从悉尼奥运会的王者归来，实现男子团体的金牌梦想，中国体操队能在失利后迅速崛起，喊出了"卧薪尝胆，从负开始"的口号，以哀兵姿态，及时调整战略，出台了一系列激励老队员的政策，实现了新老交替，取得了运动成绩的突破。

羽毛球：国际羽联不断修改比赛规则，从最初的 7 分制到现在的 21 分制，虽然提出了挑战，但每一次规则的变化，中国队都能积极应对。在后备人才方面，在 2006 年底，成立了 24 所中国羽协羽毛球学校，在经费、赛事及教练培训等方面给予大力支持。加强了训练基地建设，在江西宜春、福建晋江、成都等地建立了中国羽协训练基地，为备战各类大赛提供了良好的集训环境和后勤保障。

举重：2000 年悉尼奥运会上获得了 5 金 1 银 1 铜，3 人 12 次打破 8 项世界纪录的突出成绩，发展势头突飞猛进，势不可挡。尤其是 2008 年奥运会，代表中国向世界充分展示了"中国力量势不可挡"。这一阶段，中国参加了国际举联的选举大会，马文广当选国际举联秘书长，开创亚洲先例，标志着亚洲人已正式进入国际举重联合会的高层领导机构，从而享有了较高的话语权。

经过一系列的努力和诸多改革措施的实施，2000 年悉尼奥运会，中国代表团获得金牌 28 枚，取得金牌榜和奖牌榜的第 3 位，总体实力进入第一集团。其中乒乓球包揽了全部金牌、体操获得团体冠军和两个单项冠军、射击获得 3 枚金牌、柔道获得 2 枚金牌，优势项目得到了巩固，新的优势项目有所扩充。在中华人民共和国成立后，举重项目的发展与回顾拼搏历程，成就辉煌。新中国体育项目双轨制的发展模式，实行运动项目的分类管理、分类投入的举措取得了显著效果。2004 年雅典奥运会上获得 32 枚金牌，奖牌总数 64 枚，首次超越俄罗斯登上金牌榜第二名。中国的传统优势项目全面开花，所有 8 个项目获得 6 枚金牌。乒乓球获得 4 个项目比赛的 3 枚金牌，羽毛球优势明显，获得 3 枚金牌，体操发挥失常，在射击、柔道和举重项目上中国队也获得了出色的成绩。

2007 年 3 月，中共中央提出了"缩短战线，突出重点，备战工作向战时状态转变"的要求。2008年，中国承办了一届"无以伦比"的奥运会，并取得了突出成绩，获得51枚金牌，100枚奖牌，占据了奥运金牌榜的第一位。中国传统优势项目获得金牌数占中国代表团金牌总数的80%，为竞技体育的再次飞跃做出了巨大的贡献。2012年，获得境外参赛的最好成绩，金牌38枚，奖牌88枚，全面超越俄罗斯稳居金牌榜和奖牌榜第二名。优势项目中乒乓球和羽毛球实现了包揽，优势项目占金牌总数的68.42%，占奖牌总数的52.27%。优势项目已经成为我国竞技体育金牌和奖牌的主要来源，形成了集团优势，并长期占据我国竞技体育发展的主导地位。2016年巴西里约热内卢奥运会中国代表团一共获得了26枚金牌、18枚银牌、26枚铜牌，奖牌总数70枚，在金牌榜上位居第三，奖牌榜上名列第二。中国选手打破5项世界纪录和12项奥运会纪录，总体上基本完成了参赛任务。

在围绕备战北京奥运会实施"奥运战略"中，优势项目在训练、竞赛、选材体系、科研投入等方面优先发展，给予重点关注，继续扶持。在继承基础的前提下，继续有所发展。这一阶段竞技体育优势项目以奥运备战与参赛为导向形成了有效的训练、管理、科技创新的机制，加强了国家队的引领和后备力量的有序储备，积淀了优势项目制胜的经验与文化，与时俱进的把握项目本质特征和制胜规律，准确掌握关键技术导向，强化观念与方法创新，以优势项目为引领，走出了一条具有中国特色的竞技体育发展道路，项目发展的自主创新能力增强，在参加28、29、30届奥运会上又有新的突破，优势项目的国际竞争力和影响力明显增强，个别项目实现了包揽，优势项目获得金牌的比重稳定且持续增长，积累了成功经验，形成了独具中国特色的核心竞争力和集团优势，在世界单项竞争中占有绝对优势。

二、对优势项目发展演进的分析与思考

从以上的历史演进及分析可以看出，优势项目发展的每个历史阶段的显著特点都不是偶然的，从不同的理论视角分析历史演进分段的逻辑关系可以反映出优势项目发展演进的必然性。

（一）战略推进——"优先发展"的视角

优势项目的优先发展、由落后到"潜优势"到优势发展阶段的转化，符合事物发展由量变到质变的规律。邓小平同志说："我的一贯主张是，让一部分人、一部分地区先富起来，大原则是共同富裕。一部分地区发展快一点儿，带

动大部分地区，这是加速发展、达到共同富裕的捷径。"这是党中央和邓小平根据中国的特殊国情，对经济政策和社会发展的战略抉择，也是我国现代化建设战略步骤和布局的重要组成部分。竞技体育优势项目的超前发展，重点项目优先发展的体育战略表明，通过优势项目的"先富"，带动其他项目的发展，最终实现竞技体育整体发展。

以上优势项目的历史演进过程多次提及战略推进对项目发展的推动作用，在政策层面的坚强保障，尤其是在优势项目发展的引进、酝酿阶段和探索发展阶段，亟待提高竞技体育的水平，通过体育提升民族凝聚力，依据项目发展的基础，结合国家对竞技体育快速实现突破的要求，能在短时间内经过投入把迅速提高的项目列入重点项目。项目确定后，首先解决如何发展的问题，要针对现有条件给予战略上的关注和政策上的倾斜。个别项目利用条件优先奠定可持续发展的基础优势。对优势项目的不断投入，推动项目发展的诸多要素逐渐成熟和完善，逐渐形成促进项目发展的竞争优势。在传统优势的基础上再去争夺新的奥运奖牌，成本会低得多，后期投入少，见效快。制度不断得到加强和刺激，形成了发展惯性，竞争优势不断得到增强。在长期的历史选择中，优势项目依靠政策推动，逐渐脱颖而出并长盛不衰。

（二）制度推进——"路径依赖"的视角

路径依赖是指制度在变迁的过程中存在报酬递增和自我强化的机制，这种机制一旦形成，不管是否有效，都会在一定时期内持续存在并影响其后的制度选择，使制度变迁依据其初始条件沿着某一特定的路径承袭下去。"路径依赖"存在"惯性"作用，一旦进入某一路径或框架（无论是好是坏）就可能对这种路径产生依赖，决定着后续发展的路径选择。通俗地讲，就像下棋一样，当采取了某一步骤之后，就会影响到以后所采取的若干步骤及其后果。因此，在既定的制度变迁目标下，要正确选择制度变迁的路径并不断调整路径方向，使之沿着不断增强和优化的轨迹演进，避免陷入制度锁定状态。"路径依赖的研究主题就是过去的历史是如何和现在、将来相联系的。路径依赖是过去的历史经验施加给现在的选择的约束。"

优势项目的发展经过前三个历史阶段的一系列政策实施和推动，优势项目面对国家荣誉和为国争光的迫切，创造了一个又一个奇迹。依据前三个阶段的战略推进，优势项目获得了继续发展的条件，经过不断创新，个别项目发展迅速，在国际竞争中占有一席之地。乒乓球项目已经处在世界竞技体育的最高峰，羽毛球、跳水、举重、体操等发展迅速，国内和国际竞赛中已经打破世界纪录，具备与世界强队抗衡的竞争实力。优势项目的发展路径依赖于前三个阶段的路径选择而打下的坚实基础，积累了经验，建立了发展模式和发展的惯性。

所以，优势项目的发展是竞技体育路径选择的结果。竞技体育发展过程的每种政策变迁都为优势项目设定了发展路径，并提供了制度保障，同时也设定了约束条件。优势项目就是在以上制度的不断变迁和选择中走出一条快速发展的道路。

通过对优势项目历史演进的研究，应该有如下几点认识：第一，优势项目的发展存在路径依赖；第二，路径依赖是实现竞技体育发展战略和制度变迁在优势项目发展过程中发挥作用的重要标准；第三，优势项目发展的路径受多种因素影响，为了持续发展，可采取措施加以纠正不正确的路径，避免出现路径偏移和封锁；第四，优势项目路径依赖的改革创新需要本土化和坚持中国特色。

三、优势项目形成和演进的语境分析

规律从物质而来，物质是在永恒运动着和永恒变化着的；有运动和变化，就必然有运动的轨道（即规律）。优势项目的孕育和诞生背景纵然复杂，虽然经历选择—创新—传播—推出—再选择的发展过程，但是混乱中有秩序，多样中有统一，按照事物或现象的内在逻辑趋向和轨道进行，同样存在运动的轨迹，遵循事物发展的规律。通过对优势项目的形成和发展多视角的语境分析，掌握特殊背景下优势项目成功的关键，有助于全面理解优势项目形成的内在逻辑，掌握项目发展的规律。

竞技体育的理论创新的前提条件之一是对竞技体育发展的成功经验进行全面、系统的总结。总结经验，首先要科学的认识经验。经验和理论同属于知识，不过是两类不同性质的知识，经验虽然缺乏系统性和理论的深刻性，却也反映了事物的初级本质，对解决具体问题是有效的。这是因为经验知识是人们长期实践的结果，它可以被人们借鉴、推广和应用，并且具有横向的可移性，即遇到与取得经验类似的情况，经验会给我们提示、启发、警告，使我们发现不同问题之间的相似之处，使创新力大大提高。所以，经验是不断创造发展，并正在创造发展着的，虽然它的"创造"不及在科学认识指导下的"创造"来得迅速和显著，但绝不能静态的认识"经验"。按照马克思主义的认识论，人们对客观事物的认识是"实践、认识、再实践、再认识"这样一个循环往复、

不断深化的过程。实践没有止境，理论创新也没有止境，总结实践中的历史经验是与时俱进，对实践进行再认识的过程，只有高度重视并善于总结经验，使经验上升为科学理论，才能揭示客观事物的规律性。

纵观中国竞技体育发展取得的成就，都是建立在对历史经验的总结基础上的，科学而又全面地总结历史经验是中国竞技体育腾飞的成功之道。优势项目在长期的探索发展中形成了独特的经验文化和思想框架，积累了项目制胜的宝贵财富，要认真总结和提炼优势项目的成功经验，进行理论创新，对于优势项目的持续发展大有裨益。本研究在我国竞技体育优势项目发展的历史演进认识的基础上，通过资料收集、专家咨询和问卷调查的研究方法，获得科学依据，从而总结提炼、找寻优势项目在特定历史背景下发展的基本经验的共性特点。

（一）优势项目发展的战略选择

所谓战略，是对事物发展进行全局性、规律性的谋划和决断。一百多年的国际竞争历史经验告诉我们，战略与思想路线的合理选择会使一个国家的实力由弱变强。相反，战略与思想路线的偏差与谬误会导致国力的衰弱乃至于国家的倾覆。英国著名的军事理论家利德尔·哈特在其所著的《战略论》一书中写道："在战略上，最漫长的迂回道路，常常又是达到目的的最短途径。"无论是国家还是组织，要想在国际或社会的激烈竞争中居于要位，就应该确立基本的竞争战略模式。基本竞争战略有方向性和长远性，而它的确立应该在对历史的总结、现实的评估和未来的预测上建立。确立基本竞争战略，是为了在国际高水平竞技体育的较量中，获得持久的竞争优势，这就要求所选择的基本竞争战略模式应当成为自身核心竞争力的重要组成部分。

发展战略是把战略上的问题和发展中的问题结合在一起，进行科学的、可行性的研究。"竞技体育发展战略"就是在体育系统中，以思想为指导，以当代体育的发展为研究对象，以推进中国体育事业的全面发展为目的，针对未来制定和实施的计划与行动。体育战略的起点为思想，其终点为行动，它的实施是在思想的指导下拟定计划，最终将计划付诸行动的一个动态过程。战略的制定和调整都来源于对规律的认识和把握。发展体育事业，首先要不断探索和把握体育事业发展变化的内在规律。

事实上，任何一个国家，即使是竞技体育强国，也不可能在所有的奥运项目上都占据优势，必须要对项目进行战略调整和布局，充分利用资源，发挥集群优势，抢占更多的奥运金牌份额。早在 20 世纪 80 年代，国家体委针对特定的历史条件和竞技体育发展的需要提出了"重点发展优势运动项目"的战略，进行了项目的发展设置与布局，分别在 1980 年、1984 年和 1989 年确定了包括乒乓球、羽毛球、跳水、体操、射击、举重和柔道在内的 13 个、16 个和 18 个重点项目，优先发展。90 年代"奥运战略"的出台，根据项目的发展条件和成绩状况，在全国各省市重点布局，统一规划，这一战略不仅催生了我国的竞技体育优势项目，也使我国竞技体育的发展取得了举世瞩目的成绩。所以，在以提高竞技体育水平为目的的战略选择上都与项目布局和优势项目的发展选择有着千丝万缕的联系。在特定的历史阶段，特定背景的战略选择推动了优势项目的产生和发展。

1."重点发展优势项目的战略"选择

"侧重抓提高"是推动 20 世纪 80 年代我国竞技体育大发展的重要战略决策。

中华人民共和国成立后，百废待兴，我国生产力发展水平还十分落后，体育运动的普及和发展受到生产力水平的极大限制。在这种情况下，如果实施竞技体育和群众体育齐头并进、共同发展的机理，客观条件是不允许的。1979 年，奥委会的合法席位和各单项体育组织合法席位相继得到恢复和承认，为尽早树立国际形象，依靠体育获得世界认可是最好的媒介，中国参加奥运会成为迫在眉睫的任务。然而，刚刚经过"文革"的破坏，我国竞技体育的整体水平与世界的差距不断拉大。1980 年莫斯科奥运会在即，而我国的成绩达不到奥运会的报名标准，提高运动技术的整体水平成了当时急需解决的关键问题，为竞技体育超前发展指明了方向。

对于发展中国家，要实现竞技体育从根本上的赶超，短时间内，依靠所有项目的全面发展可能性较小，选择几个群众基础好、成绩好的项目，采取非常规手段优先发展，以此带动全局，实现跨越式的发展思路，比较适合当时的竞技体育发展形势。中央提出"调整、改革、整顿、提高"八字方针。从 1979 年开始，在集中优势、突出重点、优化结构、分类管理的指导思想下，做了重点布局，进行了竞技运动项目的调整。同时，根据我国竞技体育的状况及经济发展水平提出了"重点发展优势项目的战略"。

随着竞技体育发展的进一步深化，推进重点发展优势项目的机理实施，"重点发展优势项目"的竞技体育发展战略就此拉开序幕。改革开放后的一段时期内，我国体育总的发展思路是"普及与提高相结合，重点抓提高"，也就是竞技体育的发展要优于群众体育的发展。国家集中有限的人力、物力优先发展竞技体育，使我国的竞技体育的发展迈开了新的步伐，以锐不可当的态势迅猛发展起来。

为保障"重点发展优势项目的战略"，20 世纪 80 年代后，我国为促进优势项目的发展提出了诸多卓有成效的战略举措，多次设立包括优势项目在内的重点项目进行培育和选择，出台了中共中央 20 号文件《关于进一步发展体育运动的通知》，提出了"搞好项目的战略布局，集中力量发展优势项目"，以国家体委《关于体育体制改革的决定（草案）》出台为标志，我国竞技体育的"举国体制"开始走向制度化，将优势项目进行重点布局，通过各种保障措施的实施，保证集中优势，重点突破，促进优势项目的发展。

2."奥运战略"选择与优势项目发展的互动

实施奥运战略，深入发展优势项目。"强调奥运战略是因为它是建立在以至高无上的国家利益基础上的国家目标和国家行为。它全方位的显示出日益强盛的中国即将跨入先进发达的世界强国之列的雄厚实力，展示出改革开放富起来的中国人敢于拼搏、敢于胜利、争创一流的屹立于世界民族之林的英雄主义气概。奥运战略是国家和民族的战略，是社会主义中国体育的精髓和灵魂。"

在实施"奥运战略"中为与奥运接轨，设定了包括"建设体育强国""在奥运竞赛上名列前茅"等目标，将优势项目列为国家重点项目，并根据奥运会设项变化，适时补充奥运会的优势项目。同时根据各地区的人才特点、训练条件、教练水平、运动水平等综合因素，确定承担重点项目发展任务的周边地区，形成每个重点项目都有若干个具有特色和优势的布局地区，在此基础上，形成若干个跨省（区）的项目布局区域，逐步扩大优势项目的范围和覆盖面，形成优势项目的人才群和人才链，促进优势项目在更高的起点上向前发展。通过"奥运战略"的实施，使重点项目得到加强，取得了显著效果。

1995 年《奥运争光计划纲要》的正式颁布，成为国家指导竞技体育发展的阶段性、纲领性文件。在项目布局和优势项目发展上做了具体说明，以鼓励支持优势项目的发展，此后每十年相继推出《2001—2010 奥运争光计划纲要》《2011—2020 奥运争光计划纲要》。此外，在我国体育事业和竞技体育发展的特殊历史阶段相继出台了《2008 年奥运争光行动计划》《国家体育总局 2012 年伦敦奥运会备战工作计划》，包括《体育事业发展"十二五"规划》《竞技体育"十三五"规划》等，这些纲领性的文件，从我国优势项目发展现状包括面临的机遇及挑战，实施的工作方针、指导原则及改革和发展目标、机理与主要举措等方面对优势项目的发展做了规定，给予政策上的支持，确保了"奥运战略"的实施和优势项目的发展。

由"侧重抓提高"过渡到"奥运战略"，体现了我国体育发展战略调整的主动和及时，体育发展战略为奥运战略的实施指明了方向，"侧重抓提高"方针的提出，不仅加速了我国竞技运动水平的发展和提高，而且也以竞技体育为突破口，充分发挥了体育所有的社会职能，促进了体育事业的全面发展，为奥运战略提供了社会基础，我国竞技体育优势项目的发展正是在两种战略选择中获得快速发展的动力。在战略选择的背景下，优势项目走出了一条适合自身特点的快速发展道路，通过自身发展为两种战略的顺利实施创造有利的条件。"重点发展优势项目的战略"在我国竞技体育运动水平的提高上发挥了重要作用，同时也取得了巨大成功。

（二）坚持和完善制度优势

在优势项目在发展实践中产生了诸多制度，在不同的发展阶段起到了推动作用。其中，"举国体制"的制度优势最具代表性，在对专家的调研和访谈中，对举国体制的保障使优势项目的成功经验得到普遍认可。

1. 优势项目的成功是坚持"举国体制"的必然结果

长期以来，优势项目的可持续发展，最根本的就是始终坚持举国体制。这种集中力量办大事的体制具有巨大的优势，与项目的发展目标相适应，能调动项目发展所需的全国资源，最大限度地调动项目发展的积极性，形成发展的合力。在各省的竞技项目布局中，地方各级政府给予了重点扶持和高度关注。这种保障和布局为项目的可持续发展提供了重要的体制保障，确保了优势项目的迅速提高，实现了优势项目的可持续发展。

竞技体育竞赛外部表现为运动员在运动场上的竞争，实际在其背后，尤其是重大赛事，是整个国家政治、经济等外部力量综合的立体竞争，只有依靠全国的力量才能保证竞技体育在选材、管理、训练、参赛等方面的有效运行。我国竞技体育管理的成功经验之一就是对项目的管理，对竞技体育项目实施合理布局、分类管理，第一个层面就是巩固和加强传统优势项目，其管理机理是：保证投入、挖掘潜力、扩大优势、成效显著。优势项目的竞赛是"高、精、尖"的事业，需要专门化的人才，构建专门性、科学化的训练体系，优势项目训练年限长，训练体系和需求庞大，市场化程度低。只有坚持举国体制的

　　保障，进一步整合和优化竞技体育资源，充分调动多方面的积极性，优势项目才能在短时间内获得成功，取得竞争优势。

　　举国体制是保证我国优势项目取得优异的运动成绩，令世界刮目相看，为祖国和人民赢得巨大荣誉的根本条件。在催生民族精神，提升民族凝聚力做出了巨大贡献。从 1979 年国际奥委会正式宣布恢复中国奥林匹克代表权，到 2008 年奥运会我国竞技体育的巨大突破，取得历史最好成绩，再到 2012 年伦敦奥运会获得境外参赛的最好成绩，中国只用 33 年时间。可以认为，举国体制是产生这一奇迹的重要因素。没有举国体制，"全国一盘棋"，就没有体育事业的更快发展。没有举国体制作为基础和保障，体育界就很难有历史的大贡献、今日的荣光和明日的辉煌。我国体育的发展得益于举国体制，改革开放后又受益于社会主义市场经济，这是中国特色体育形成和发展离不开的基础条件和重要保障。

　　2. 优势项目的可持续发展依靠举国体制的保障

　　在我国体育的政治体制和经济环境下，必须深刻认识到中国现在并将长期处于社会主义初期阶段，竞技体育发展不平衡，优势项目市场化程度低，当前乃至今后相当长的时间内发展竞技体育还必须依靠计划体制的行政支持。体育事业发展的市场化运作模式还不完善，竞技体育的市场化运作模式只有进一步完善和发展，才能满足竞技体育激烈竞争下的发展对诸多外在条件要素的需要。

　　实践证明，竞技体育的举国体制是培养高水平运动的高效机制，我国竞技体育在举国体制的催生下，造就了金牌的不断突破，而且培养和塑造了我国竞技体育的优势项目。在特殊的历史时期，为了使竞技体育优先发展，短时间内实现赶超世界其他竞技体育强国的目标，需要强有力的保障。在未来优势项目保持和发展的漫长道路上，依然需要举国体制的坚强保障。包括项目发展中需要的后备人才、经费、训练和竞赛体系、运动员退役安置等都依赖于举国体制的全面投入。举国体制这种资源分配的形式能提供优势项目充足的资源保障，迅速提高项目的发展水平，其他国家也纷纷效仿和采纳。在促进优势项目发展中，我国必须充分认识举国体制在竞技体育优势项目成功的重要作用，保持优势项目的可持续发展和落后项目的突破都需要有中国特色的政治优势的保障。

　　3. 优势项目的发展促进举国体制机制的完善

　　迷恋或桎梏于某一种制度或体制，都不利于中国体育的发展。制度是广为人知的、由人创立的规则，每一种制度没有好与坏之分。在特定的历史阶段，为了完成某种特定目的，制度将发挥不同的作用。诺斯指出："制度是人类设计出来调节人类关系的约束条件。"因此，没有永恒的制度，只有不断变化的世界。

"坚持和完善竞技体育的举国体制"是我们应对国际竞技体育挑战，完成在特殊历史条件下，时代赋予我国竞技体育历史使命的有力武器。随着优势项目竞争的日趋激烈，需要举国体制对优势项目持续发展的保障更加全面。举国体制是庞大的保障系统，单纯依靠经费、人才的投入，已经无法满足优势项目可持续发展的需要，要不断创新举国体制的机制。优势项目依靠科技创新和技术进步不断获得发展的动力。优势项目不仅仅是运动成绩持续突破的排头兵，也是改革管理体制率先发展的排头兵，在优势项目的发展中不断探索新的发展道路，逐渐在不同角度、不同层面上，从举国体制框架中解放出来，探索出一条符合自身特点的发展道路。

优势项目的发展需要举国体制，依靠举国体制，同时促进举国体制的进完善，优势项目在长期的发展实践中，坚持自主创新，走出了一条符合自身特点的有中国特色的发展道路。优势项目的持续发展是不断坚持制度创新的过程。坚持制度的及时革新和完善是维系项目健康发展的可持续性。对竞技体育举国体制进行有效改革和不断创新，建立具有生机活力、体现与时俱进，并富有中国特色的举国体制，更有效地推进优势项目的发展。优势项目在发展实践中，不断进行职业化和市场化改革探索，从政府管理向社会化过渡，试图脱离举国体制的惯性束缚，建立新型的适应市场经济手段，真正讲求少投入、多产出、高效率、低成本的现代竞技体育新型体制。

（三）立足于国情，探索适合中国的发展模式

1. 优势项目是中国特色竞技体育道路的历史选择

中国特色竞技体育发展道路的内涵之一就是以中华民族固有的身体素质特长和智慧、勤劳、刻苦等精神素质优势，结合世界竞技体育发展趋势，在一批项目中形成自己的技术风格，并能长期、稳定的保持世界领先优势。

中华人民共和国成立初期，我国竞技体育发展基础薄弱，加之"文革"时期遭到严重破坏，基础实力无法支撑项目的快速发展，在有限的资源条件下，立足国情，坚持"有所为，有所不为"，选择适合发展的项目优先发展，保证了我国竞技体育的发展和突破。中华人民共和国成立 70 多年来，特别是在近 40 多年的改革开放过程中，竞技体育积累了符合中国国情和民族特点的一整套经验，走出了一条具有中国特色的竞技体育发展道路，充分发挥了中国人的素质特长，中国人根据自己的身体素质在灵活、快速、准确等方面的特长，以技艺型（体操、技巧、跳水）、准确型（如射击、射箭）项目，体能型项目（游泳、举重）中的短距离、轻级别，对抗型项目中的灵敏类（如乒乓球、羽毛球）为重点，迅速攀登世界体育技术高峰。随着我国竞技体育发展的不断深入，在不断积累经验的过程中大家逐渐认识到，在竞技体育取得成功的诸多要素中，充分发挥本民族的特长是第一位的，扬长是最有效的战略。为了扬长必须坚持改革，敢于创新，创新才能持续发挥特色，保持优势。

我国依靠重点发展优势项目，才能在竞争激烈的奥运赛场上不断提升，巩固竞技体育奥运强国的地位。在优势项目的发展机理选择上，依据国情，选取了不同层级的优先发展机理：整体项目层上重点发展优势项目，在具体小项目上优先发展多金小项。

迄今为止，中国的优势项目基本上都经历了低谷和高峰，有靠卧薪尝胆、独创革新、汲取外来经验，重新发挥特长，走出低谷，夺回优势的经验。优势项目作为我国竞技体育发展的排头兵和探路者，见证了我国竞技体育的发展、变革与完善的整个历史过程。中国优势项目的兴起和发展，是新中国体育事业蓬勃发展真实写照，是坚持走中国特色社会主义道路的科学实践。竞技体育优势项目形成的最根本的经验就是始终坚持走中国特色项目的发展道路，始终坚持走"立足国情""符合自身特点、适合自身发展实际"的特色道路。

2. 发展优势项目必须坚持中国特色

所谓中国特色，就是中国区别于其他国家的显著标志和差异。中国特色是由中国国情和中国人身体、心理等特殊差异决定的。中国优势项目的成功经验告诉我们，要取得竞技实践的成功，战胜各国强手，除了遵循竞技制胜的一般规律之外，还必须探索自己的特殊规律，形成符合中国特点的制胜绝招，走出一条符合中国特色的发展道路。中国特色可以从宏观和微观两个方面进行分析，宏观方面包括训练体制、竞赛体制、项目设置等，项目设置要符合中国特点，确定主攻方向；微观方面，要注意制胜因素在运动队，尤其是运动员个体身上的特殊组合。

在总结优势项目的发展实践中，尤其是在战术、训练方法等方面，都深深地体现了中华民族特色的烙印，呈现出中国风格与中国特色。我国竞技体育奥运优势项目都是在学习、借鉴的基础上进行了适合我国民族特点的改造和创新。半个世纪以来的中国竞技体育实践表明，处理好借鉴国外经验与从中国实际出发之间的关系是我国竞技体育短时间内快速崛起，成为世界竞技体育大国的重要成功经验。中国运动员的特长在优势项目的特点上得到充分体现，这些项目本身就具有中国特色或者中国开发的，与我国国情相符，所以项目的发展有广阔的生存土壤和源源不断的后备给养。

有中国特色的备战奥运会的基本模式是竞技体育举国体制在实施奥运战略过程中最直接的体现。实践折射出以政府主导为主体设计和实施的备战动员与保障机制，与以社会动员为主体的备战体系会产生更高的运动成绩跃升效应。优势项目多为普及性不强，市场化、职业化成熟度较低的项目，举国体制的发展机理为优势项目的发展提供了生存和发展的土壤，三级训练网络、后备人才保障及训练、科研等的支持，都是在体育局政府部门的呵护中一路走来的，也只有这种培养体制才能确保优势项目一枝独秀、迅猛发展，具备别国无法企及的优势。优势项目就是在有中国特色的竞技体育保障制度和发展中生存发展起来的，中国特色就是坚持优势项目的发展方向。我国的优势项目经过多年的实践，长盛不衰，积淀并形成了一套具有中国特色的奥运备战及参赛的管理体系和运作模式，在奥运赛场的群雄逐鹿中发挥着重要作用，展现出了强大的威力和旺盛的生命力。

3. 优势项目的成功实践是对"中国模式"的弘扬和完善

任何一个大国、任何一个文明的崛起，都依赖于有吸引力、有辐射力的思想作为基础，有一套成熟的制度作为保障，这种思想和制度就是模式。20世纪最后20年国外学者讨论"中国模式"时，多指中国改革开放模式，尤其是指中国经济改革模式。进入21世纪，国外学者对"中国模式"的讨论已经涉及现代中国发展的方方面面，这是"中国模式"广受世界各国关注的原因。

"中国模式"昭示了一个国家的发展必须从本国的实际出发。任何社会发展模式都是针对本国自身的发展问题而提出的，每一个国家都有自己的地域、民族、历史和经济文化等方面的特征，因而在确定本国的社会发展模式时，必须以本国的国情为出发点，不能脱离本国实际。盲目照搬别国的发展模式和经验，只会落入"现代化的陷阱"。中国模式和中国经验的启示作用在于自我启示，这种自我启示是中国人民在改革和发展中用自己的努力和汗水换来的，对中国未来自身建设具有重大借鉴意义。中国经验是中国自己的经验，对外不具有普适性，我们不能外推也不主张外推。"中国模式"是中国马克思主义者在实践探索中的伟大理论创新，具有鲜明的中国特色。体育的"中国模式"实际上就是为提高国家在各类比赛中的成绩，通过"国家办体育"而衍生出来的一整套由思想观念、制度模式和组织行为方式组成的发展战略和治理模式。模式的成功比什么都重要，因为模式具有可持续性。

中国竞技体育依托优势项目从中华人民共和国成立初走过了70多年的发展道路，取得了辉煌的成绩。中国竞技体育的崛起依赖于中国特色的发展道路，构建了竞技体育的"中国模式"，并对西方体育发展模式提出了挑战。任何事物发展的轨迹，如果冠之以"模式"的头衔，必然需要时间的沉淀、经验的积累和历史的传承。照搬照抄、人云亦云永远不会有发展的延续性，必须对已有的成功经验的传承并结合实际的不断创新，探索新的发展模式。优势项目根据自身发展实际，结合项目发展的历史、地域、民族、经济文化等特征，走出一条有中国特色的发展道路。我国竞技体育优势项目的产生和发展过程，也是竞技体育立足国情探索有自身特色的"中国模式"的过程，是对竞技体育"中国模式"的发展和弘扬，如在优势项目的发展中始终坚持和完善举国体制。优势项目坚持"中国模式"的发展道路成为竞技体育成功发展实践的典范，也纷纷被其他体育发展中国家效仿，希望从中国模式中找到借鉴的经验，以便推进本国体育事业发展的进程。

（四）与时俱进的把握项目本质特征和制胜规律

周继红说："高难度一直是中国跳水队的'杀手锏'。"中国跳水连续多年"走在难度表前面"，但在后发优势的作用下，各国优秀运动员的难度水平日渐逼近，技术动作的稳定性成了竞技制胜的焦点。国际泳联修改了竞赛规则，增加了比赛结果的偶然性。在确保稳定完成现有难度动作的基础上，中国跳水队要保持国际领先地位，首要任务是要在发展战略上重视技术动作创新，寻求难度突破，在训练中始终倡导"难度无极限"的理念。

李永波说："近年来，羽毛球国家队建立了良好的集体研讨制度，引入科研力量，设立科研课题，对项目制胜规律进行专题研究，从而对羽毛球竞技运动的本质规律有了更深入的认识，并初步提炼了制胜规律，坚持以'快'为制胜核心，'狠、准、活'为基本制胜要素，正确指导训练实践，推动项目的发展。"

乒乓球、体操等项目也在不断研究，深入认识项目本质，掌握项目的规律。我国的优势项目正是准确认识了项目的特征和制胜规律，能紧跟项目的发展前沿，才能保持项目的长盛不衰。

1. 把握项目特征和制胜规律的认识论基础

竞技体育是一项系统工程，要在竞争中保持领先，必须在动态中不断认识、观察、摸索、把握运动项目的本质与规律，并不断顺应发展规律调整，训练理念、方法、手段、机理。只有在认识、把握规律上做到与时俱进，才能在激烈的竞争中取得胜利。认识项目的规律包括两个层次：一是运动项目的共同规律；二是能准确表述项目的性质、特征，并对提高运动成绩起主要影响和作用的本质特征及规律。

项目特征是指在训练或比赛中表现出来的体能特征、技能特征、战术能力特征、心理能力特征与智能特征。项目本质特征的定义可以通俗理解为在训练或比赛过程中，合理完成动作技术、取得最好运动成绩所对应的运动生物力学、运动生理学、运动生物化学机制及其直接相关的指标和在激烈对抗中最彰显运动心理学和运动智能学方面的具体特征，把握项目的本质特征，制定有针对性的备战和训练机理，是不断提高我国运动训练科学化水平的前提和关键。

决定一项事业的得失成败很重要的因素是对该项事业的规律是否有很高程度的科学认识和把握。如果说偶然的胜利不一定是对事物本质的深刻把握，那么长时期保持优势的实践活动，就必定同对规律的正确认识紧密相关。把握规律是成就优势项目发展的重要能力之一，竞技体育优势项目的发展实践告诉我们，优势项目只有把握制胜的发展规律才能长盛不衰，跻身世界前列。能否善于把握规律，是体育管理者、教练员、运动员和科研人员对项目本身的认识水平、领导能力的全面检验，加强对项目本质、制胜规律的认识和把握，技术创新才有方向。优势项目技术创新的历史事实发现，技术创新与发展都是渐进的积累和突变的发展相互交替的过程。在训练和竞赛及规则的变化过程中，总是不断积累经验、改进方法，提高对项目本质的认识和对规律的把握。尤其是现阶段技术创新周期短、更替速度快，在这种变化中，只有反应快、适应能力强，有主动创新意识才能牢牢把握住发展规律。实践证明，认识项目规律越深刻，提炼项目特点就越准确，训练结构设计就越合理，采取的方法手段就越科学。正确认识竞技项目的制胜规律，决定项目的发展方向，也决定一个项目的竞技水平的高度。把握准确，推动项目发展，在竞争中制胜；方向错误，南辕北辙，会对项目的发展乃至竞技体育整体水平发展带来破坏性灾难，这种兴衰的辩证贯穿在中国竞技体育多年寻求突破、攀登高峰，保持优势的全过程。

原中国乒协主席徐寅生在 2002 年全国乒乓球工作会议中说："研究和掌握

乒乓球发展的规律，特别是制胜规律，是中国乒乓球长盛不衰的关键。我们要研究和掌握的不仅仅指一般性的规律，更重要的是打败强劲对手的制胜规律；这样才能练得好，练得对，但这还不行，还要在比赛中发挥出来。"乒乓球运动的发展印证了与时俱进的把握项目本质特征和制胜规律的重要意义。

2. 把握和利用竞赛规则

竞技体育中，适应和利用规则就是认识规律、掌握规律和运用规律的真实写照。规律和规则既有区别也有联系，规则是人们规定出来供大家共同遵守的制度或章程，规律是事物运动过程中固有的、本质的、必然的联系；规则是人们制定的，可以修改、补充或废除，是主观的；规律则不能被修改、补充或废除，是客观的。因而，不可以把二者混为一谈。规则和规律相互联系，彼此制约，规则依据项目发展的规律及时进行调整，是对客观规律的反映。认识、掌握规则，利用规则是把握制胜规律的基本手段，是透过外部现象认识本质的实践过程。

对项目的本质特征和制胜规律的把握，随着规则等外在要素的变化而改变，要时刻认识到这种变化对训练的引导作用。竞赛规则作为竞赛制度的重要内容，规定着竞技项目发展的方向；规则变化的原则是为了追求项目发展效益的最大化；规则对项目发展的相对效应和技术的自身强化是规则变化的内在诱因；项目制胜要素为适应规则变化而不断发生变异。促进运动技战术的健康发展，是每个运动项目竞赛规则努力的方向和力求达到的目标。

对项目制胜规律的认识和把握还体现在对规则发展变化的适应上，规则变化是技术创新的动力。体操项目的制胜结果包含起评分和完成分的叠加，要想获得优异的成绩，二者都要求高质量、高标准，齐头并进，才能获得高分，必且动作标准，必须在规则允许的范围内才有效，规则的变化引导体操运动发展的方向和趋势，这体现了体操项目从规则的起点就准确把握了制胜规律。中国体操项目始终坚持"学习新规则、掌握新规则、利用新规则"，始终走在适应规则的最前沿。

在训练实践中，"三从一大"训练原则指各个要素对训练效果有着直接或间接的影响，从难、从严、从实战出发，科学地进行大运动量训练的要求是从实际出发，科学的认识项目发展的实际需求，主动适应制胜规律的措施，各训练原则的要素之间不是简单的相加，而是在实际关系中形成合力，共同指导训练实践，共同发挥作用。"从难"是依据运动项目的特征和规律及运动员的个体特点进行实战训练，需要根据项目的特点和比赛要求有针对性的训练。"从严"是突出"专项从严"，根据规则的变化对专项的理解也发生了变化，要准确把握，"从严"重点体现在对训练的细节上。"从实战出发"是核心，是专项训练和比赛一致性的具体体现和要求。"大运动量"对以往训练量的增加，在以粗放型的训练方式为主的初级阶段，对推动运动训练的发展，提高运动成绩有很大帮助。"三从一大"的训练原则是具有中国特色的指导运动训练的基本原则，是中国竞技体育多年训练探索的经验概括和理论升华，是运动训练基本规律的反映并在训练实践中不断深化、完善和发展。优势项目的训练实践把始终坚持"三从一大"的训练原则当成制胜的法宝，常抓不懈，在运用的基础上结合项目特色和发展实际不断发展和完善。

随着科学训练的发展，需要对"三从一大"的训练原则重新认识，比如"大运动量"，就是科学的安排大运动量，实际上就是结合运动员的个性化、训练的不同阶段等有针对性的、科学合理的安排负荷量和负荷强度。这就是认清了项目的特征，把握了项目的制胜规律的体现。体操运动管理中心主任高健指出："要辩证地看待训练时间减少的问题，训练时间减少的同时其他活动实践增多，例如电脑、看书的时间增多，知识增长多，汲取的知识丰富，处理矛盾能力强，抗干扰的能力也强；积极性休息的时间多，对心理恢复、体力恢复有益，训练效益更大，进入良性循环的轨道；可以享受到训练及比赛带来的愉悦和高峰体验，这是竞技运动员的最高境界。"

乒乓球运动是坚定不移地贯彻"从难、从严、从实战出发，科学地进行大运动量训练"原则的典范。在科学的安排大运动量上，为适应竞争的需要，不断的针对技术难点和自身的薄弱技术增加训练负荷，坚持挥拍训练，建立动力定型，每天挥拍次数达到 5000 次以上。坚持从实战出发，针对实战中对手和自身的情况，集体攻关。在坚持主流打法的同时，积极支持多样发展，建立起"乒乓小世界"。组织男女对练，男帮女练，开创性地建立和发展称为"陪练"或"模拟训练"，以此增强主力队员的适应能力。训练中还有意制造各种噪音，营造比赛场地的环境氛围，增强了训练的实战色彩，提高了训练效果。

（五）不断增强国际竞争力和影响力

刘鹏局长在伦敦奥运会中国体育代表团总结表彰大会上讲道：中国的传统优势项目发挥正常，整体上就会取得良好成绩。我国的竞技体育优势项目是奥运会上稳定的夺金点，长期以来，为体育事业的发展做出了不可估量的贡献。

优异的成绩，激发了项目的群众学习基础，营造良好的发展环境，推动了项目又好又快的发展。

优势项目在历届奥运会上共获得金牌多枚，这反映了我国优势项目在国际上的竞争力和影响力都明显增强。优势项目是我国奥运金牌的主要来源，平均贡献率在80%以上。传统优势项目的稳定发挥和其他项目的弥补，我国竞技体育强国地位才得以稳固。因此，继续巩固和保持传统优势项目的领先地位，促进潜优项目向优势项目的转化是实现我国奥运战略及目标的重要保障。

（六）加大科技投入，改变训练方式

袁伟民同志指出："重视科学训练，是我国优势竞技项目在激烈的国际竞争中获得优异成绩的重要原因。从某种意义上讲，我国优势项目的成功之道，就是科学训练之道。"我国竞技体育的成功实践告诉我们，依据科学理论和方法指导训练实践、提高运动技术水平是竞技体育和项目发展的主导趋势。随着现代竞技体育"更快、更高、更强"的发展需求，不少运动成绩已接近人体极限或正挑战着人体极限，仅凭经验传习式训练取得成绩的模式已不复存在。优势项目发展实践就是始终坚持"科训结合"，探索出依靠科技投入和科学进步促进运动技术水平提高的可持续的发展道路。

通过对2005、2006、2007—2008年竞技体育科研立项情况进行统计，优势项目三年的总体立项比例分为别为26.23%、27.48%和27.35%，比例较高，而且立项数量发展平稳。从以上统计可以看出，优势项目重视理论创新，加强科学研究，对项目的发展起到了重要作用。

此外，通过科技手段，改变训练方式，提高训练科学化水平，也可以有效延长运动员的运动寿命，使运动员的竞技能力始终处于较高水平，也是优势项目长盛不衰的重要经验。运动员退役的深层次原因在于训练理念缺乏，以运动员为本，如训练不科学，单纯强调"大"和"苦"，打形式化和表面化的"时间战"和"消耗战"，透支运动寿命。人为地提高了淘汰率，降低了成才率，优秀运动员如昙花一现，导致项目发展断层，持续性受到破坏，损失较大。刘鹏指出"我们决不能只顾眼前那些轰轰烈烈、短期能出成绩的事，我们要对历史负责、对未来负责、对基础负责，对人民负责，抓好若干年时间才能抓出明显成效的大事"。通过提高科学化的训练水平，能有效提高训练效益，提高投入产出的受益。因为运动员成材前，国家对每个运动员的投资是相对恒定的，但成才后，其产生的效益则大相径庭。

国家跳水队为了提高训练的有效性和效率，不断提升训练过程的科学化水平，由过去的"向苗子要成绩、向金牌教练要成绩"转化为向科学训练要成绩，通过打造复合型工作团队，优化训练实践主体化结构，加强训练支撑体系的建设，推进竞技实力增长方式向集约型转变，提升训练科学化水平。国家跳水队有稳定、高效的科研团队和核心骨干，形成了一支教练员、科研人员、管理人员相结合的科研队伍，对科学化管理软件研究、运动员心理和中枢神经系统的检测与调节恢复、跳水压花技术的生物学研究等专题进行研究，通过建立奥运心理服务网，增加科训结合平台，通过为运动员配备 PDA，增加科训结合通道。科研团队特别注重"专家统帅"，强调充分发挥专家集体智慧，集中优势力量，共同攻克难点。

2012 年伦敦奥运会，我国取得了境外参赛的最好成绩，国家举重队、跳水队、体操队等优势项目都进行了这一周期的科研攻关与科技服务工作，重点在训练理念和方法上突破创新，提高了项目科学化训练水平。2016 年里约奥运会，国家乒乓球队、举重队、跳水队等传统优势项目继续保持了这一优势。

优势项目的制胜无论是依托科技投入还是资源叠加、能力累积，项目的突破、成绩的获得都是由诸多因素构成的，制胜关键课题的突破，都是由多学科的综合作用下集合攻关、科学认识、科学实施的结果。就运动损伤的治疗和恢复除了正常治疗之外，也都是充分考虑运动员的个体差异、合理科学的训练和康复，涉及运动医学、体育康复、运动训练、营养学等学科的深入实践和科学攻关，是复杂的、综合的精细化系统工程。在比赛中速度差 0.01 秒、射击差 0.1 环，就会功亏一篑。所以要改变传统的训练方式，在训练方式上逐渐从要素驱动向创新驱动发展，向科学化、综合化和精细化的方向发展，增加科技投入，才是优势项目继续保持长盛不衰的关键所在。

（七）国家队引领和后备力量有序储备

优势项目坚持国家队的建设，注重发挥顶层梯队建设的引导作用。尤其在资源配置上，资源更多的集中到优势项目的国家队层面，为优势项目的发展提供了资源优势，优势项目国家队的重点建设是项目制胜的制度保证和成功的经验。

优势项同各个队伍的集中训练是举国体制的一大重要优势。国家队的管理实行队委会领导下的分工负责制，为优势项目的健康发展和取得骄人成绩，提供了强有力的组织保证。这种管理模式更重视充分发挥集体的智慧和作用，调动各方积极性，最大限度地整合资源，进一步增强了国家队这个特殊群体的管理。国家队集中了该项目最高水平的运动员，也集结了促进项目发展得最好的资源来保障训练，提高训练水平。为了确保奥运争光计划的实施，从国家层面采取措施，加强国家队建设，对国家队实行动态管理，对具体项目实施分类管理，重点保证夺金、夺牌项目。高度重视和加强国家队的建设，是奥运战略最终发挥效益的关键一环。我国的传统优势项目之所以能取得突出成绩，对国家的贡献大，就是国家队建设得好。

加强国家队建设，建立科学、规范的国家队。要形成一、二、三线队伍梯次结构合理，衔接顺畅，运转高效的体制机制，只有国家队的一、二、三线队伍搞好了，项目发展才有后劲。所谓优秀运动员的梯队配置，是指按照竞技体育客观规律对不同年龄段优秀运动员的比例进行规划、配备和安置。这种规划、配备和安置是优秀运动队梯队建设的宏观控制手段，属于运动项目发展的战略性问题，对运动项目获得优异运动成绩并保持优势地位有着重要意义。

竞技体育发展实践表明，任何竞技运动项目要想登上世界顶峰并保持其领先地位，培养后备力量，使优秀后备人才不断输入到世界大赛中锻炼成长，保持优秀运动员梯队合理配置，是一个不可忽视的重要因素。我国乒乓球、跳水、体操等优势项目的成功经验已经充分证明这一点。徐寅生在 1989 年全国重点项目布局会议上的讲话要求："全国重点项目要有完整的三级训练体系，各级人数 1：3：9 的梯队比例配置，这一比例是我国竞技体育多年实践的经验。以羽毛球为例，奥运会上一个国家最多可报名 24 人，按照参赛需求后备力量，加强梯队建设，这样可以形成层次分明、数量适宜的梯队人数和合理比例，保证'奥运争光计划'目标任务的完成。任何一个项目要想长盛不衰，首先要保证后备人才储备充足，一旦人才出现断档，必然导致运动水平下降。"

优势项目重视抓后备人才梯队建设，采取了有效的措施，如中国乒乓球等先进运动队在"三级人才训练网"的基础上，又采取了一种新的训练形式和运行机制来加强后备人才的培养，并且取得了良好的效果。其做法是：国家队二队（即国家青年队）每年通过单项大赛或集训选拔赛，从中级和初级两个层次中选拔优秀苗子，原国家二队队员也参与选拔、公平竞争，保证把全国最优秀的苗子不断地选进国家青年队。

（八）优秀文化的传承

我国的竞技体育优势项目有乒乓球、羽毛球、体操，包括 20 世纪 80 年代的中国女排。在长期的发展和竞争中，形成了独特的项目文化，保持了良好的队风和训练作风，这是始终坚持思想道德建设、构建运动队文化的结果。这些运动队对运动员在生活上严格管理，在训练上严格要求，队员吃苦耐劳、敢于拼搏是取得优良成绩的重要保证。

优势项目形成的最初阶段要结合自己的现实条件，形成自己的特色，有其独特的发展路径和文化特质，逐渐形成独特的组织文化和价值观。这种最初形成的特质文化是其他项目和其他国家同类项目无法模仿的优势。由于他们是隐藏在项目的主体——创始人和传承人，包括管理人员、教练员和运动员等的行为和思想内部。所以，这些文化要素是不可见的，是项目发展中文化传承的核心，也体现了一个群体的品格，这种文化要素一旦形成，便具有稳定性和继承性。项目发展的优秀文化代代传承，不断创新，支撑着项目的优势发展。如乒乓球建立"中国乒坛小世界"，孕育出"乒乓精神"，有中国体育文化特色的"人梯精神"，体现了优势项目成功背后孕育的牺牲个人利益以确保整体利益的独特精神内涵和制胜之道，当主力队员承担起为国争光的重任，陪练甘当标靶，牺牲原有的技术定型，模仿对手，虽默默无闻，但也同样建功立业，是项目发展不可或缺的主体和组成部分。

我国优势项目具有"全国一盘棋""国内练兵，一致对外""爱国主义、集体主义和革命英雄主义"的治队法宝，"胸怀祖国，放眼世界""人生能有几回搏""从零开始"等独特的精神文化内涵。优势项目将这种具有核心竞争力的文化内涵不断传承，发扬光大，形成了文化的增值现象。优势项目的优秀文化传承和增值为运动队竞技备战提供了思想保证，为项目发展注入了永不衰竭的精神动力。

四、我国竞技体育优势项目形成和演进的基本原理

（一）坚持"后发优势"

后发优势又称为次动优势、后动优势，是指相对于行业的先进入企业，后进入者由于较晚进入行业而获得的较先动企业不具有的竞争优势，通过观察先动者的行动及效果来减少自身面临的不确定性会采取相应行动，从而获得更多的市场份额。也有学者认为：后发优势是由后起国地位所致的特殊益处，这种益处是先发国家没有的，后发国家也不能通过自身的努力创造出来，是来自落后本身的优势。

后发优势在竞技体育领域的表现有四个方面：一是运动技术的后发优势，二是运动人力的后发优势，三是体制的后发优势，四是体育资本的后发优势。现代竞技体育起源于西方，我国的优势项目都是舶来品，而中华人民共和国成立之初，中国的竞技体育是一项开创性的事业，是在一穷二白的基础上起步的，作为竞技体育落后的国家，中国十分注重吸收和借鉴西方国家的先进训练方法和管理方法。一些传统竞技体育强国，如美国、苏联、德国在科学训练、运动选材、科学参赛等方面积累了许多丰富的实践经验。采用"走出去，请进来"的方式，广泛交流，吸收别国竞技运动项目发展的经验，借鉴和利用先进国家优势项目的成功经验和先进技术，减少发展失误是我国一直坚持的竞技体育发展道路。国际交流与互动是优势项目制胜的促进因素，坚持优势项目的技术后发优势，使中国优势项目迅速实现赶超。

中国竞技体育发展70年余，就是积极探索建立一套有中国特色的社会主义竞技体育发展道路的过程。70年来纵观中国竞技体育崛起的历程，立足国情，借鉴国外经验是中国竞技体育不断取得优异成绩的重要成功经验。改革开放以后，对竞技体育优势项目的投入剧增，在举国体制的保障下，人才、资金、技术、体制的后发优势在学习和交流的基础上逐渐转变为先发优势。但是因发展的不均衡性，落后因素依然存在，个别优势项目面临发展的瓶颈。在这一阶段，我国的优势项目坚持"后发优势"，利用一切有利的发展机会，学习其他国家优势项目先进的训练方法，借鉴管理经验和市场化运作模式，获得继续发展源源不断的资源和能力，维持项目的优势发展。所以，坚持"后发优势"是我国优势项目当前乃至今后一段时期要坚持的发展路径。

羽毛球是中国竞技体育中奥运夺金的优势项目，羽毛球项目的发展是优势项目坚持"后发优势"的经典案例，羽毛球运动的发展经历了"从无到有"，国外归来华侨带来了新技术并结合国内外羽毛球运动的经验和技术，在实践中探索、改进训练方法，以乒乓球运动为鉴，提出了"以我为主，以快为主，以攻为主"的积极打法，完成了从借鉴国外经验到自主创新的发展历程。逐步形成中国羽毛球所特有的"快、狠、准、活"的技术风格，迅速实现赶超，占据引领世界羽毛球运动发展的国际地位。

（二）坚持"木桶原理"

木桶理论的创始人是美国著名管理学家、现代层级组织学的奠基人劳伦斯·彼得博士。其核心内容的表述为："木桶是由长短不齐的木板组成，而一只木桶盛水量的大小，取决于最短的那块木板的高度。"我国训练界普遍认可的"木桶理论"告诉我们，竞技能力是由不同的能力板块组成的，而且明确提出一个运动员竞技能力的高低取决于能力短板的高度。在一个相对封闭的训练系统内，系统的制胜之道在于寻找和补长组织这只"木桶"的最短边。这种将运动训练系统作为封闭系统的假设，人为地把竞技能力分为若干要素并进行序列组合，虽然在一定时期和一定条件内推动了项目的发展，但是随着项目发展的深入和竞争的日趋激烈，将会成为阻碍项目发展的症结。在坚持木桶原理中，个别项目竞技能力要素的"补短"效应实现了竞技能力要素的"全面"发展。在现实的开放系统中，高水平运动员竞技能力是一个动态过程。优势项目的基础要素是相对水平较高的组合，处在项目的发展前沿，即使是"短板"同样具备高水平，差距不大。所以优势项目的发展需要的不是补充短板而是增加优势，扬长避短。

在竞技体育优势项目的发展体系中，优势要素都处于较高水平，往往不是去弥补相对落后的短板，而是特别注重发挥优势，巩固特长。在这种新的动态的制胜系统和环境中，项目要得到生存和发展，最要紧的是发现自身优势，根据优势配置资源，使这种优势得以充分发挥并得到加强。靠"租用"与自己较短"木板"相对应的其他项目的较长"木板"，或是"出租"自己最长的"木板"，由各自的最长边拼成的装水最多的新木桶。最长的木板代表了优势项目的核心竞争力。木板越长，特色越鲜明，优势越突出，主要提倡特色突出的创新战略。木桶原理的"补短板"的核心思想实质上是项目发展过程的追赶、防御的机理，是维持性的、修复性的发展方法，齐头并进的发展思路；而在当前的竞争体系下，动态的、不确定性和复杂性充斥着项目发展的整个过程，这种形势下，"拉长版"的发展理念反映的是以攻为守的竞争机理，集中所有核心资源提升优势。

我国优势项目的发展符合"木桶理论"的组织范式和发展特征，从发挥"长板效应"的角度出发，"木桶理论"的发展可以认为是优势项目发展问题机理的"扬长效应"。我国体育事业发展的整体战略是优先发展竞技体育，竞技体育中又优先发展重点项目，优势项目中通过重点制胜要素的发展，发挥特长，短期提高，实现了体育发展在特定时期内的目标。优势项目坚持新木桶论，创造了一个个奇迹。如乒乓球就是不断坚持特长，通过主动求"变"来进行技术创新，始终引领技术发展的趋势；体操、跳水项目同样不断推陈出新、建立特长，抓住了项目发展的"难"，优先发展，获得了项目的突破；羽毛球运动制胜的核心是"快"，其内涵是"争抢最高、最前的击球点"，并使对手回击的难度最大，优先发展了"快"的竞争优势。

在坚持"木桶原理"的实践中，发挥"扬长效应"的发展机理，我们首先要认到，项目在发展过程中要创造性的认识自己的特长，发掘特色，包括识别运动员竞技能力中的特长技术，普遍认为的长处不一定是真正的特长，只有在竞赛对抗和发展实践中得到检验的、形成比较优势的特长才是赖以制胜的根本。对特色和特长的识别要用富有创造性的眼光去认识它们。一旦确定特长，或者是项目发展的核心竞争力就要有效进行资源配置，增加投入，优化培育。

我们同时也认识到，优势项目的发展是我国体育事业发展不均衡状态下，基于特殊需要做出的历史抉择，要实现竞技体育的全面发展仍要坚持"木桶理论"，补充短板，实现和谐可持续发展。同时也要认识到，项目的制胜和发展是动态的过程，不均衡是绝对的，均衡发展是相对的，要获得项目的持续发展，"扬长效应"机理的组织范式仍将长期沿用并发挥作用。

（三）坚持"竞争优势"

《孙子兵法·军形篇》："昔之善战者，先为不可胜，以待敌之可胜。不可胜在己，可胜在敌。"善于作战的人，首先要创造不被敌人战胜的条件，待时而动，战胜敌人，关键不是着眼于如何打败别人，而是不断地提升自己实力。

1."竞争优势"释义

竞争优势的概念最早可以追溯到张伯伦 1939 年的《垄断竞争理论》，1978 年霍弗和申德尔把这个概念引入到战略管理中。21 世纪 80 年代到 90 年代，美国哈佛大学商学院教授迈克尔·波特在其著作中提出了竞争优势的概念。波特认为，企业竞争优势是来源于企业为客户（即消费者）创造的超过其成本的竞争优势。一个国家的竞争优势就是企业、行业的竞争优势，也就是生产力发展水平的优势。一个国家兴衰的根本原因在于能否在国际市场中取得竞争优势，竞争优势形成的关键在于能否使主导产业具有创新机制。竞争优势强调的是一个动态变化的过程，特别是包含着"极盛而衰"的辩证法思想，提醒那些已经具备发达水平的国家仍须居安思危，不可懈怠。"竞争主体相对于竞争对象在某种特点和纬度上的差别使得竞争主体获胜，这种差别就是竞争主体的优势。"也有学者将竞争优势定义为个体或组织在稀缺性资源争夺过程中，优于竞争对手的势态和地位，换句话讲，也就是在稀缺性资源的争夺过程中，个体或组织获得资源越多，竞争优势越明显。

2.竞争优势的来源

随着战略理论的发展，人们越来越注意到：尽管能力是多样化和多层次的，但是竞争的经验使得人们更多的重视"核心能力"或者"特殊能力"，因为只有这种能力的充分发挥，才能战胜竞争对手。核心竞争力是能够作为战胜其竞争者的竞争优势来源的资源和能力。核心竞争力是在不断积累并学习如何利用各种不同的资源和能力的长期过程中形成的。利用核心竞争力采取的行动是相对于竞争对手更擅长的行动，能够在很长一段时期之内为自己的产品或服务增加独特的价值。

竞争优势是竞争力的支撑，竞争力是竞争优势的外在表现。这两者的关系类似于物理学中的"势"与"力"，势是潜在的能量，力是一种现实的力量。竞争优势的不断累积，在竞争表现出强有力的地位和卓越的获胜能力；互为因果，竞争优势是"因"，竞争力是"果"，竞争优势的强弱最终通过竞赛以竞争力的形式表现出来。竞争优势是一个相对的概念，是相对于竞争对手而言的，而竞争力则是绝对的概念。在动态的环境中，如果只有一种竞争优势且无力创新，那么在动荡环境中将很难生存。竞争优势源自持续性创新，所以说持续性创新是创造和维持其竞争优势的唯一出路。并非具有的全部能力都是核心竞争力，竞争优势来源于有价值的和稀有的资源，但是要获得持久的竞争优势就要具备无法被竞争对手模仿和复制的能力。

表6-2　持续性竞争优势的四个标准

能力特点	意义诠释
有价值的能力	利用机会、降低威胁而创造价值的能力
稀有的能力	极少数现在或者潜在竞争对手拥有的能力
难以模仿的能力	历史的：独特而有价值的组织文化和品牌 模糊性因素：竞争能力和竞争优势之间的界限模糊，竞争能力的原因和应用模糊 社会复杂性：内外部的社会关系
不可替代的能力	不具备战略对等性的能力和资源

只有持续发展有价值的、稀有的、难以模仿的及不可替代的能力，才能获

得持久的竞争优势，否则竞争优势可能只是暂时性的，或者甚至无法获得竞争优势。

表6-3　衡量竞争优势四种标准的结果

资源和能力是否有价值	资源和能力是否稀有	资源和能力是否难以模仿	资源和能力是否不可替代	竞争后果	业绩评价
否	否	否	否	竞争无优势	低于平均回报
是	否	否	是/否	竞争对等	平均回报
是	是	否	是/否	暂时性的竞争优势	平均回报至高于平均回报
是	是	是	是	持久性竞争优势	高于平均回报

3. 优势项目竞争优势的获得与持续发展

竞争优势理论表明，竞争主体的优势通常来自两个方面：资源与能力。在国家层面上，竞技体育的资源主要包括人口技术和竞技发展水平，而能力主要体现在竞技体育事业的管理制度上。核心竞争力是优势项目制胜的关键能力，是持续竞争优势的来源。当今世界体坛的竞争也有资源的竞争，即人力资源、实物资源、组织资源等有形和无形资源的竞争。单个的资源可能无法创造竞争优势，只有资源的相互配合才会产生战略优势。

优势项目不断发展的根本原因在于其制胜系统经过了有效的演进和互动过程，能适应环境，自我发展。如果透过优势项目发展的表面去考察其深层内核，就会发现他们都存在着独特的核心能力，优势项目之所以表现出了优势差异，源于拥有的核心能力的差异。这种核心能力的异质性存在，优势项目就会保持优势，持续发展。

获取资源能力是优势项目竞争优势形成的基础，配置资源能力是优势项目竞争优势形成的保证，转化资源能力是优势项目竞争优势形成的关键。依据竞争优势理论，优势项目的形成和发展应该经历竞争优势的不断发展变化的过程，依据优势项目发展的历史演进，认为竞技体育优势项目的优势获得和演进表现为波浪式的上升。

发展初期：竞争优势的获取——依靠要素推动的阶段。主要是国家政府投入、运动员的个人能力；优势项目发展的初期，依靠资源占据项目发展的优势，或者依靠项目起源，出现了天赋较好的运动员、教练员、适合项目发展的政策。政治、经济、环境等均利于项目的发展，进入竞争优势阶段。

探索发展时期：竞争配置——依靠能力推进的阶段。有意识的主动制胜，依据现有的资源，发挥能力优势。优秀的运动员和教练员，深入开展运动项目发展的研究和探讨及新技术的运用。集合各种制胜要素的统筹、整合、协调，抓住问题的主要矛盾，发挥主导竞争优势或者主导制胜要素在选材、训练、参赛和管理等方面开展工作。有利于项目发展和获得竞争优势采取的办法、举措、制度等，形成了竞争优势的发展阶段。

成熟稳定时期：竞争优势的转化——依靠创新推动优势项目的发展。项目发展积累独特文化价值观的形成，以集成创新为动力特点的发展阶段，形成了竞争优势的发展阶段。

在以上三个发展阶段中，每个阶段都有多个竞争能力的支撑，在不同的竞争环境中，不同的竞争能力发挥不同的作用，共同支撑项目的发展。具有主导地位的竞争力获得主导竞争优势，其他的竞争力发挥支撑优势的作用，随着时间的推移、技术的革新，核心竞争力会转变为一般能力，主导优势不同的竞争环境下可能会发挥支撑优势，要保持优势项目的持续发展，必须要不断发挥竞争优势群的整体优势，对项目优势进行权衡、维持、增强或者更新。

若干竞争优势以竞争制胜为目的，按照特定的秩序构成持续演进的竞争优势系统。在新的竞争环境中，制胜系统的构成要素发生变化，旧的竞争优势逐渐丧失，新的竞争优势不断产生，也有主导优势和支撑优势的转化，系统内不断进行优势的维持、权衡、更新和增强。

持久竞争优势的获得，不仅仅依靠于某种特定的竞争优势，而是若干竞争优势相互补充，始终保持动态发展的竞争优势系统的建立和维系。竞争优势的维持至少有两种方式，第一种是依赖于某种独特的、有价值的、稀缺的和不可复制的资源而建立起来的，可防御定位并尽力阻止模仿，这种资源可以是获得持久竞争优势的主要来源。第二种方法是依靠持续不断的创新来创造临时优势，保证项目总体优势的可持续性；竞争优势的增强，可以通过互补性优势来增强主导竞争优势。竞争优势的权衡，在动态的变化环境中，彼此的联系发生变化，产生矛盾或竞争，需要不断权衡，维持系统的平衡。竞争优势的更新是为了保持系统的活力，保持系统持续的竞争优势，必须对已有的竞争优势组合进行创新或重组，在原有资源和能力的基础上，构建和开发新的竞争优势，并最终实现竞争优势的持续发展。

（四）坚持"自主创新"

自主创新是近年来出现的新的组合词，自主就是设法保持自己选择理念、目标、模式和过程的主动权，自主创新是不要锁定在对手设定的创新轨道中。自主创新是一个国家竞争力的决定因素，一个国家只有拥有强大的自主创新能力，才能在激烈的国际竞争中把握先机、赢得主动。2005年2月，科技部副部长尚勇提出"自主创新应该包含三方面的涵义，即原始性创新、集成创新、引进技术的消化吸收和再创新"。

我国体育事业要在知识经济时代求发展，也必须走自主创新之路，必须把体育自主创新纳入国家创新体系之中。自主创新能力是体育科技综合实力的核心，是增强国家体育事业科技支撑力量的关键。国内外体育发展的成功实践告诉我们：大到一个国家体育事业的整体发展，小到一个项目竞技水平的提升，都与自主创新能力有着直接关系。一些优势项目能够长盛不衰，说到底是在技术、战术、训练、体能、心理、恢复、竞赛、后备人才培养等环节上坚持自主创新。在体育事业的关键领域，真正的核心技术、关键技术是买不来的，必须要提高我国体育科技的自主创新能力，必须依靠自主创新、自主研发才能从根本上解决问题。

自主创新是竞技体育发展的灵魂，是一个运动项目由落后到突破，再到长盛不衰的不竭动力。创新构建竞争优势，自主创新形成核心竞争力。中华人民共和国成立后，我国全面学习苏联的训练模式，1959年后，中苏关系破裂，我国必须自主创新，结合实际走独立自主的发展道路。优势项目及与其有关的制度设计都是坚持自主创新的实践过程。如举国体制就是20世纪70年代学习苏联的经验结合本国的实际情况创立的，结合中国特色得到完善和发展，成为推动我国竞技体育发展和优势项目长盛不衰的制度保障。包括"三从一大"的训练原则，也是我国优势项目训练多年来坚持的基本原则，优势项目的"陪练"机制，陪练牺牲个人技术特色，模拟主练对手，"同性别陪练和异性别陪练"等创新。放眼中国竞技体育奥运优势项目的发展，都是在学习、借鉴的基础上进行的适应中国民族特点的改造和创新。在当今流行的一些运动技术、战术、训练方法手段等方面，都体现了中华民族特色的烙印，呈现出中国风格和中国特色。

我国乒乓球长盛不衰、中国女排的崛起并创造"五连冠"的辉煌、我国体操和羽毛球等优势项目的成功实践都是坚持自主创新，向创新要效益的结果。体操项目经过多年的发展和实践，形成了一套独特的训练方法与体系，传承了我国竞技体操训练的优良传统和人格精神，以及科学的训练指导思想、训练理论、训练方法和训练作风等完整的训练体系，我国男子体操训练工作无隙衔接、富有成效，竞技体操运动水平不断提高，保持了我国竞技体操人才的优势。优势项目发展的成功实践体现了结合实际开展自主创新，实现竞技项目的飞跃，印证了自主创新对推动项目的发展的作用，坚持自主创新就能掌握未来发展的主动权、话语权、自主权，形成核心竞争力，在竞争中获得制胜优势。坚持自主创新关键在于致力于国际先进水平和核心技术的系统集成创新，坚持通过自主创新，构筑特色，保持项目发展的常胜常新。

五、我国竞技体育优势项目形成和演进的理性思考与启示

（一）优势项目继续承载着国家和民族的历史责任

"发展极"理论认为：主导部门和有创新能力的企业相互聚集，形成了一个磁场极，有较强的吸纳辐射能力，不仅自己发展，通过向外扩散还带动了其他部门和企业的经济增长。在竞技体育领域，优势项目集群就是一个具备较强吸纳能力的磁场极，吸收战略投入包括人才、信息、资金、场地等资源，发展自己，推动了竞技体育的持续发展。优势项目是中国竞技体育发展的正适应，在提升中国竞技体育乃至国家的影响力、促使训练方式发生改变、带动落后项目进步、促进国民素质和生活质量提升等方面都发挥了重要作用。优势项目需要承担中国竞技体育发展的历史责任，通过优势项目实现了民族的复兴和向世界宣告了中国的崛起。

我们也应该认识到优势项目的发展是一种复杂的社会文化现象，夺取金牌的内涵已经远远超出了竞技体育本身的价值。在优势项目发展初期，依据新中国体育事业的发展在世界舞台上大放异彩，展现日益增强的国家综合实力，振奋民族精神的发展需要。奥运战略，以竞技体育为在媒介，需要短时间内迅速提高，国家制定战略抉择，赋予了优势项目神圣的政治功能，承载着国家和民族振兴的希望。在实现国家和民族伟大复兴的历史进程中，竞技体育优势项目又承载着展示中华民族的伟大复兴的辉煌成就、振奋民族心理的历史责任。优势项目是竞技体育发展的"排头兵"，是中国体育事业发展实力，能展示中国

政治、经济等外部环境发展状况，无论优势项目的发展如何，都将关系到与世界竞技体育发展的差距，国家和民族对优势项目的发展寄予厚望，优势项目还将长期出现竞技体育发展的历史舞台上，继续承担神圣的历史责任。

（二）项目的优势来源于优势要素的继发、转折和创新集合

项目之间的竞争实际上是项目竞争要素优势差异的比较，优势项目的优势要素更多地来源于战略和政策的驱动，不断通过政策的倾斜性补给，举国体制的体制机制保障，源源不断的资源投入，形成了优势要素的差异。同时也要认识到项目自身的发展过程经历了竞技优势要素的继发、转折和创新集合。继发就是继承和发展，运动队文化、训练作风的传承，在传承的基础上要不断发展；转折就是否定、解构和转向，制胜要素在发展过程中，不断结合竞赛的实际情况，敢于否定原有的制胜模式，重新认识新的竞争态势，深入解析，审时度势，转变制胜思路，对制胜模式进行重构；创新就是知识和制度创新，始终把握项目的本质和发展规律，掌握项目的变化趋势，不断进行理论探索和知识创新。通过不断的制度创新，营造良好的管理氛围和优势项目长盛不衰的发展环境。

（三）项目的发展要立足于国情和自主性创新

竞技体育是受一个国家政治、经济发展影响较大的社会文化活动，所谓"国运兴，体育兴"。现代体育从一开始就是时代的产物。在一个"国破山河在"的年代，"皮之不存，毛将焉附"，中国体育的崛起根本无从谈起。只有国家稳定，国泰民安，才有体育的发展。国家的兴衰植根于体育项目的发展之中，国家的传统、文化、发展的轨迹都在项目的发展中留下了深深的烙印。项目的发展要立足国情，与国家的政治、经济发展相适应。项目发展的中国特色就是项目发展的厚重的历史经验积累与我国特殊的国情相适应的产物。它是依据我国国情和特定环境差异而提出来的。项目发展坚持本土化，走有中国特色体育的发展道路，是项目发展的创新实践。立足国情是第一步，自主创新是立足国情的创新和升华，人云亦云，永远会徘徊在项目发展的初级阶段。只有立足国情，坚持自主创新，建立核心技术，才能做到"人无我有，人有我全，人全我精"，始终掌握技术上的竞争优势。

（四）优势项目形成与发展呈现波浪式前进

波浪式发展是事物发展的重要规律。在欧氏几何上，两点之间最短的距离是连接两点的直线线段。而在处理社会领域中的问题时，特别是在活力对抗领域达到目的或目标的最短途径往往是"曲线"。人们在处理一般问题的时候，大都已习惯了"直线"的思维方式，沿着一条较固定的思路分析、判断情况。实现目的的途径过于线性化，势必不能取得理想的效果。

优势项目的发展犹如一场马拉松，某一个国家的项目在世界竞赛中始终保持前列，就是优势项目，跑在后面的就是"潜优势"项目或者落后项目，优势发展转移，"潜优势"项目和落后项目可以发展成优势项目，优势项目也可以退步转化成"潜优势"项目或者变成落后项目。按照国家发展的理论，只有部分国家能达到和保持世界前列位置，不同优势项目也同样存在这样的发展趋向。我国的七个优势项目是中国竞技体育发展的历史选择，在我国的竞技体育发展历程中，有些项目日昙花一现，短期成功，并未保持长期的发展态势，有些优势项目也曾在特殊的历史时期受到冲击，间断了发展的连续性。在竞争过程中，优势项目存在优势的形成、转移、消失再建立的过程，其形成与发展过程表现出波浪式的发展态势。

（五）竞技体育优势项目的不均衡发展将长期存在

优势项目虽然反映了我国竞技体育水平总体实力的决定性因素，也保持着较高的金牌贡献率。但是仍然存在项目间发展不均衡，项目结构不均衡和男女项目发展不均衡的问题。七个优势项目中乒乓球、羽毛球、跳水、举重优势明显，体操发挥稳定性不足，射击和女子柔道优势不突出，在 31 届奥运会上，射击仅获一枚金牌，没有明显优势；体操队则一金未得，尴尬收场，金牌各国平分，竞争激烈；部分小项较多的重点项目，其中有些小项水平高些，多数比较低，个别小项还未染指金牌，没有分清内部小项的层次，导致主次、重点不突出，力量分散，没有发挥应有效益。女子实力超群，男子无明显优势，女运动员的整体夺金和夺牌实力明显高于男运动员，呈现出一定的失衡态势。

优势项目发展不均衡的现象还表现在优势项目理论研究与实践的不均衡。近代以来的中国体育主要在享用其他国家的经验，尚未对当代世界体育做出实质意义的贡献，这与有着丰厚文化沉淀、经济快速发展、人口众多的体育大国是不相称的，说明我国体育存在较大的发展空间，需要逐步探索和完善；优势项目发展的理论和实践的均衡发展，同样是长期发展和实践的过程；优势项目的发展地域不均衡，优势项目主要分布在辽宁、北京、山东、浙江、江苏、福建、广东、湖南、湖北等经济较发达的地区。这说明了竞技体育优势项目的发展与经济水平有着密切的关系。奥运会优势项目的发展，离不开优势经济的支撑。

事物发展的均衡是相对的，非均衡发展是绝对的、长期的。通过非均衡的发展，无限地接近竞技体育项目的均衡，最终实现全面发展，这是竞技体育发展的理想状态和最终目标。在项目发展由非均衡向均衡无限接近的道路上还出现为了追逐金牌数量，竭泽而渔、功利主义、违反事物发展规律的做法，给中国竞技体育可持续发展带来了严重后果。当前中国由体育大国向体育强国迈进，不能搞单一金牌数量指标，要着眼于竞技体育的持续发展和均衡发展，不能只保持现有优势项目水平，而其他项目长期无所作为，通过优势项目的均衡带动竞技体育项目的整体均衡发展。

（六）项目的成功没有最佳模式只有合理的选择

17世纪法国的科学家费马在研究光在不同的介质中传播产生折射现象原因的过程中，证明了他的"最少时间原理"。该原理认为，光在从一点到另一点的过程中，总是选择所需时间最短的路径。在最少时间原理的启发下，科学家们证明了一个普遍性的客观规律，一个合理的过程都是作用量最小的过程，即"效益"的过程。从本质上来讲，我们周围所存在的一切过程，无论是自然中的过程，还是社会领域中的过程，都是一个转化的过程。既然如此，评判一个过程自然涉及两个评价的参量，一是转化的结果，一是转化的效率。理性的人们不仅希望出现有利的结果，同时还要考虑其中的效率因素，特别是在"不可逆"的过程中尤是如此。

1978年以来的改革开放为中国体育的发展提供了历史性的机遇。改革开放成为中国体育发展的重要推动力量，也为中国体育的腾飞营造了发展环境。中国体育的发展是一个复杂的、开放的系统，始终处于不断演化和改革的过程中。它不是一个孤立的系统，没有一个终极的发展模式。始终处于不断的发展模式中，同时中国体育的发展也是多目的性、多样性的发展，没有固定的发展道路，只有明确的发展方向。

优势项目经过长期的发展实践和历史的选择，是契合了特定的体育发展战略的合理选择而萌芽、形成和发展的。尽管不同项目有其成功的共性，但因发展路径选择的差异又有其特殊性。在路径选择上没有最佳答案，只有适合项目发展的路径选择。照搬照抄，与项目发展不匹配，可能会达到短期内的成绩，但不会带来项目持续发展的长期成就。

第七章 体育强国建设背景下我国体育竞赛表演业的发展机理与路径

第一节 稳定落实政策，加强市场主导

近年来，我国体育竞赛表演业利好政策的持续出台，《国务院关于加快发展体育产业促进体育消费的若干意见》为我国竞赛表演业提供了最新的政策支持，《体育总局关于推进体育赛事审批制度改革的若干意见》取消商业性和群众性赛事的审批，促进了我国体育竞赛表演业的多样化发展。但是由于政策和规章制度不够完善，组织混乱等方面的原因使得我国体育竞赛表演业仍旧处于探索发展阶段。

在这样的大背景下，我们应当深化改革我国竞赛表演业市场运行机制。也就是说，在市场环境下，竞赛表演业应当遵循市场机制，让竞赛表演业在法律框架内自主运行，政府方面应当减弱扶持力度，并逐步退出竞赛表演业市场，彻底实现体育改革的目标。

在我国，体育产业政策中有许多关于体育竞赛表演产业的政策性法规，但是它们还是处于很零散的状态，并且依附于体育产业政策，没有形成属于自己的系统、完善的体育竞赛表演产业政策。

目前关于体育竞赛表演产业政策系统的理论研究很少，大多数都是对体育赛事某一方面政策的研究，还处于部分研究状态。

一、完善政策体系，调整政策管理目标

对于竞赛市场给予更大的发展空间，给予体育竞赛表演市场更加宽松的发展环境。我们要制定一整套与体育竞赛表演产业相关的政策法规，并在产业发展的不同时期，及时给予调整。

二、明确体育竞赛表演产业的相关政策法规

对体育竞赛表演产业中可能出现的各种情况给予相对比较明确的规定，使裁判人员在裁判过程中有法可依，也使体育竞赛表演的参与者能得到更公平的比赛机会。

三、减少政府对体育竞赛表演市场的干预

体育竞赛表演产业的发展有其自身发展规律，在它的发展过程中，政府要减少对其发展的过度干预，做好自己应该做的事，充分发挥对体育竞赛表演产业的引导可调控作用。

正确定位体育竞赛表演产业市场。体育竞赛表演产业在我国的发展历程很短，有关部门一定要对我国体育竞赛表演产业市场进行合理定位，积极开发与体育竞赛表演产业相关的有形和无形产品，最终实现经济效益。

四、加强与体育竞赛产业相关政策的相互协调

体育竞赛产业与体育中介体育场馆产业等体育相关产业有着相辅相成的关系，它们是一个有机整体，任何一个产业的发展都离不开其他产业的支持。体育竞赛表演产业的发展要求有资本雄厚、专业化程度高、经验丰富的中介机构、策划公司和咨询公司的帮助，需要那些能为竞赛表演的开展提供良好的比赛环境、适宜的比赛条件等场馆的支持。因此，体育竞赛产业政策的制定，要综合考虑其相关产业的既定政策，加强在政策上的相互协调，达到资源的合理配置，促进体育竞赛产业的发展。

五、加大监督力度，完善监督政策

近年来，我国足球职业联赛频繁出现黑球、假球等不良现象，严重影响了我国体育竞赛表演产业的健康向上发展，同时也突显了我国体育竞赛表演产业监督不力的现状，所以，应加强完善体育竞赛表演产业的监督政策，营造公开公平公正的产业市场环境，从而促进我国体育竞赛表演产业的健康发展。

第二节　更新体育观念，促进体育消费

过去，体育运动常被人们认为是少数具有运动天赋的选手们从事的活动，体育休闲和体育运动也往往被人们定义为非经济性活动。但是随着我国经济发展和社会的进步，现阶段要求我们构建一种多元化、立体化的体育参与格局，转变居民体育意识、促进体育参与活动、鼓励大众体育发展，最终通过多重力量营造出良好的体育文化氛围。

近年来，我国经济大环境总体偏好，国民收入水平日渐提高，这就要求我们主动培养体育消费新观念。同时也要求政府加大对体育设施的投资和建设、对中小型体育产业方面的企业给予政策优惠和必要的扶持。

产业的全球竞争力是建立在本国资源的国际比较优势、骨干企业的生产力水平、技术创新能力和国际市场的开拓能力基础之上的。产业政策对增强创新能力和开拓国际市场能力等都具有重要作用。与西方发达国家比较，我国竞赛表演业起步较晚，国际竞争力明显较弱，在体育强国建设的总体目标下，提升竞赛表演业的全球竞争力是体育国际化、经济全球化的必然趋势和要求。全国各省市体育产业主管部门负责人（N=23）调查问卷数据显示，针对"您认为政府在提升竞赛表演业全球竞争力方面的主要政策思路是什么"，选择"研究出台产业扶植计划"的调查对象为 N=18；选择"研究并设计税收优惠政策"的调查对象为 N=21；选择"促进竞赛表演业与其他产业的互动与融合"的调查对象为 N=20。另外，本研究结合实地调研和走访的情况，拟从促进产业融合发展、制定实施产业扶植政策等方面分析和讨论提升我国竞赛表演业全球竞争力。

一、竞赛表演业与其他产业的互动与融合

体育产业是全社会的产业，应站在服务经济社会发展全局的高度，跳出部门思维，跳出体育看体育产业，树立"大体育观"和"大产业观"的理念。通过政策的引导和扶持作用，积极促进竞赛表演业与体育相关产业的协同发展，促进竞赛表演业主动融入文化、旅游等服务产业的发展。

（一）竞赛表演业与体育相关产业

从我国体育产业发展实际情况来看，做好竞赛表演业与体育相关产业的互动发展，需要重点从以下两个方面着手。

一是注重竞赛表演业与健身休闲业、中介服务业、体育彩票业等体育产业其他业态的互动。竞赛表演业与体育中介服务业、健身休闲业具有相互促进的功能与作用，竞赛表演业的繁荣能够有效带动体育中介业的培育与发展，同时对于消费者健身意识的提升具有重要的推动作用。体育彩票业与竞赛表演业联系紧密，体育赛事特别是职业联赛，是竞猜型体育彩票的主要产品类别。例如，为了促进赛事与体育彩票业的互动发展，北京市于 2012 年 4 月推出"赛事之都"主题即开型体育彩票，该彩票融合了北京马拉松赛、环北京职业公路自行车赛、铁人三项世界锦标赛、世界智力精英运动会、世界单板滑雪北京赛、中国网球公开赛和北京国际马球公开赛等七个在京举办的国际赛事，将体育彩票与北京的国际赛事紧密结合。不仅如此，体育彩票还可以为竞赛表演活动提供重要支撑。例如，作为上海国际马拉松赛的官方赞助商，"中国体育彩票"已连续多年支持该项赛事，在 2012 年上海国际马拉松的赞助上，体育彩票采取"设摊销售展示"与"广告牌展示"相结合的办法；2012 年上海全民健身的品牌赛事与活动——"市民运动会"与"全民健身节"同样获得了体育彩票的赞助与支持。2016 年"中国体育彩票杯"首届婺源国际马拉松赛、2019年云浮市首届"中国体育彩票"迷你马拉松赛等等，体育彩票以各种形式参与到体育比赛中去。

二是注重竞赛表演业与场馆运营服务的一体化。场馆建造与使用是竞赛表演业发展的重要物质基础，赛事与场馆运营的一体化能够有效降低赛事运营成本，提升竞赛表演业的利润率，促进竞赛表演业的可持续发展。当前，我国许多赛事的举办均是采用短期租赁模式，场馆运营主体与赛事主办方之间没有形成良性的合作机制，这种赛事运营与场馆运营分离的现状造成了合作各方因经营目标不同，无法形成利益共同体，从而导致赛事场馆使用成本居高不下，严重妨碍了赛事运作效益的提高，同时也严重制约了场馆设施的完善及运营效益的最大化。例如，中国网球公开赛自创办以来，在场馆使用方面一直采用的是赛时短期租用的模式。中网赛事每年的运营成本中，场地租赁、场地搭建、临时设备设施租用均是较大开支。以 2011 年为例，赛事组织运营费用实际执行费用为 3932 万元，其中仅场馆使用租金一项费用为 900 万元，占赛事运营

费用的 23%，场地搭建及临时设施租用费用为 1043 万元，占赛事运营费用的
27%。上述两部分开支如果能够在场馆运营与赛事运营一体化的基础上转化成
为对场馆必要设施的基础建设投入，则不仅可以实现一次投入长期使用的效
果，更能将赛期运营成本有效分摊为场馆常年运营成本，在实现资金投入效益
最大化的同时，实现赛事综合业务开展与场馆常年运营的结合。

（二）竞赛表演业与文化产业

如前所述，体育既有文化的一般特征，又具有自身的鲜明特征。当代体育
已经成为一个国家和地区综合实力特别是文化软实力的重要体现。因此，从认
识上而言，要将体育赛事视为文化娱乐活动的有机组成，在充分利用好现有文
化产业的优惠政策的同时，积极研究并制定促进竞赛表演业与文化产业互动发
展的引导性政策。

第一，积极争取文化产业的政策支持。较之于体育产业而言，我国文化产
业起步较早，已形成了促进文化产业发展的各类政策。这些政策主要包括金
融、财政税收、市场准入、引导资金等。例如，中央宣传部、中国人民银行、
财政部、文化部、广电总局、新闻出版总署、银监会等部委于 2010 年颁布了
《关于金融支持文化产业振兴和发展繁荣的指导意见》（银发〔2010〕94 号）。
2008 年 7 月，深圳市政府下发了《深圳市文化产业发展专项资金管理暂行办
法》，其中，专项资金重点扶持的领域范围中还包括了"体育赛事策划与中介
服务"。因此，充分利用好现有的文化产业政策，对于竞赛表演业的发展具有
重要现实意义。

第二，要进一步细化体育竞赛表演业与文化产业互动发展的政策。2012
年 4 月 26 日，国家体育总局下发《了关于加强体育文化工作的通知》，虽然
对体育与文化的互动提出了指导性意见，但是政策内容过于宏观，缺乏可操作
性。在地方政府政策的制定与实施方面，浙江省将体育产业的发展融入全省服
务业发展、大文化产业发展的范畴，以文化产业发展"122"工程为载体，将
一批包括竞赛表演业重要企业和项目在内的体育产业市场主体申请进入《2012
年浙江省服务业重大项目计划》和文化产业"122"工程，在《关于公布浙江
省文化产业发展"122"工程首批重点文化产业园区、企业名单的通知》（浙宣
〔2012〕55 号）文件中，组织承办大型体育赛事和文化活动的浙江四季风采文
化传播有限公司被列为浙江省重点文化企业。可以看出，研究并制定能够有效

促进文化产业和竞赛表演业互动发展的政策措施，不仅是实现文化大发展、大繁荣的重要途径，也是有效拉动竞赛表演业发展的动力。

另外，文化、娱乐市场与体育赛事具有互动发展的天然特质，要充分借鉴国外在这方面积累的经验与做法，研究并制定符合我国国情的赛事活动与文化元素相结合的运作模式。例如，新加坡街道赛道不仅仅是 F1 车迷们的天堂，同样也是音乐、杂技、视觉爱好者的天堂。每年举办方都会邀请当今世界最具影响力的天王天后、国际知名 DJ、空中戏剧表演团及歌剧团来到新加坡赛道内进行演出。只要持有任何三天新加坡 F1 大奖赛门票者都可以免费观看在赛道各个区域进行的所有娱乐演出。赛事组织方还运用夜场赛事的特点为观众提供了量身定制的视觉盛宴与巡游演出。新加坡 F1 大奖赛组委会通过增加门票价值，引入文化娱乐活动的参与，大大提升了体育赛事的旅游带动效应。

（三）竞赛表演业与旅游业

作为节事活动的组成部分，体育赛事与旅游业具有天然的耦合性，它们的互动与融合在提升城市知名度、打造城市名片等方面具有突出作用。从世界范围来看，体育赛事是不同种族、不同地域间的人们进行沟通交流的有效手段和载体，在促进体育赛事与城市旅游业的互动发展方面，相关政策的制定应主要从三个方面入手：体制创新、资源整合和市场导向。

体制创新是实现赛事与旅游业互动发展的重要前提。城市旅游业的发展及体育赛事的举办均离不开政府的参与和支持，政府的准确定位是实现体育赛事与城市旅游业互动发展的重要前提和保障。整体而言，体育赛事与旅游业互动发展的运行机制可以简要表述为：政府宏观管理与资助—市场专业化运作与执行—旅游及商务活动全方位参与，如图 7-1 所示。

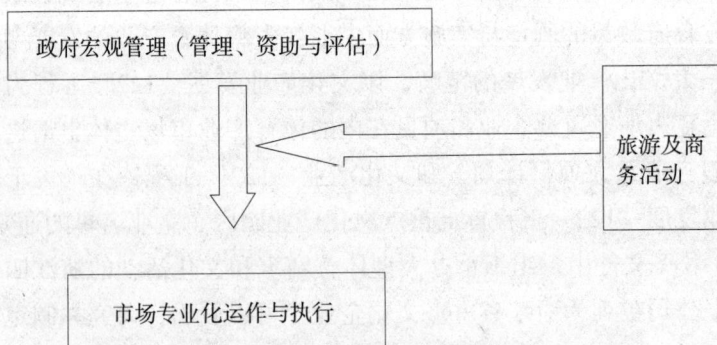

图 7-1　体育赛事与旅游业互动发展运行机制示意图

　　在机构设置方面，由于单纯依靠社会的力量难以建立赛事与旅游协同促进的机构，因此应由政府部门统筹成立专门的大型活动管理部门，从而建立政府各部门间的联席会议制度。或由政府隶属的体育事业发展部门承担赛事宏观管理的职责，而赛事运作职责则可由单项协会或赛事公司承担。有条件的省市或地区可以推行大部制改革，形成文体旅游一体化的管理体制（如深圳市已于2009年成立了文体旅游局）。例如，为了打造世界领先的城市旅游、营销和事件管理机构，纽约将重大活动公司并入纽约旅游会展局；维多利亚大型活动公司是由澳大利亚维多利亚州政府全额投入经费的非盈利性公司，其作用在于为维多利亚州发现和申办那些能够带来经济效益、媒体曝光、文化和社会活动的大型活动；新加坡体育理事会隶属于新加坡社会发展、青年与体育部，负责体育赛事发展规划的制定、赛事资助、赛事评估及赛事举办过程的协调等工作。

　　在政府资助方面，要对体育赛事价值与功能再认识与再定位，从体育、旅游两个层面加大对赛事活动的资助。当前，包括体育赛事在内的大型节事活动对推广旅游的价值已经得到了联合国世界旅游组织的认可。正是体育赛事所具有的独特辐射作用和产业拉动效应，使得各国政府加大了对赛事资助的力度。包括美国、加拿大、新西兰、新加坡等国家和中国香港、中国澳门等地区通过创新各类资助模式，直接或间接地对大型活动进行扶持与资助。例如，维多利亚州政府通过体育与旅游等部门为大型赛事提供资金支持。据2005—2006年维多利亚旅游局年报显示，重大体育赛事在当年为该州吸引了23万人次的国际游客，占澳大利亚全国游客的42%，为该州创造了约合60多亿澳元的旅游收入。

　　资源整合是促进赛事与旅游业互动发展的主要途径。一是要注重赛事资源与旅游资源的形象整合。大型体育赛事往往能够成为包括电视台、电台、报纸、互联网等在内的各类媒体关注的焦点，从而提升城市旅游的知名度与号召力。各级政府应发挥大型活动管理机构的作用，促进各类媒体与赛事的整合。例如，奥运会为巴塞罗那政府提供了大量的城市形象宣传契机，关于巴塞罗那的新闻每天在全世界超过15000种报纸的头版出现，内容包括城市的文化遗产和旅游咨询等。1992年以前，巴塞罗那在世界旅游组织旅游目的地排名中仅名列第16位，而在奥运会后的1993年其排名已经跃升至第3位，使这座城市迅速跻身国际知名旅游城市的行列；墨尔本政府专门建立了墨尔本体育旅游网站，用来全面介绍城市的体育文化、体育旅游产品、居住条件等，体育赛事主办方同时将墨尔本的其他旅游资源作为吸引观众的重要手段，如墨尔本一级方程式锦标赛组委会在其官方网站为来自世界各地的观赛者提供各种旅游信息，包括如何计划观赛期间的其他观光活动、墨尔本的重要旅游景点等。

二是注重赛事资源与旅游资源的内容整合。例如，澳大利亚是较早运用体育赛事发展旅游业的国家之一，维多利亚州申办英联邦运动会的目的在于进一步开发墨尔本的滨海旅游区，而悉尼申办奥运会的一个主要目的也是为了发展旅游业；作为闻名的旅游城市，新加坡出售的 F1 门票还包括赛区食品、服装、演出票、市内购物、娱乐、艺术活动的打折券等。

三是注重体育资源与旅游资源的产品整合。将赛事作为旅游创意产品元素组合进旅游产品中，是赛事资源与旅游资源融合的重要手段。在英国，伦敦旅游局网站和伦敦各主要旅游网站中，体育赛事是网站旅游产品推介的重要内容；在澳大利亚，墨尔本旅游中介机构也把体育赛事作为旅游产品的重要主题进行开发，如凯撒旅游将"万人空巷赛马节之澳大利亚 9 日体验之旅"作为"澳洲主题月"的主打产品、中青旅的"直击澳网——澳大利亚 11 日墨尔本澳网炫动之旅"等；在荷兰，鹿特丹政府制定的赛事发展规划中，"住宿与旅游"方案便是专门针对 2000 年欧洲足球锦标赛而设计的。包括两个方案：第一个是组织赛事观众在鹿特丹的一日游项目；第二个是鹿特丹通行证计划，赛事观众凭此通行证可以参观鹿特丹所有的名胜及博物馆，并免费乘坐公共交通等。

充分发挥旅行社等机构在赛事与旅游业互动发展中的作用。首先，鼓励旅行社介入体育赛事服务创新。旅行社是实现体育赛事与旅游业互动发展的重要媒介与桥梁。旅行社的介入是体育赛事服务创新的重要依托。例如，2010 年新加坡旅游局与当地两大旅行社进行合作，为来自世界各地的观众打造了新加坡一级方程式旅游套餐，其中包括往返新加坡的飞机票、酒店住宿费、一级方程式门票、赛场周边演出门票、新加坡特色景点旅游门票等。这一旅游套餐一经推出就获得了良好的销售成绩，而良好的销售成绩促进了新加坡旅游局与各国旅行社推出更多系列的旅游套餐。其次，注重酒店业能动性参与体育赛事。例如，为了迎合 F1 期间入住游客的需求，促进车迷们在非比赛期间的交流与活动，新加坡赛事组委会选择与酒店业进行合作，制定了 3 日 F1 酒店特别套餐，将酒店客房与 F1 门票打包销售，车迷们既可以进入赛场观看娱乐演出又可以在酒店的空调房中观看现场 F1 大奖赛，享受与众不同的观赛体验。

二、实施积极的产业扶植政策

产业发展战略与规划一直是产业政策研究中的重要内容之一，它对于一个产业的长远发展具有显著的引领作用。长期以来，我国政府一直重视体育产业发展战略与规划的研究与制定工作，不断出台了一系列宏观引导体育产业发展的指导意见和文件。然而，由于理论研究和我国竞赛表演业实践的滞后，长期困扰我国竞赛表演业发展的核心问题仍不明晰，从而使得我国竞赛表演业发展战略与规划的制定缺乏科学性。当前，作为新兴产业和"幼稚产业"，我国竞赛表演业的发展离不开政府在战略层面的扶持、引导与保护。为此，一方面我们要抓紧制定竞赛表演业保护扶植规划，另一方面要研究设计有利于我国竞赛表演业发展的税收优惠政策。

（一）制定幼稚产业保护扶植规划

一般认为，所谓幼稚产业是指尚处于发展初期，并且发展基础和竞争力较为薄弱；但是通过产业政策的扶持可以发展为具有较强的比较优势的新兴产业。依据产业经济学理论，我国竞赛表演业需要得到政府政策层面的保护与扶植，这主要是基于以下三个方面的原因：一是我国竞赛表演业是尚未发展成熟的新兴产业且具有一定的发展潜力，由于起步较晚，我国竞赛表演业暂时还无法同西方发达国家进行竞争；二是我国竞赛表演业具有较强的产业关联特性，它对国内其他产业门类（如建筑、传媒、旅游等）具有一定的带动作用，对其他产业的发展有正向的外部效应；三是当前我国竞赛表演业的发展尚不稳固，可持续发展的资金实力尚不具备。因此，作为具有较大发展潜力和产业关联特性的我国竞赛表演业，在当前发展尚未成熟的阶段，完全需要加强政府对它的保护与扶植。

在制订我国竞赛表演业保护扶植计划中，要侧重如下三个方面：一是要利用政策设计适当限制国外竞赛表演业市场主体的进入。国外竞赛表演业市场主体的大量涌入会对发展初期的我国竞赛表演业造成较大的冲击，不利于短时期内我国竞赛表演业微观市场主体的培育，因此需要适当限制；二是要鼓励国内竞赛表演业的市场竞争。"幼稚产业"保护政策的目的是提升国内竞赛表演业市场主体的竞争力和活力，政府要从政策层面鼓励市场主体间的市场竞争行为，为它们创造公平合理的市场环境；三是注重对民族民间赛事的挖掘和保护，积极培育具有本土品牌的赛事活动，特别是有计划地扶持包括武术项目在内的具有民族特色或自身优势的品牌赛事，逐步提升这些赛事的国际影响力。另外，政府要加强保护过程中的监管，帮助竞赛表演业市场主体充分利用现有的优惠政策。

（二）研究并设计好税收优惠政策

税收政策的运用是国家实施产业政策的重要手段。依据"税收法定主义"的精神和原则，我国竞赛表演业税收优惠政策的制定必须要依照现行有效的法律法规作为依据，而且一般都要经过国务院有关部门的批准。我国虽然尚未出现专门针对竞赛表演业的税收政策，但是部分省市在赛事活动税收政策方面正在进行积极的探索，如广东省拟将体育产业全面享受国家和省关于文化产业、现代服务业和高新技术产业的相关优惠政策，企业发生的体育冠名、广告性赞助、公益性广告费等支出，可以按规定享受税前扣除政策；对体育竞赛表演等产生的广告费支出，符合国家税收政策规定的，准予税前扣除；鼓励对体育事业的捐赠行为。2009年，青海省人民政府办公厅出台了《青海省人民办公厅转发省体育局关于促进青海省体育产业发展若干意见的通知》，通知中对体育产业单位的税收（包括房产税、土地使用税）、水、电、气、暖等一系列税费的优惠问题都提出了明确的意见。以上部分省市的政策措施还都是探索性的，真正实施和推广这些政策仍然需要包括实施细则等在内的配套政策的制定与落实。

在场馆服务税收优惠政策方面。相关调研显示，目前国家层面缺乏专门针对公共体育场馆的经济政策，但是部分省市对场馆有相关政策。如天津市人民体育馆大型体育活动门票收入免征营业税，连续5年减免房产税及土地使用税。总体来看，当前我国各地关于公共体育场馆的经济政策还不够完善，而且呈现出越是经济发达的省份公共体育场馆经济政策越优惠的现象。反之，越是经济欠发达的省份，地方政府对公共体育场馆经济政策就越少，甚至还出现了国家给予的优惠政策地方不执行的情况。

总之，我国竞赛表演业的税收优惠政策较为零散且不稳定，多为临时性的扶持政策，尚未形成完整、规范和较为统一的税收政策激励体系。从竞赛表演业的核心业务来看，政策的制定应紧密围绕赛事组织活动与场馆服务活动两方面展开。具体而言，对赛事组织活动的税收政策旨在降低市场准入门槛，在企业赞助、广告支出及企业所得税等方面应给予政策优惠，企业赞助赛事可以考虑税前列支，国家体育总局各项目管理中心应考虑免收赛事管理费等，从而提高资本进入竞赛表演业的积极性，对场馆服务活动的税收政策则旨在补贴场馆建设与运营方面的成本支出，要在土地使用与租赁、门票等营业收入及其他所得方面给予政策扶持，从而提升场馆服务行业的发展活力。税收是国家财政收入的重要保证，税收政策应保持必要的连续性、稳定性，避免贸然承诺税收减免或优惠的现象。一方面，竞赛表演业税收政策的制定需要提高政策内容的完整性与系统性，调整不合理或不利于"幼稚产业"保护的政策；另一方面，要严格按照"税收法定"的原则，注意提升竞赛表演业税收政策的立法层次，避免出现政策文件间的相互矛盾与无效现象。当前可行的办法是规定一个过渡期，对现有税费不合理的部分，采取"先征后返"的办法，如上海网球大师杯赛"球员奖金"税费的先征后返。依据当前国际通行的做法，基本不再采取直接减免税收的优惠方式，而是较多利用加速折旧、投资抵免、专项抵扣及税前扣除等相对间接的方式，侧重强化竞赛表演业自身的造血功能。

第三节　媒体信息公开，提高赞助效率

我国竞赛表演业起步较晚，尚属于"幼稚产业"。与西方发达国家相比，我国竞赛表演业的全球竞争力明显较弱。在体育强国建设的总体目标下，提升竞赛表演业全球竞争力是体育国际化、全球化的必然趋势和要求。本研究认为，我国竞赛表演业的发展应树立"大体育观"和"大产业观"的理念，通过政策措施积极促进竞赛表演业与体育相关产业（健身休闲、场馆服务、体育彩票）、文化产业、旅游产业等的互动和融合。与此同时，政府应通过制定"幼稚产业"保护规划、研究设计税收优惠政策等措施实施积极的产业扶植政策。

为了促进我国体育赛事赞助市场的良性发展，提高赛事赞助的效率，我国体育竞赛表演应当立足于市场的需求，积极为企业制订个性化的赞助方案。同时要不断提高体育赛事本身的质量，提高赛事品牌知名度，加强对体育赛事的宣传和推广，提高赛事的社会影响力，加强媒体宣传，拓宽信息沟通渠道，加强企业和赛事主办方的双方信息互通，积极提高体育赛事赞助的效率和效果。

竞赛表演业是一项复杂的社会活动，涉及政治、经济、文化等多个方面，其在我国的发展必然要受到外部宏观环境的影响。同时，从体育赛事市场来看，体育竞赛表演产品及多种微观因素也会影响我国体育竞赛表演业的发展。

第四节   优质赛事与相关人才协同培养

体育产业和体育竞赛表演业不是在社会中孤立存在的，更要求我们整合现有优势资源、发现潜在资源，聚合体育赛事所需的人力、物力、财力等多方面资源，还要求我们在未来的赛事运作中打造更完善的营销平台以提高赛事质量，促进城市品牌的塑造、提升国家在国际舞台的影响力。

拥有高水平的竞技能力和卓越表现能力的体育明星是竞赛表演的核心和灵魂，他们精彩的表现是吸引上座率和收视率的关键。同时，他们背负的众多品牌代言让消费者义无反顾地为商品买单。这就要求我们基于社会化媒体营销的平台不断提高明星的个人素质、张扬优秀的个性气质、专业包装自己的外在形象，更重要的是不断提高运动水平和职业素养。

引进、培养高水平的体育市场经营管理人才，提升相关产业政策的执行力；高水平的竞赛表演市场管理人才是体育竞赛表演顺利发展的根本保证，我国体育竞赛表演产业的经营性人才和管理型人才的数量和水平都不高，主要是专业人才、专业理论比较匮乏，我们要给予更多的投入，加强人才的培养和引进高水平人才，使其他产业能很好地与体育竞赛表演产业结合，并加大政策的执行力度。

目前，我国体育行业专业人才及商务、管理人员无论是数量还是质量都难以满足现阶段我国体育竞赛表演业的需求，这就要求我们需要完善相关人才的培养体系和考核标准，系统训练出一批高质量、高水平的体育行业人才，其中包括项目教练员、裁判员及赛事运营管理、体育媒介、体育广告等相关人才。

参考文献

[1] [美] 马歇尔·霍华德 . 美国反托拉斯法与贸易法规 [M]. 孙南申 , 译 . 北京 : 中国社会科学出版社 , 1991.

[2] 隋路 . 中国体育经济政策研究 [M]. 北京 : 人民出版社 , 2007.

[3] 曹可强 . 体育产业概论 [M]. 上海 : 复旦大学出版社 , 2004.

[4] 吴超林 . 体育产业经济学 [M]. 北京 : 高等教育出版社 , 2004.

[5] 丛胡平 . 体育产业理论与实践 [M]. 北京 : 人民体育出版社 , 2006.

[6] 刘清早 . 体育赛事市场开发 [M]. 上海 . 复旦大学出版社 ,2013.

[7] 王庆伟 . 我国职业体育联盟理论研究 [J]. 体育科学 , 2005,5(05):87–94.

[8] 张杰 . 运动竞赛表演中的著作权保护 [J]. 体育学刊 .2001,8(04):14.

[9] 王波 . 美国职业体育政策试析 [J]. 体育科学 , 1998(02):60.

[10] 方达儿 . 欧美体育竞赛表演产业快速增长的经济动因及其启示 [J]. 武汉体育学院学报 , 2006(12):41.

[11] 赵岷 , 李翠霞 , 魏彪 . 西方职业体育竞赛表演化发展趋势的研究 [J]. 山西大同大学学报 , 2009(12): 76–78.

[12] 陈林样 . 我国体育产业结构与产业布局政策选择的研究 [J]. 体育科学 , 2007, 27(03): 75–82.

[13] 丛日旻 . 大型体育赛事税收政策体系的经济影响、问题与机理 [J]. 西北工业大学学报 , 2009, 29(01): 102–106.

[14] 于敬凤 , 孙岩 , 陈元欣 . 综合性大型体育赛事场馆设施广告发布权的开发 [J]. 体育科研 , 200, 29(04): 21–24.

[15] 周小洪 , 曹缔训 , 杨永德 , 等 . 体育产业结构政策初探 [J]. 武汉体育学院学报 , 1994, 28(01): 14–18.

[16] 鲍明晓 . 我国体育产业发展的战略研究 [J]. 体育科研 , 2006,(27):1–4.

[17] 赵炳璞 . 体育产业政策体系研究 [J]. 体育科学 , 1997,17(04):1–7.

[18] 郑志强 . 中国体育产业政策研究综述 [J]. 体育学刊 , 2010,17(06):15–17.

[19] 任春香，张杰．我国体育竞赛表演业市场宏观环境研究 [J]．体育与科学，2004(03)：14-17．

[20] 陈云开．体育竞赛表演产业及其市场构成 [J]．天津体育学院学报，2002,17(01)：18．

[21] 宋广智．浅谈体育竞赛表演产业的品牌建设和市场培育 [J]．网络财富，2009(9)：162．

[22] 靳英华．论中国体育产业政策调整的基本原则 [J]．首都体育学院学报，2006，18(02)：3．

[23] 石岩．体育产业新政背景下中国体育产业发展的机遇与挑战 [J]．体育学刊，2014(06)：13-18．

[24] 吴兴盛，章翔．城市现代化进程中体育竞赛表演业的功用与发展机理[J]．运动，2013(16)：11-12．

[25] 兰诚，刘芃．全球化背景下我国竞赛表演业的发展研究 [J]．运动，2010(09)：39-40, 24．

[26] 程华，戴健．都市圈体育竞赛表演业发展的经济基础与机理分析 [J]．天津体育学院学报，2011(06)：497-500．

[27] 陈云开，俞继英．我国竞赛表演业宏观环境分析 [J]．上海体育学院学报，2003(02)：7-9．

[28] 张纳新．当前我国体育竞赛表演市场发展存在的问题分析 [J]．河南理工大学学报（社会科学版），2005(03)：75-77．

[29] 杨晓晨．竞赛表演产业价值链整合及其发展路径分析 [J]．吉林体育学院学报，2014(01)：11-15．

[30] 陈孝道．我国竞赛体育表演产品供应链运行机制研究 [J]．浙江体育科学，2012(02)：50-54, 106．

[31] 孙凌云．组织视角下我国竞赛表演业发展探究 [J]．现代交际，2013(12)：113, 112．

[32] 王琴梅，邵奇．基于"钻石模型"的上海体育竞赛表演业集群化发展研究 [J]．宝鸡文理学院学报（社会科学版），2015(06)：85-92．

[33] 胡振华．北京市竞赛管理中心管理职能改革研究 [D]．北京：首都体育学院，2009．

[34] 武光前．体育冠名权的法理透析 [D]．湖南：湖南师范大学，2005．

[35] 赵岷．西方体育竞赛表演研究 [D]．山西大学，2015．

[36] 姚颂平，张林．我国体育产业"十一五"规划研究报告．国家体育总局政策法规司．国家体育总局体育哲学社会科学研究成果汇编 [C]．北京：人民体育出版社，2009：7．